AF577903

Berliner Beiträge zu Bildung, Gesundheit und Sozialer Arbeit

Band XIV

„Spaghetti oder Reis?“

Partizipation in der Wohnungslosenhilfe

von

Susanne Gerull

Schibri-Verlag Berlin • Milow • Strasburg

Die Schriftenreihe der Alice-Salomon-Hochschule Berlin thematisiert aktuelle Erkenntnisse und wichtige Positionen. Ziel ist es, fruchtbare Diskussionen auf den Weg zu bringen und den wechselseitigen Transfer zwischen Wissenschaft und Praxis im Bildungs-, Gesundheits- und Sozialbereich zu initiieren und zu intensivieren.

Am Markt 22
17335 Strasburg
E-mail: info@schibri.de
Homepage: www.schibri.de

Printed in Germany

ISBN 978-3-86863-196-8

INHALTSVERZEICHNIS

Vorwort und Danksagung

Die hier vorliegende Partizipationsstudie wurde von Herbst 2015 bis Herbst 2017 von mir durchgeführt. Die Ergebnisse wurden anschließend für die hier vorgelegte Publikation bis zum Sommer 2018 ausgewertet und verschriftlicht.[1]

Der Alice Salomon Hochschule Berlin danke ich für die stundenweise Lehrentlastung und insbesondere für die Bewilligung eines Forschungsfreisemesters im Sommer 2017. Ich bedanke mich außerdem bei meinen studentischen Tutorinnen Marilena de Andrade, Laura Fricke und Melanie Mosolf für die großartige fachliche Unterstützung. Auch Monique Siebrandt hat als Studentin in der Endphase der Datenauswertung mitgewirkt - herzlichen Dank! Prof. Dr. Rebekka Streck danke ich für die umfassende forschungsmethodische Beratung. Ohne deinen kritischen Blick und deine Ermutigung hätte ich mir den für mich neuen Ansatz der Feldforschung nicht zugetraut! Durch den Blick aus der Betroffenenperspektive meines Forschungskooperationspartners Jürgen Schneider vom Armutsnetzwerk e. V. konnte ich viele spannende Erkenntnisse sehr viel besser fachlich einordnen. Unsere vielen Treffen, Telefonate und E-Mails haben mich sehr inspiriert – vielen Dank dafür!

Mit ‚Partizipation in der Wohnungslosenhilfe‘ wurde von mir ein Thema gewählt, das Fragen aus der Praxis der Wohnungslosenhilfe aufgreift. Ohne die Unterstützung und Ermutigung der vielen Interessierten und Mitwirkenden an der Untersuchung hätte ich die Studie nicht durchführen können, auch hierfür bedanke ich mich bei allen, die ich hier nicht namentlich aufführen kann. Dem Workshopteilnehmer, der mich bereits 2015 zum Buchtitel „Spaghetti oder Reis?“ anregte und damit die Spielräume von Partizipation in der Praxis kritisch umriss, danke ich ebenfalls sehr. Vor allem bedanke ich mich bei den Leiter_innen, Mitarbeiter_innen und Bewohner_innen der fünf Wohnheime nach §§ 67 ff. SGB XII, die mir den z. T. sehr intimen Blick in ihre Hausversammlungen ermöglicht haben. Aus Gründen der Datenanonymisierung kann ich sie hier nicht näher benennen. Dies gilt auch für die unzähligen Professionellen sowie wohnungslosen bzw. ehemals wohnungslosen Menschen, die mir u. a. in Feldgesprächen und Interviews ihr Vertrauen entgegengebracht und damit zu den hier vorliegenden empirischen Daten beigetragen haben.

Im Sinne eines Praxis-Theorie-Praxis-Transfers wurden und werden die Ergebnisse der Partizipationsstudie von mir seit Ende 2017 in der Wohnungslosenhilfe vorgestellt und diskutiert, z. T. konnten Rückmeldungen bereits in die Publikation einfließen. Über weitere Anregungen, Fragen und Kritik freue ich mich sehr.

Susanne Gerull, Juni 2018

---

1 Eine kurze Zusammenfassung der empirischen Ergebnisse findet sich bereits in Gerull (2017).

1. Einleitung

Auslöser für meine Beschäftigung mit dem Thema Partizipation in der Wohnungslosenhilfe war die Diskussion im Berliner Arbeitskreis Wohnungsnot (AKWO)[2] um mehr Partizipation von wohnungslosen Menschen 2014. Anlass war die Aktualisierung des bereits Ende der 1980er Jahre formulierten Selbstverständnisses des AKWO. In einem Plenum des AKWO regte ich an, wohnungslose Menschen sowie weitere Wohnungsnotfälle (Definitionen s. 1.2.1) als mögliche Teilnehmer_innen[3] des AKWO zu erwähnen bzw. sie explizit zur Teilnahme am Arbeitskreis einzuladen. Dies löste eine emotional geführte Diskussion darüber aus, inwiefern diese erstens überhaupt in der Lage seien, an einem solchen Arbeitskreis zu partizipieren, und zweitens, ob sie mit ihrer ich-bezogenen Sicht auf das Problem Wohnungslosigkeit nicht sehr die konstruktiven Arbeitsprozesse des Arbeitskreises stören würden. Dies passte zu den Befunden meiner letzten abgeschlossenen Studien im Kontext von Wohnungslosigkeit, die einen teilweise sehr defizitären Blick der Wohnungsnotfallhilfe auf ihre Klientel offenbart hatten (Gerull 2016; Gerull/Merckens 2012).[4] Folgerichtig reifte in mir der Entschluss, eine empirische Studie zum Thema Partizipation durchzuführen.

Nachfolgend wird kurz die Ausgangssituation des Forschungsprojekts beschrieben (1.1). Anschließend werden die Schlüsselbegriffe der Studie definiert (1.2) und der Aufbau der hier vorgelegten Publikation erläutert (1.3).

1.1 Ausgangssituation

Während meiner Vorrecherchen, die letztendlich zur Konzeptionierung der hier vorgestellten Partizipationsstudie führten, wurden mir erst das Ausmaß und die Brisanz

---

2 Der Arbeitskreis Wohnungsnot ist laut Selbstbeschreibung „ein Zusammenschluss von mehr als 70 Einrichtungen und Institutionen freigemeinnütziger und öffentlicher Träger der Berliner Wohnungslosenhilfe, der sich als Lobby für Wohnungslose und von Wohnungslosigkeit bedrohte Menschen versteht" (http://www.ak-wohnungsnot.de/, 30.05.18).

3 In der vorliegenden Publikation wird das sogenannte Gender-Gap als eine Form der geschlechtssensiblen Sprache verwandt. Die Lücke beim Gender-Gap soll die Inklusion aller (auch selbstgewählter) Geschlechtszugehörigkeiten ausdrücken.

4 Im Laufe der weiteren Diskussion wurde nach mehreren Workshops zum Thema Partizipation im AKWO eine AG Partizipation mit dem Ziel der Implementierung eines „Wohnungslosenparlaments" (Arbeitstitel) gegründet, die zum Zeitpunkt des Erscheinens dieser Publikation noch existiert und weiter an diesem Ziel arbeitet.

des Themas bewusst. So gab es offensichtlich keine allseits anerkannte Definition von Partizipation (vgl. 1.2.2). Speziell in der Wohnungsnotfallhilfe konnte zudem ein kontroverser Diskurs zur Umsetzung von Partizipation ihrer Nutzer_innen identifiziert werden, der auch vor persönlichen Anfeindungen nicht Halt macht. Wie strittig, aber auch heikel das Thema ist, machte sich später auch im laufenden Forschungsprozess bemerkbar. So wurden mir mehrfach Gerüchte zugetragen, meine Forschung würde von X oder Y finanziert oder Z hätte ‚seine Finger drin'.
Die Notwendigkeit einer Fokussierung auf akut wohnungslose Menschen sowie das entsprechende Hilfesystem wurde mir ebenfalls rasch klar. Zu unterschiedlich sind die Rahmenbedingungen, um die gesamte Wohnungsnotfallhilfe im Rahmen meiner zeitlichen Kapazität untersuchen zu können. Die hier vorliegende Studie beschränkt sich daher auf die (professionelle) Wohnungslosenhilfe sowie ihre Nutzer_innen. Eine reine Unterbringung wohnungsloser Menschen ohne sozialarbeiterische Unterstützungsangebote (in Berlin beispielsweise von einer ganzen Reihe gewerblicher Anbieter geleistet) war damit ebenfalls nicht Gegenstand der Untersuchung, und auch ehrenamtliche Hilfen wurden bis auf wenige Ausnahmen nicht in die Studie einbezogen.
Im Vorfeld der Forschung konnten kaum empirische Studien zum Thema recherchiert werden (vgl. Kap. 2). Die wenigen Publikationen aus Deutschland zu Partizipation im Arbeitsfeld Wohnungslosenhilfe werden von der Praxis dominiert. Die Partizipationsstudie konnte damit nur im Rahmen eines explorativ angelegten Forschungsdesigns durchgeführt werden. Forschungsleitend waren zunächst die Fragen, wie die Partizipation wohnungsloser Menschen in der Praxis der Wohnungslosenhilfe umgesetzt wird und welche Wünsche und Anregungen dazu im Feld geäußert werden (zur Weiterentwicklung und Ausdifferenzierung der Fragen s. Abschnitt 3.1). Ich arbeitete in der Studie neben der Rezeption des Forschungsstands mit Feldforschungsmethoden wie Teilnehmenden Beobachtungen, Feldgesprächen sowie unstrukturierten Interviews. Dabei unterstützte mich der zur Zeit der Forschung wohnungslos lebende Jürgen Schneider vom Armutsnetzwerk e. V. als Forschungskooperationspartner. (Näheres s. 3.3)

1.2 Definition der Schlüsselbegriffe

Nachfolgend werden die beiden wesentlichen Schlüsselbegriffe der vorliegenden Studie definiert: Wohnungslosigkeit (1.2.1) und Partizipation (1.2.2). Dabei werden einschlägige und aktuelle, z. T. sehr unterschiedliche Definitionen erläutert. Anschließend lege ich jeweils dar, auf welchen Definitionen meine Forschungsergebnisse beruhen. Beim Begriff Partizipation entstand die Festlegung erst im Laufe der Untersuchung aus dem empirischen Material im Abgleich mit der recherchierten Literatur, um einen offenen Forschungsprozess zu ermöglichen (s. ausführlich Kap. 3).

1.2.1 Wohnungslosigkeit

Für Deutschland existiert keine amtliche bzw. legale Definition von *Wohnungslosigkeit*. Allgemein anerkannt ist die Begriffsklärung der Bundesarbeitsgemeinschaft Wohnungslosenhilfe e. V. (BAG W), nach der wohnunglos ist, wer nicht über mietvertraglich abgesicherten Wohnraum bzw. Wohneigentum verfügt (BAG W 2010a: 1). Hierzu gehören neben auf der Straße lebende Menschen auch solche, die vorübergehend bei Freund_innen und Verwandten unterkommen oder – als Selbstzahler_innen bzw. durch Sozialhilfe/Arbeitslosengeld II finanziert – in Unterkünften für wohnungslose Menschen leben (a. a. O.: 1 f.). Akut wohnungslose Menschen sind dabei Teil einer umfassenderen Definition von *Wohnungsnotfällen*, zu denen u. a. auch Menschen gehören, die unmittelbar von Wohnungslosigkeit bedroht sind sowie solche, die in unzumutbaren Wohnverhältnissen leben (a. a. O.).

Im Praxisdiskurs, z. T. aber auch in wissenschaftlichen Publikationen, wird teilweise zwischen wohnungslosen und obdachlosen Menschen unterschieden. Unter *obdachlos* wird dabei meist verstanden, dass jemand ohne Unterkunft auf der Straße lebt. In einer Studie über obdachlose Personen im öffentlichen Raum (Wolf 2016) wird einerseits die Definition der BAG W übernommen, wenn

> *„Menschen als wohnungslos bezeichnet [werden], wenn sie über keinen eigenen, mietvertraglich abgesicherten Wohnraum verfügen, aber institutionell (z. B. in Wohnungsloseneinrichtungen) oder nicht-institutionell (z. B. bei Verwandten) untergebracht sind" (a. a. O.: 3).*

Als obdachlos werden von Wolf Personen bezeichnet, die „über keine permanente menschenwürdige Unterkunft [verfügen]" (a. a. O.). Sie bezieht sich dabei auf die europäische ETHOS-Definition, die als ‚roofless' definiert, wer auf der Straße oder in Notübernachtungen schläft (FEANTSA 2006: 1). In anderen Zusammenhängen werden allerdings häufig Menschen als obdachlos bezeichnet, die in kommunalen ‚Obdachlosenunterkünften' untergebracht sind. Lutz/Simon (2012) definieren dementsprechend in ihrem Lehrbuch der Wohnungslosenhilfe wohnungslose Menschen als „eine Untergruppe der Obdachlosen" (a. a. O.: 93) und stellen fest, dass wohnungslose Menschen „über die Tatsache hinaus, dass sie eben aktuell keine Wohnung haben, auch noch von besonderen sozialen Schwierigkeiten bedroht sind…" (a. a. O.). Es wird insgesamt deutlich, dass es nicht nur keine offizielle Definition des Terminus ‚wohnungslos' gibt, sondern die verwendeten Begriffsklärungen sich z. T. sogar widersprechen.

In der vorliegenden Publikation beziehe ich mich auf die Definition der BAG W, wenn ich von wohnungslosen Menschen spreche.[5] Die von Lutz/Simon (2012) ge-

5 Den Begriff Wohnungslosenhilfe definiere ich für meine Studie im Kapitel zum methodischen Vorgehen (3.1), da sich hieraus die Adressat_innen meiner Beobachtungen, Feldgespräche und Interviews ergeben haben.

troffene Unterscheidung ist für mich unverständlich und unterstellt, dass ‚Obdachlose' keine besonderen sozialen Schwierigkeiten haben. Zudem ist die Definition von wohnungslosen als Teilgruppe der obdachlosen Menschen nicht gebräuchlich im Theorie- und Praxisdiskurs. Kann bei der ETHOS-Definition noch klar zugeordnet werden, wer als obdachlos (*roofless*) gilt, ist bei der von Wolf (2016) gewählten Begriffsbestimmung unklar, welche Wohnsituationen neben der Straße bzw. sonstigen öffentlichen Plätzen noch darunter fallen. Zudem leben viele Betroffene[6] nicht dauerhaft auf der Straße oder in Unterkünften der Wohnungslosenhilfe, sondern in wechselnden und nicht immer klar zuordbaren Wohnsituationen (vgl. für Straßenjugendliche Permien/Zink 1998 n. Hoch 2017: 14). Vor allem aber wird der Begriff *obdachlos* in der Gesellschaft häufig stigmatisierend benutzt.
Kommen wohnungslose Menschen in dieser Publikation als meine Gesprächs- bzw. Interviewpartner_innen zu Wort, wird von mir deutlich gemacht, in welchen Hilfesettings ich sie angetroffen habe bzw. in welcher konkreten Wohnsituation sie sich zum Zeitpunkt der Datenerhebung befanden.

1.2.2 Partizipation

Zum Begriff Partizipation finden sich in der Literatur unzählige Definitionen und Abgrenzungen zu verwandten Begriffen wie Teilnahme, Teilhabe, Beteiligung, Empowerment u. Ä., sodass hier etwas weiter ausgeholt werden muss. Bereits Ende der 1970er Jahre werden „Definitionsprobleme" festgestellt (von Alemann 1978: 16). Fast 40 Jahre später konstatieren Bröse/Held (2015), Partizipation sei ein „kaum definiertes Schlagwort in den Sozialwissenschaften und bedarf einer Klärung" (a. a. O.: 136). Scheu/Autrata (2013) merken hierzu an, Partizipation sei „kein geschützter oder gesetzlich festgelegter Begriff. Insofern ist es nicht möglich, eine bestimmte Definition dieses Begriffs verbindlich zu machen." (A. a. O.: 279) Entscheidend, ob Handlungen als Partizipation bezeichnet werden können, ist ihrer Ansicht nach „die Perspektive der Subjekte, nicht ein Katalog von Formen" (a. a. O.: 9). Debiel/Wagner (2017) sehen im unpräzisen Begriff die Chance, ihn an die jeweilige Praxis anzupassen, er „kann jedoch auch zu einer Beliebigkeit des Konzeptes beitragen, weshalb eine fachliche Präzisierung im Sinne einer sich demokratischen Zielen verpflichtet sehenden Sozialen Arbeit sinnvoll erscheint" (a. a. O.: 14 f.). Gintzel (2017) analysiert für die Soziale Arbeit, Partizipation stünde

6 Der Begriff ‚Betroffene' entspringt der kritischen Sozialen Arbeit, die seit Ende der 1960er Jahre nicht mehr von Klient_innen, sondern Betroffenen sprach. Damit sollte deren spezifische Expertise aus ihrer Lebenserfahrung gewürdigt werden. (Vgl. Debiel/Wagner 2017: 16) In meiner Partizipationsstudie benutzten wohnungslose Menschen diesen Begriff selbst und bezeichneten sich auch auf meine Nachfrage explizit als ‚Betroffene'.

„für die sehr unterschiedlichen Ansätze der bewussten Beteiligung der Adressaten/innen[7] *und meint dabei Teilnahme, teilhaben lassen, Mitgestaltung, Mitwirkung, Mitbestimmung, Mitverantwortung, Selbstorganisation, Koproduzentenschaft" (a. a. O.: 700 f., H. i. O.; vgl. Hafen 2012).*

Folgerichtig wird in vielen Publikationen Partizipation entweder gar nicht definiert oder mit unterschiedlichen Begrifflichkeiten belegt (z. B. Schneider, S. 2010; Niehoff 2013: 262).

Von Kardorff (2014) unterscheidet vier Aspekte von Partizipation, nämlich „Teilnahme, Teilhabe, Teil-Sein und Teil-Gabe" (a. a. O.: 10). Letzteres definiert er als „gesellschaftliche Reziprozitätserwartung für gewährte Leistungen durch die aktive Übernahme von Selbstverantwortung und sozial-moralischen Verpflichtungen" (a. a. O.).

Nach Schnurr (2015) meint Partizipation die „*Teilnahme* der Bürgerinnen und Bürger an politischen Beratungen und Entscheidungen, seltener die *Teilhabe* an gesellschaftlicher Macht, Reichtum, Wohlstand, Freiheit und Sicherheit" (a. a. O.: 1171, H. i. O.).

Häufig wird Partizipation als *Beteiligung* definiert. So stellt Wurtzbacher (2011) fest, Partizipation sei

„zunächst in einem umfassenden Sinn die Beteiligung von Personen an der Gestaltung sozialer Zusammenhänge und an der Erledigung gemeinschaftlicher Aufgaben sowie die Bindung an soziale Institutionen bzw. an sozial maßgebliche Strömungen innerhalb einer Gesellschaft. In einem engeren Sinn bezeichnet P. die Beteiligung von Bürgerinnen und Bürgern an den politischen Strukturen und demokratischen Willensbildungsprozessen." (A. a. O.: 634)

Auch Szynka (2014) benutzt im Kontext der Wohnungslosenhilfe diesen Terminus, und zwar als „Beteiligung der Betroffenen an der Verbesserung der Angebote und an der Ausgestaltung der Einrichtungen" (a. a. O.: 84; vgl. Wagner 2012: 180). An späterer Stelle wird allerdings von ihm auch die „Teilnahme am Leben in der Gemeinschaft" (a. a. O.) als Partizipation bezeichnet. Zwischen der Definition von Partizipation als Beteiligung und Einflussnahme bewegen sich beispielsweise Oechler/Rosenbauer (2014), die Partizpation als „Mitwirkungs- und Beteiligungsmöglichkeiten von AdressatInnen, sozialpädagogischen Fachkräften sowie Organisationen (z. B. Wohlfahrtsverbänden) an den Beratungs-, Gestaltungs- und Entscheidungsprozessen in der Sozialen Arbeit" verstehen (a. a. O.: 233). Im Kontext der Wohnungslosenhilfe begreift Thomas (2010) Partizipation als Mitwirkung, Möglichkeit zum Mitentscheiden sowie Mitgestaltung der Einrichtung (a. a. O.: 50).

Lutz, R. (2017) versteht Partizipation als politischen Begriff. Er

„meint die Einbeziehung von Menschen in Reflektionen, Planungen, Entscheidungen und Gestaltung sowie deren aktive Beteiligung als eigenständige Akteure bei der Umsetzung von gemeinsam skizzierten Handlungsvollzügen, von denen sie betroffen sind" (a. a. O.: 207).

---

7 In wörtlichen Zitaten werden fehlerhafte bzw. nicht-Duden-konforme geschlechtssensible Formulierungen nicht mit (sic!) markiert.

Als Entwicklungsprozess sieht der Kooperationsverbund Gesundheitliche Chancengleichheit (2015) Partizipation, „in dem die Mitglieder der Zielgruppen zunehmend Kompetenzen gewinnen, um immer aktiver Einfluss auf die Entscheidungen nehmen zu können" (a. a. O.: 31).

Ein Großteil der recherchierten Publikationen definiert Partizipation als *Einflussnahme auf Entscheidungen*. So bedeutet sie für Hummrich (2007) „in den Sozialwissenschaften die Einbindung von Personen in Prozesse der Entscheidung und [sie, SG] ist damit ein wesentliches Merkmal der Integration" (a. a. O.: 455; vgl. Thomas/ Pierson 1995: 455). Urban fordert im Kontext der Jugendhilfe „eine erneute Schärfung des Begriffs Partizipation in der Sozialen Arbeit, eine Zuspitzung auf den Aspekt der Teilhabe an Entscheidungsmacht" (a. a. O. 2005, zit. n. Rieger 2015: 344). Straßburger/Rieger (2014) schließen sich dieser Definition an, wenn sie anstreben, Partizipation von Formen der Beteiligung abzugrenzen, „bei denen die Meinung der Mitwirkenden keine Auswirkung auf das Ergebnis einer Entscheidung hat oder bei denen nicht sicher ist, dass ihre Meinung in den Entscheidungsprozess einfließt" (a. a. O.: 230; vgl. Scheu 2013: 21). Beushausen (2017) versteht Mitbestimmung in diesem Zusammenhang als „konsensorientierte Prozesse" (a. a. O.: 13) zwischen den Adressat_innen und Mitarbeiter_innen der Hilfeangebote (vgl. Bitzan 2011: 311; Hobi/Pomey 2013: 128). Hierzu passt der Diskurs um die sogenannte Co-Produktion der Nutzer_innen Sozialer Arbeit, d. h. inklusive Arbeitspraxen auf Augenhöhe. Das European Network on Independent Living stellt hierzu im Zusammenhang der Hilfen für Menschen mit Behinderung fest: "For co-production to be true it requires equal co-planning and co-design at all stages" (ENIL 2013: 4).

Auch im Rahmen der Wohnungslosenhilfe wird Partizipation von einigen Autor_innen als „Beteiligung an Entscheidungen" (Specht 2010: 58) verstanden. Selbstbewusst wird von Betroffenenvertreter_innen festgestellt: „Es geht nicht nur um formale Beteiligung, sondern es geht schließlich um die Überlassung oder gar die ‚Eroberung' eines Stückchens (gesellschaftlicher) Macht" (Kölz 2011: 437, H. i. O.). Im Handbuch der Hilfen in Wohnungsnotfällen der BAG W bezeichnet Jordan (2017) Partizipation als „*Beteiligung von Betroffenen bei Entscheidungen* über die Ausgestaltung und Bereitstellung von Angebotsstrukturen, ihre Qualität und den Zugang hierzu" (a. a. O.: 100, H. i. O.). Er grenzt allerdings die Selbstorganisation, verstanden als sozialpolitische Interessenvertretung, von Partizipation ab (a. a. O., vgl. hierzu Kap. 2.2.1 und 2.2.3).

Auf europäischer Ebene stellt FEANTSA (2013b) Partizipation für die Wohnungslosenhilfe in einen Zusammenhang mit Empowerment:

> *„Participation is a way of working that empowers homeless people to participate in decisions and actions that affect their lives. (…) In relation to homelessness, participation can be defined as the effective involvement of people experiencing homelessness in service provision, in decision making processes affecting these services as well as in their own recovery process." (A. a. O.)*

Auch Striano (2015) bezeichnet in einem Editorial von FEANTSAs 'Magazine' zum Thema Partizipation Empowerment als „intended outcom[e] of participation" (a. a. O.: 2). Ziel von partizipativen Prozessen sei allerdings der "[p]olitical impact" (a. a. O.). Ansen (2009) wiederum zählt, ebenfalls mit Bezug auf die Wohnungslosenhilfe, Partizipation zu den Empowerment*strategien* (a. a. O.: 91, H. v. m.). Weitere Abgrenzungen des Ausdrucks Partizipation zu anderen Begriffen wie Selbstorganisation, Selbsthilfe u. Ä. sprengen hier den Rahmen, werden aber in Kapitel 2 bei den Stufen von Partizipation aufgegriffen.
Im Rahmen meiner Studie habe ich mich von Anfang an auf den Aspekt der Mitbestimmung von Nutzer_innen der Wohnungslosenhilfe fokussiert. Als (hier vorweggenommenes) Ergebnis meiner Forschung verstehe und benutze ich den Begriff der Partizipation als *Entscheidungsteilhabe* (hier im Kontext der Nutzer_innen-Partizipation). Nichtsdestotrotz werden in den folgenden Kapiteln auch Publikationen aufgegriffen, die Partizipation als Sammelbegriff verwenden. Publikationen, in denen Partizipation ohne jeglichen Mitbestimmungsbezug, z. B. lediglich als Teilnahme am gesellschaftlichen Leben, definiert wird, fanden dagegen keinen Einzug in den Forschungsstand.

1.3 Aufbau der Publikation

Nachdem vorangehend bereits die Schlüsselbegriffe der Partizipationsstudie anhand der Literaturrecherche definiert wurden, folgt in Kapitel 2 nach einer kurzen theoretischen Rahmung die darüber hinausgehende Darstellung des Forschungsstands zum Thema Partizipation. In Kapitel 3 wird das methodische Vorgehen (Literaturrecherche und Empirie) ausführlich beschrieben und begründet, um anschließend im 4. Kapitel die so erzielten empirischen Ergebnisse vorzustellen. In Kapitel 5 diskutiere ich die Ergebnisse des Forschungsstands inklusive der im 1. Kapitel dargestellten Definitionen von Partizipation mit den empirischen Ergebnissen der vorliegenden Studie. Im Abschlusskapitel 6 ziehe ich ein Fazit und erläutere meine Schlussfolgerungen für die Praxis. Nach dem Quellenverzeichnis findet sich im Anhang der Publikation zunächst eine Stellungnahme meines Forschungskooperationspartners Jürgen Schneider zu den Ergebnissen der Partizipationsstudie. Mit einer Zusammenfassung der wesentlichsten Forschungsergebnisse in Leichter Sprache schließt die Publikation.

2. Theoretische Rahmung und Forschungsstand

In diesem Kapitel wird nach einer kurzen theoretischen Rahmung (2.1) der Forschungsstand zum Thema Partizipation (2.2), Partizipation in der Sozialen Arbeit (2.3) sowie Partizipation in der Wohnungslosenhilfe (2.4) vorgestellt. Vom Allgemeinen zum Speziellen werden damit zunächst die Ausprägungen von Partizipation erläutert. Hierzu gehören die Ebenen und Gegenstände sowie Arten und Formen von Partizipation; zudem wird das gängige Stufenmodell von Partizipation im Sinne einer Entscheidungsteilhabe beschrieben. Anschließend werden Partizipation in der Praxis Sozialer Arbeit dargestellt, ihr Nutzen sowie ihre Legitimation aufgezeigt und die Herausforderungen und Hindernisse beschrieben. Die Voraussetzungen für eine gelingende Partizipation werden nachfolgend erläutert. In diesen dritten Abschnitt wurden Publikationen aus dem Arbeitszusammenhang der Wohnungslosenhilfe nur aufgenommen, sofern es darin um grundlegende Ausführungen zum Thema geht. Im vierten Abschnitt geht es dann konkret um die Umsetzung von Partizipation in der Wohnungslosenhilfe. Nach einem Aufriss über die Entwicklung bis hin zum aktuellen Diskurs werden die gesetzlichen Grundlagen für Partizipation vorgestellt sowie Partizipationsinstrumente auf den in 2.2 erläuterten vier Ebenen von Partizipation geschildert. Mit geschlechtsspezifischen Aspekten von Partizipation schließt das Kapitel zur theoretischen Rahmung und zum Forschungsstand.

2.1 Theoretische Rahmung

Aktuell gibt es weder ein ausgearbeitetes Partizipationskonzept für die Soziale Arbeit im Allgemeinen noch für die Wohnungslosenhilfe im Speziellen. Insofern sind auch die theoretischen Bezüge in der recherchierten Literatur vielfältig. Ausgehend von den (wenigen) explizit in Interviews und Feldgesprächen angesprochenen Theoriebezügen der Professionellen im Feld (die Betroffenen äußerten sich hierzu nicht) werden nachfolgend zunächst vier Theorien bzw. Konzepte und Aspekte im Kontext von Partizipation vorgestellt, nämlich Soziale Ausgrenzung/Exklusion, Soziale Arbeit als Menschenrechtsprofession, Macht sowie Lebensweltorientierung.

2.1.1 Partizipation und Soziale Ausgrenzung/Exklusion

Soziale Ausgrenzung bzw. Exklusion bezeichnet einen dynamischen Prozess des Ausschlusses aus der Gesellschaft. Im wissenschaftlichen und praktischen Diskurs wird häufig der Begriff einer Spaltung der Gesellschaft benutzt, wobei je nach Verständnis von Exklusion die Gegensatzpaare ‚oben und unten' oder ‚drinnen und draußen' verwandt werden. (Vgl. Gerull 2011: 59 f.) Nach Castel (2008: 360 f.) sind

die Übergänge fließend, so unterscheidet er in einem Koordinatensystem sozialer Verhältnisse die Zone der Integration, die Zone der Verwundbarkeit, die Zone der Fürsorge und die Zone der Exklusion bzw. Entkopplung. Die Ausgrenzung Einzelner wird häufig durch Stigmatisierungsprozesse in Gang gesetzt, in denen zunächst für bestimmte Gruppen in der Gesellschaft Kategorien geschaffen werden. Die Betroffenen sehen sich im nächsten Schritt mit negativen Zuschreibungen konfrontiert. In einer Lanzeitstudie zur sogenannten Gruppenbezogenen Menschenfeindlichkeit (Heitmeyer 2002 bis 2011) wurden ‚Obdachlose' als eine der Gruppen identifiziert, die mit Vorurteilen von der Gesellschaft bedacht werden. So erzielten Aussagen, sie seien – als vermeintlich homogene Gruppe – arbeitsscheu und unangenehm, in der letzten repräsentativen Befragung Zustimmungen zwischen 30,4 % und 38,0 % (a. a. O.: 2011; vgl. Malyssek/Störch 2009).
Soziale Ausgrenzung hat unmittelbare Auswirkung auf Teilhabe allgemein sowie Partizipation im Sinne von Entscheidungsteilhabe, denn nach Kronauer (2002) bemisst sich „politisch-institutionelle Teilhabe an Statusgleichheit im Zugang zu Rechten und Institutionen sowie deren Nutzung“ (a. a. O.: 152). So bedeute Ausgrenzung einen „Substanzverlust politischer Rechte“ (a. a. O.: 185) trotz formaler rechtlicher Zugehörigkeit. Dies führe dazu, dass es zwar ein einklagbares Recht auf Unterstützung gebe, auf die Art und Weise der Hilfe hätten die Betroffenen jedoch keinen Einfluss (a. a. O.: 188). Durch den sozialen Ausschluss verringert sich nach Hobi/Pomey (2013: 129) der partizipative Spielraum. Bereits ein drohender Ausschluss kann als Belastung empfunden werden und es bliebe „daher kaum Raum sich für politische und soziale Themen einzusetzen“ (a. a. O.: 130). Der Kampf gegen Ausgrenzung kann dann nach Bröse/Held (2015: 144) der einzige Weg zu mehr Partizipation sein. Positiv gewendet differenziert Engels (2007) Partizipation als „graduell abgestufte Inklusion“ (a. a. O.: 15) von Interesse über Mitwirkung, Engagement bis hin zu *Leitung*. Ausgrenzung und Partizipation seien insofern keine unvereinbaren Gegensätze, sondern gingen ineinander über (a. a. O., H. i. O.).

2.1.2 Soziale Arbeit als Menschrechtsprofession

Soziale Arbeit als Menschenrechtsprofession wird in Deutschland prominent von Silvia Staub-Bernasconi vertreten, die sich dabei u. a. auf die Allgemeine Erklärung der Menschenrechte von 1948 bezieht. Unter Hinweis auf internationale Empfehlungen bezeichnet sie die Menschenrechte „als zusätzliche, individual- und gesellschaftsdiagnostische Kategorie zur Beschreibung der Problem- und Ressourcenlage von AdressatInnen Sozialer Arbeit“ (Staub-Bernasconi 2008: 12). Dies begründet sie neben den Menschenrechten als Basis individueller Rechtsansprüche mit „kollektiven Ansprüchen an Politik und Sozialpolitik sowie [mit dem] Versuch, einen Beitrag an (sic!) die Veränderung sozialer Regeln der Machtstruktur zu leisten“ (a. a. O.: 14). Bohlen (2017) bezieht sich in der Verortung Sozialer Arbeit als Menschenrechtsprofession auf den Begriff der Menschenwürde. U. a. bedeute diese das Recht auf ein selbstbestimmtes Leben (a. a. O.: 257):

„Ausgehend vom Subjektstatus des Menschen ist Soziale Arbeit eine Menschenrechtsprofession, deren Aufgabe es ist, Ohnmacht durch die Ermächtigung von Menschen zu einem selbstbestimmten Leben aufzuheben, vorrangig dort, wo die Strukturen der Gesellschaft demütigend sind" (a. a. O.: 260; vgl. Staub-Bernasconi 2008: 19).

Die „problematische Entgrenzung" (a. a. O.: 257) des Begriffs der Menschenwürde ist einer der Kritikpunkte am Konzept Sozialer Arbeit als Menschrechtsprofession, da er (eigentlich gemeinte) gravierende Menschenrechtsverletzungen bagatellisiere. Nach Eckstein/Gharwal (2016) sind Menschenwürde und Menschenrechte jedoch „Ausgangspunkt für gleichberechtigte Teilhabe und Partizipation innerhalb einer Gesellschaft" (a. a. O.: 16). Bohlen (2017: 257) verweist zudem auf die Erweiterung des Begriffs der Menschenrechte in den ethischen Prinzipien Sozialer Arbeit der IFSW (International Federation of Social Workers) und der IASSW (International Association of Schools of Social Work). Ähnlich formuliert dies Staub-Bernasconi (2008) in der Begründung ihrer Erweiterung des Doppel- zum Tripelmandat Sozialer Arbeit, wenn sie die ethische Basis im Sinne eines Berufskodexes Sozialer Arbeit explizit auf die Menschenrechte bezieht (a. a. O.: 22).
Manuela Leideritz (2016) argumentiert zudem mit der Aufgabe Sozialer Arbeit, den Menschen die Befriedigung ihrer Bedürfnisse zu ermöglichen. Wenn die Menschenrechte eine Schutzfunktion für menschliche Bedürfnisse hätten, so Leideritz, ergebe sich daraus, „dass die Menschenrechte ein relevanter normativer Bezugsrahmen für die Profession Soziale Arbeit sind" (a. a. O.: 42). Das systemische Menschenrechtsparadigma stellt sie dem Dienstleistungsparadigma entgegen, das beispielsweise die Adressat_innen Sozialer Arbeit für die Ursachen ihrer Probleme verantwortlich mache sowie zwar deren Anliegen aufnehme, ihnen aber lediglich „standardisierte Angebot[e] der Sozialen Arbeit" mache (a. a. O.: 56). Im Rahmen des Menschenrechtsparadigmas würde es dagegen zu einem „demokratisch gestalteten Interaktions- und Austauschprozess" kommen (a. a. O.), womit der Bogen zum Thema Entscheidungsteilhabe gespannt ist (vgl. Debiel/Wagner 2017: 21 f.).

2.1.3 Partizipation und Macht

‚Macht' bezeichnet nach Staub-Bernasconi (2014)

„eine soziale Beziehung zwischen mindestens zwei Individuen, die in einem unmittelbaren oder über soziale Regeln vermittelten sozialen Über- und Unterordnungs-/Unterwerfungsverhältnis stehen. Macht wird von Menschen über andere Menschen direkt (Einfluss, Gewalt) oder indirekt als Mitglieder von Familien, politischen Gemeinwesen, Organisationen, Nationen und ihren sozialen Regeln ausgeübt und bei deren Verletzung ihre Einhaltung mittels negativer Sanktionen erzwungen." (A. a. O.: 370; vgl. Kessl 2014: 30)

Kraus (2014) unterscheidet destruktive Macht (die die Möglichkeiten eines Menschen einschränkt oder zerstört) sowie instruktive Macht, die „auf die Instruktion oder ‚Steuerung' eines Menschen [zielt]" (a. a. O.: 105, H. i. O.). Letzterer könne man sich auch verweigern (a. a. O.), nur destruktive Macht bedürfe keiner Unterwerfung (a. a. O.: 107).

Obwohl allein durch die Konstruktion der Hilfe Macht ein zentraler Aspekt in der Sozialen Arbeit ist, ist nach Kraus/Krieger (2014b: 11) in der Praxis ein „von Harmonie geprägter Umgang mit Macht und Herrschaft" zu beobachten. So werde „etwa das Partizipationsprinzip mit einem missverstandenen Machtverzicht des Helfers in eins gesetzt" (a. a. O.). Dies berge die Gefahr, „eine zentrale Ausgangsbedingung ihrer institutionellen Realität zu missachten und den Umgang mit dieser zu tabuisieren" (a. a. O.; vgl. Bröse/Held 2015: 140). Für die klassische Hilfeplanung beschreibt Wagner (2017) diese Machtverhältnisse sehr anschaulich:

> *„Wenn man sich z. B. vor Augen führt, dass Prozesse der Hilfe- bzw. Teilhabeplanung nicht selten so gestaltet sind, dass ein_e Nutzer_in oder Familie einer mehr oder minder geschlossenen Phalanx untereinander vernetzter, akademisch ausgebildeter und gut informierter ‚Expert_innen' gegenüber sitzt, dann wird deutlich, dass in diesem Rahmen formal gegebene Rechte und Prinzipien der Beteiligung (wie z. B. das Prinzip des Wunsch- und Wahlrechts in der Jugendhilfe) de facto deutliche Grenzen durch die gesellschaftlich wie institutionell gerahmte Machtverteilung finden, innerhalb der sich der Prozess abspielt" (a. a. O.: 235, H. i. O.; vgl. Carey 2010: 236).*

Diese Machtverhältnisse, gekennzeichnet beispielsweise durch „Unterschiede in der Position, in der rechtlichen Situierung und in der Verantwortlichkeit" (Scheu/Autrata 2013: 123) würden in der Sozialen Arbeit „wegretuschiert" (a. a. O.). Sie werden laut Kessl (2014) „als ‚Außerhalb' der Sozialen Arbeit – beispielsweise in einem (sozial)politischen Feld – und damit als von ihr höchstens indirekt beeinflussbarer Rahmen konnotiert" (a. a. O.: 33, H. i. O.).

Dabei haben Sozialarbeiter_innen nach Dallmann (2014: 174) eine Deutungs-, Definitions- und Entscheidungsmacht. Auf der Ebene der individuellen Fallgestaltung (vgl. 2.2.1) entsteht eine Hilfebeziehung laut Dallmann durch die „Deklaration als ‚Fall'" (a. a. O.: 175, H. i. O.), denn erst die Deutung und Definition als Fall führe zu entsprechendem Handeln: „Die Macht der Sozialen Arbeit beruht dann darauf, entweder die ‚Diagnosestellung' – und damit die Hilfe – zu verweigern oder Hilfebedarf dort zu diagnostizieren, wo die Betroffenen keinen sehen" (a. a. O., H. i. O.). Diese Asymmetrien würden selbst dann wirken, „wenn Sozialarbeiter glauben, ‚auf Augenhöhe' zu kommunizieren" (a. a. O., H. i. O.).

Auch für die Wohnungslosenhilfe wird Macht in den Kontext von Partizipation gestellt: „Mitsprache muss sich real festmachen an der Abgabe von Macht. (…) Die Machtfrage scheint die Kategorie schlechthin zu sein." (Saurer 2008: 56) So stellt auch Marquardt (2013) in einer Fallstudie zum Betreuten Einzelwohnen nach

§§ 67 ff. SGB XII fest, dass „auf Wohnungslose mit sozialpädagogischen Konzepten zugegriffen wird, die gerade durch ihre Fürsorglichkeit Machteffekte zeitigen" (a. a. O.: 153; vgl. Marquardt 2015: 178).
Effektive Partizipation wäre dagegen nach Hobi/Pomey (2013: 125) „die Überwindung des Machtgefälles zwischen den verschiedenen Akteuren" (vgl. Gintzel 2017: 701). Entsprechend fordert Lutz, T. (2012: 52), „die Mitbestimmung der Adressat_innen als Ausdruck der Gleichheit in der Asymmetrie der Hilfebeziehung zu realisieren, um es in Begriffen der Lebensweltorientierung zu fassen."
Die Realität sieht jedoch anders aus. So wird laut Bitzan (2011)

> *„[d]ie heute im ‚aktivierenden Sozialstaat' propagierte Beteiligung … mehr dem Individuum als der Gesellschaft zur Aufgabe gemacht und damit von einem emanzipatorisch geforderten Recht zu einer normalisierenden sanktionsbewehrten Pflicht verkehrt" (a. a. O.: 312, H. i. O.).*

Auch Lutz, T. (2012: 41, H. i. O.) sieht „die ‚verordnete Beteiligung' als ein wesentliches Element der aktivierungspolitischen Neuprogrammierungen im Feld der Sozialen Arbeit" an. Allerdings bedeuteten „[i]n der Leitformel der Aktivierung, *Fördern und Fordern*, … Beteiligung bzw. Partizipation bloße Mitwirkung und Mitarbeit. (…) Der Mitgestaltungs- und Mitbestimmungsaspekt entfällt." (A. a. O.: 43, H. i. O.) Für Wagner (2017: 240, H. i. O.) kann die Verpflichtung zur Partizipation zu einer Verweigerungshaltung führen, denn

> *„Nutzer_innen sind durchaus dazu in der Lage es zu erkennen, wenn ihre ‚gewünschte' Beteiligung nur eine Farce ist und sie aufgrund der Gestaltung der Entscheidungsverfahren oder aber auch aufgrund der gegebenen Machtstrukturen keine wirkliche Chance haben, ihren Interessen und Positionen effektiv Gehör zu verschaffen".*

Diesen „Einspruch gegen sich selbst" (a. a. O.) müssten die professionellen Fachkräfte „als einen demokratischen Ausdruck von Bürgerschaft anerkenne[n]" (a. a. O.).

2.1.4 Lebensweltorientierung

Der Begriff der Lebensweltorientierung ist eng mit Hans Thiersch verbunden, der darunter eine alltagsorientierte Sozialpädagogik versteht und sich dabei u. a. auf die Alltagstheorie von Alfred Schütz bezieht (vgl. Engelke u. a. 2008: 439). Die beiden Begriffe Lebensweltorientierung und Alltagsorientierung werden von Thiersch überwiegend synonym gebraucht (vgl. a. a. O.: 433). Als Ziel Sozialer Arbeit formuliert er einen *gelingenderen* Alltag, denn „ein gelungener Alltag wäre die Vollendung" (a. a. O: 437). Im Kontext von Partizipation ist vor allem die geforderte „konsequent[e] Orientierung an den Adressat/innen mit ihren spezifischen Selbstdeutungen und Handlungsmustern" relevant (Thiersch/Grunwald 2002: 129; vgl. Debiel/Wagner 2017: 21).

Nach Böllert (2012) hat die Lebensweltorientierung der Sozialen Arbeit „[i]hren prominentesten Ausdruck … in den in der Kinder- und Jugendhilfe verankerten Strukturmaximen der Prävention, Alltagsnähe, Integration, Partizipation und Dezentralisierung gefunden (a. a. O.: 628). Die Lebensweltorientierung Sozialer Arbeit ist spätestens seit dem 8. Jugendbericht der Bundesregierung ein „zentrales Paradigma der Jugendhilfe“ (Kraus 2006: 118) und löste in den 1990er Jahren einen “regelrechte[n] Boom lebensweltorientierter Überlegungen“ aus (a. a. O.). ‚Alltag‘ meint nach Thiersch (2003) „das unverbildet Offene, in dem Menschen unmittelbar gefordert sind, meint aber ebenso auch das Banale, das routinisiert Bornierte“ (a. a. O.: 41). Dabei liege

> *„[d]er kritische Impuls einer alltagsorientierten Sozialpädagogik … gerade darin, die Unterschiedlichkeiten zwischen der professionellen Alltäglichkeit und der der Adressaten deutlich zu machen und zu dem schwierigen und mühsamen Respekt vor Anderem, Fremdem zu nötigen“ (a. a. O.: 46).*

Der lebensweltorientierte Ansatz richtet sich nach Steckelberg (2016) explizit gegen die Vorstellung, dass es Menschen, die keine Hilfe annehmen, nur „noch nicht ‚schlecht genug‘ ginge“ (a. a. O.: 452, H. i. O.). Nicht Not und Ausschluss würden die Handlungsfähigkeit der Betroffenen stärken, sondern Stabilität im Alltag (a. a. O.). Am Konzept der Lebensweltorientierung kritisieren Scheu/Autrata (2013), dass „[d]ie von Thiersch gemeinte Partizipation … deutlich limitiert“ sei (a. a. O.: 81), da von ihm keine demokratietheoretische Einbettung einer „radikale[n] Partizipation“ vorgenommen würde (a. a. O.). Björn Kraus (2006) bemängelt zudem, der Begriff Lebensweltorientierung gehe mit einer „begrifflichen Unschärfe, um nicht zu sagen Beliebigkeit“ einher (a. a. O.: 115). In einer Weiterentwicklung des Konzeptes stellt er zunächst fest, dass die Lebenswelt eines Menschen ein “unhintergehbar subjektive[s] Wirklichkeitskonstrukt“ sei (a. a. O.: 125) und schlussfolgert für die Soziale Arbeit:

> *„Die geforderte Lebensweltorientierung bedeutet also gerade nicht, dass man die Lebenswelt eines anderen Menschen tatsächlich erfassen kann, sondern vielmehr, dass man der grundsätzlichen Subjektivität der Lebenswelt Rechnung trägt“ (a. a. O.: 127).*

Neben diesen ausgewählten theoretischen Bezügen werden von einigen Autor_innen weitere genannt, die hier nicht weiter ausgeführt werden können, aber verdeutlichen, welche Anforderungen an ein noch zu entwickelndes Partizipationskonzept Sozialer Arbeit gestellt werden müssen. So führen Debiel/Wagner (2017: 22) handlungstheoretische Zugänge und dienstleistungstheoretische sowie gerechtigkeitstheoretische Perspektiven an, die im Kontext von Partizipation bedeutsam seien. Kreimeyer (2017: 46) bezieht sich darüber hinaus auf Community Organizing als eher methodischen zu berücksichtigenden Ansatz. Nachfolgend werden zunächst die Ausprägungen von Partizipation beschrieben, die sich ebenfalls auf theoretische Argumentationen von Partizipation beziehen lassen.

2.2 Ausprägungen von Partizipation

Schnurr (2015: 1172) unterscheidet „demokratietheoretische, dienstleistungstheoretische und pädagogische bzw. bildungstheoretische Argumentationen" von Partizipation. Das Spektrum reicht dabei von „Partizipation als Voraussetzung legitimer Herrschaft" nach Max Weber (a. a. O.) über die „Aushandlung von Bedarfslagen und Leistungsansprüchen" (a. a. O.: 1173) zwischen Klient_innen und Leistungserbringern der Sozialen Arbeit bis hin zur Aufgabe, „Kindern und Jugendlichen Chancen zum Erwerb von Handlungsfähigkeit und zur Selbstverwirklichung" zu eröffnen (a. a. O.: 1174). Nach Schnurr lassen sich all diese Begründungsvarianten „im Sinne einer wechselseitigen argumentativen Stützung miteinander verbinden" (a. a. O.: 1175). Ziele von Partizipation sind dabei nach Hummrich (2007: 455) die „bestmöglich[e] Beteiligung aller Mitglieder einer Gesellschaft und ihrer Institutionen". Oder, wie es die Begründerin der Stufenmodelle von Partizipation, Sherry Arnstein, formulierte: „…'nobodies' in several areas are trying to become ‚somebodies' with enough power to make the target institutions responsive to their views, aspirations, and needs" (Arnstein 1969: 217, H. i. O.). Im Dienstleistungskontext ist ein Ziel von Partizipation zudem die Steigerung von „Legitimität und Effektivität von Organisationen" (Wurtzbacher 2011: 634). Nachfolgend werden die unterschiedlichen Ebenen, Gegenstände, Formen und Stufen von Partizipation dargestellt, die später auch im Zusammenhang der Umsetzung von Partizipation in der Sozialen Arbeit allgemein sowie in der Wohnungslosenhilfe speziell relevant sind.

2.2.1 Ebenen und Gegenstände von Partizipation

Partizipation findet auf mehreren Ebenen statt. Bröse/Held (2015: 144) unterscheiden diese in „sozial, politisch, gesellschaftlich, individuell". Schnurr differenziert dagegen drei Ebenen von Partizipation in der Sozialen Arbeit:

Tabelle 2.1 Ebenen und Gegenstände von Partizipation

Ebenen und Gegenstände von Partizipation in der Sozialen Arbeit	
Ebene der Gesellschafts- und Sozialpolitik	Legitimität von Problemen und Leistungen (Leistungsansprüche); Generelle Angebots-, Leistungs-, Steuerungs-, Finanzierungsstrukturen
Mittlere Ebene der Leistungserbringung	Lokales Leistungsangebot, lokale Zugangsstrukturen, Zusammenarbeit von Leistungserbringern, Ebene der Organisationen
Ebene der direkten Leistungserbringung	Ebene des Einzelfalls, Gestaltung von Beziehungen, Gestaltung von Unterstützungsprozessen, Gestaltung von Alltagen in leistungserbringenden Organisationen

(Schnurr 2012: 535)

Oechler/Rosenbauer (2014: 233) unterscheiden vier Ebenen von Partizipation, nämlich „im sozialpolitischen Kontext (Gesetzgebung) und kommunal-infrastrukturellen Kontext (Sozialplanung), auf Ebene der Einzelfallentscheidung (Hilfeplanung) sowie der direkten Leistungserbringung". Im Kontext der Wohnungslosenhilfe unterscheidet die Katholische Arbeitsgemeinschaft Wohnungslosenhilfe (KAG W) wiederum drei Ebenen von Beteiligung:

- „auf der individuellen Ebene als Entwicklungsprozess der einzelnen Person (Befähigungsprozess);
- auf der Ebene von aktiver Mitgliedschaft in Gruppenprozessen (Selbsthilfe, Betroffenenorganisation etc.);
- auf der Ebene der Beteiligung an lokalen, regionalen beziehungsweise überregionalen Netzwerken (Mitgliedschaft und Mandate in Gremien)."

(KAG W 2015: 11)

Gemeinsam ist diesen Spezifizierungen somit zunächst nur die Feststellung, dass Partizipation auf unterschiedlichen Ebenen stattfindet und diese immer eine individuelle und mindestens eine (sozial-)politische Ebene umfassen. Im Rahmen dieser Studie werden nachfolgend vier Ebenen unterschieden:

Abb. 2.1: Ebenen von Partizipation

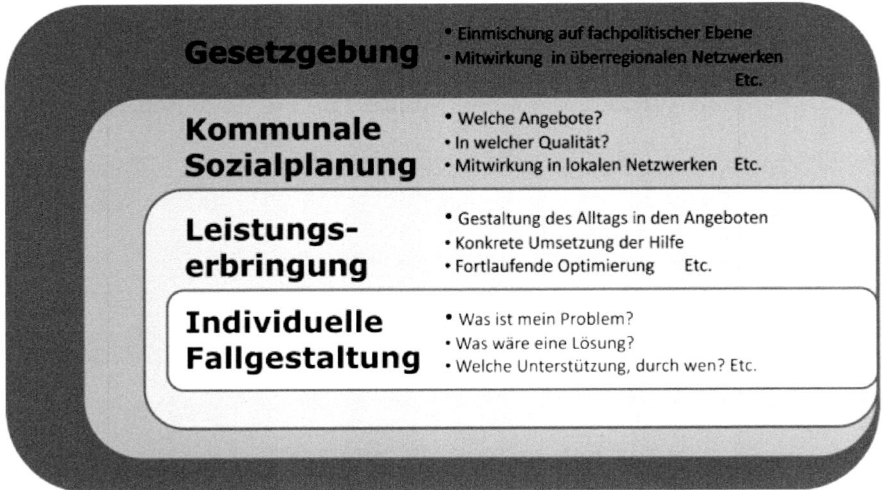

(Eigene Darstellung in Anlehnung an Oechler/Rosenbauer 2014)

2.2.2 Arten und Formen von Partizipation

Partizipation findet nicht nur auf verschiedenen Ebenen statt, sondern auch in bestimmten Arten und Formen. Bereits 1978 haben Buse/Nelles im Kontext von Gesellschaft, Politik und Wirtschaft direkte oder mittelbare Arten sowie verfasste oder nicht verfasste Formen von Partizipation unterschieden. ‚Direkt' meint die persönliche Teilnahme am Verfahren im Gegensatz zu den ‚indirekten' Arten, bei denen Vertreter_innen benannt oder gewählt werden (vgl. L.I.S.T. 2012: 21). ‚Verfasst' sind institutionalisierte Beteiligungsformen, beispielsweise durch Gesetze.
Daraus ergeben sich vier Varianten:

- verfasst und indirekt
  z. B. Wahlen (Buse/Nelles 1978: 87)
- verfasst und direkt
  z. B. Volksbegehren (a. a. O.: 96)
- nicht verfasst und direkt
  z. B. Protestaktionen (a. a. O.: 98)
- nicht verfasst und indirekt
  z. B. Mitarbeit in Interessengruppen und Verbänden (a. a. O.: 106)

2.2.3 Stufen von Partizipation

Sherry Arnstein entwickelte Ende der 1960er Jahre das erste Stufenmodell von Partizipation, das die meisten nachfolgenden Autor_innen zum Thema Partizipation beeinflusst hat (vgl. Thomas/Pierson 1995: 262). In ihrer „Ladder of Citizen Participation" (Arnstein 1969: 217) konzipierte sie insgesamt acht Stufen, von denen jedoch nur die obersten drei echte Partizipation bedeuten würden. Jede Stufe der Leiter korrespondiert mit dem Ausmaß der Entscheidungsmacht. Die ersten beiden Stufen *manipulation* und *therapy* sind laut Arnstein ersonnen worden, um Menschen zu erziehen oder zu heilen, nicht um sie zu beteiligen. Die Stufen 3 und 4 (*informing* und *consultation*) seien Alibihandlungen, da die Ansichten der Betroffenen zwar gehört, diese aber nicht zwangsläufig auch von den Mächtigen berücksichtigt würden. Lediglich ein höheres Level von Alibihandlung sei Stufe 5, *placation*, denn auch hier behielten die Mächtigen das Entscheidungsrecht. Erst mit Stufe 6, *partnership*, beginnt für Arnstein Partizipation. Hierbei gingen die Bürger_innen in Verhandlungen sowie einen Austausch mit den Machthabern. Stufe 7, delegated power, meint nach Arnstein die Mehrzahl der *decision-making* seats und Stufe 8 die volle *citizen control*. (A. a. O.: 217)
Arnstein selbst bezeichnete ihre Stufenleiter als Vereinfachung, da sie die Bürger_innen wie die Mächtigen als jeweils homogene Gruppen darstelle. Dies entspräche aber auch der Wahrnehmung der Beteiligten, denn

„in most cases the have-nots really do perceive the powerful as a monolithic ‚system', and powerholders actually do view the have-nots as a sea of ‚those people', with little comprehension of the class and caste differences among them" (Arnstein 1969: 217, H. i. O.).

Das im Kontext Sozialer Arbeit wohl meist genutzte Stufenmodell von Partizipation in Deutschland wurde von Block u. a. (2008) entwickelt.

Abb. 2.2: Stufenmodell von Partizipation

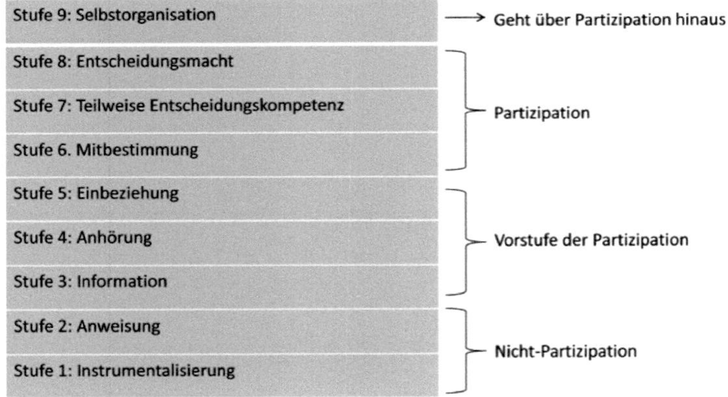

(Eigene Darstellung nach Block u. a. 2008)

Block u. a. folgen der Logik von Arnstein und unterscheiden Nicht-Partizipation, Vorstufen der Partizipation und Partizipation. Auch hier gibt es nur drei Stufen echter Partizipation, nämlich die Mitbestimmung, eine teilweise Entscheidungskompetenz sowie Entscheidungsmacht. Ergänzt haben sie das Stufenmodell von Arnstein um den Begriff der Selbstorganisation, die über Partizipation hinausgehe. Hiermit ist nicht die Organisation in Betroffenenvertretungen[8] auf der (sozial-)politischen Ebene (vgl. 2.2.1) gemeint, sondern die Selbstorganisation der Hilfe selbst.

Schnurr (2015) verweist neben Arnsteins Stufenmodell auf ein weiteres von Blandow u. a. aus einer Publikation von 1999. Diese haben insgesamt sieben Stufen entwickelt:

„1. A entscheidet autonom (ohne weitere Verpflichtungen gegenüber B)
2. A entscheidet autonom, hat aber eine Anhörungspflicht gegenüber B

8 Ich verwende den Begriff ‚Betroffenenvertretung' nachfolgend im Sinne einer gewählten Vertretung von Bewohner_innen eines Wohnheims oder Besucher_innen einer ambulanten bzw. niedrigschwelligen Einrichtung. Unter ‚Betroffeneninitiative' verstehe ich dagegen einen einrichtungsunabhängigen, regionalen oder überregionalen Zusammenschluss von Betroffenen, die sich auf den Ebenen Kommunale Sozialplanung und/oder Gesetzgebung engagieren.

3. A entscheidet, B hat ein Vetorecht
4. A und B müssen der Entscheidung zustimmen
5. B entscheidet, A hat ein Vetorecht
6. B entscheidet autonom, hat aber eine Anhörungsverpflichtung gegenüber A
7. B entscheidet autonom (ohne weitere Verpflichtungen gegenüber A)“

(Blandow u. a. 1999, zit. n. Schnurr 2015: 1176)

Als Partizipation verstünden die drei Autoren ihre Stufen 2-6 im Sinne einer „Verteilung von Mitwirkungsrechten“ (a. a. O.). Alle vorgestellten Stufenmodelle beschreiben abstrakt, welche Abstufungen von Partizipation im Sinne von Entscheidungsteilhabe es gibt. Hierbei müssen aber auch die (mindestens) zwei Akteur_innengruppen betrachtet werden, im Rahmen der vorliegenden Studie also Professionelle der Sozialen Arbeit sowie die Nutzer_innen ihrer Angebote. Am Beispiel von ‚Mitbestimmung‘ (im vorgestellten Modell Stufe 6, vgl. Abb. 2.2) formulieren Straßburger/Rieger (2014) dies aus professionell-institutioneller Perspektive als „Mitbestimmung zulassen“ (a. a. O.: 23). Aus Sicht der Nutzer_innen bedeute dies „[a]n Entscheidungen mitwirken“ (a. a. O.: 28). Partizipation kann also nur stattfinden, wenn beide Seiten diese wünschen und auch umsetzen.
Die Stufenmodelle werden in der Literatur überwiegend sehr positiv rezipiert. Hobi/Pomey (2013) sehen in ihnen die Chance, Scheinpartizipation von echter Beteiligung zu unterscheiden. Dies könne als „Evaluationsmaßstab für die Überprüfung jedes Einzelfalls“ dienen (a. a. O.: 127). Wright (2012: 95) versteht sie „[a]ls Instrument zur Förderung einer kritisch reflektierten Praxis“ und ist ebenfalls der Ansicht, am Grad der realisierten Partizipation könne gemessen werden, „wie sehr jemand Einfluss auf einen Entscheidungsprozess nehmen kann“ (a. a. O.). Straßburger/Rieger (2014: 231) weisen allerdings darauf hin, dass eine höhere Stufe in der Partizipationsleiter nicht immer die bessere sei. Welche Stufe angemessen sei, hänge von den konkreten Gegegenheiten ab. Grundsätzlich gilt für sie:

> *„Auch die Vorstufen der Partizipation sind wertvoll. Meinungen und Ansichten von AdressatInnen vor einer Entscheidung in Erfahrung zu bringen oder Entscheidungen transparent zu machen, ist wesentlich besser, als sie nicht zu beteiligen.“ (A. a. O.)*

Auch Wright (2012) ist der Ansicht, Ziel der Praxis sei zwar ein möglichst hoher Grad an Partizipation, aber jede Stufe außer der Instrumentalisierung hätte ihre Berechtigung (a. a. O.: 95). Das Stufenmodell sei also keine „Rating-Skala“ (a. a. O.: 98): „Je nach Setting, vorhandenen Ressourcen, den bereits vorhandenen Erfahrungen mit der Partizipation … ist mehr oder weniger Partizipation möglich und zu jedem Zeitpunkt unterschiedlich steigerungsfähig“ (a. a. O.: 99). Kritisch äußert sich dagegen Lange (2003) zu den Stufenmodellen von Partizipation. Sie würden durch die gleichberechtigte Teilhabe „jedes pädagogische Moment aus[schließen]“

(a. a. O.: 8) und damit auf Zielsetzungen der Professionellen verzichten. Nachfolgend wird durchgängig auf das in Abb. 2.2 vorgestellte Stufenmodell Bezug genommen.

2.3 Partizipation in der Sozialen Arbeit

Nach diesen grundsätzlichen Ausführungen zu den Ausprägungen von Partizipation wird nachfolgend der Forschungsstand zur Partizipation in der Sozialen Arbeit vorgestellt. Hierbei wird auf eine ausführliche Darstellung von Partizipation im Kontext anderer Arbeitsfelder als der Wohnungslosenhilfe verzichtet, da ein Vergleich nicht Ziel der vorliegenden Studie ist (vgl. 3.1). Auf eine Darstellung allgemeiner Partizipationsinstrumente wird aufgrund des Fokus der vorliegenden Studie ebenfalls verzichtet.
Grundsätzlich kann festgestellt werden, dass Partizipation in der Sozialen Arbeit als Thema sowohl im wissenschaftlichen als auch im Praxisdiskurs immer häufiger aufgegriffen wird. So sind in den letzten Jahren mehrere Sammelwerke erschienen, die Partizipation in bestimmten Arbeitsbereichen bzw. in Bezug auf Methoden Sozialer Arbeit fokussieren. Zu erwähnen sind hier beispielsweise das Handbuch Partizipation und Gesundheit (Rosenbrock/Hartung 2012), eine Handreichung für Mitarbeiter_innen der Berliner Verwaltung zu Beteiligungsprozessen im Stadtteil (L.I.S.T. 2012) sowie der aktuellste recherchierte Sammelband „Partizipative Hilfeplanung“ (Schäuble/Wagner 2017).

2.3.1 Grundsätzliches

Bis in die 1970er Jahre dominierte in der Sozialen Arbeit die Vorstellung, dass deren Adressat_innen die von den Professionellen entwickelten Zielsetzungen der Hilfe zu übernehmen hätten (Scheu/Autrata 2013: 75). Aber auch seit der Diskussion über die Relevanz der subjektiven Sicht der Nutzer_innen Sozialer Arbeit seit den 1990er Jahren ist nach Hobi/Pomey (2013) „[e]ine eigenständige, speziell auf die Probleme im sozialen Bereich zugeschnittene Partizipationstheorie“ (a. a. O.: 127) bisher nicht entwickelt worden. U. a. die „aktivierende Wende“ (a. a. O.) hätte die Umsetzung einer stärkeren Beteiligung der Adressat_innen ausgebremst. Nach Autrata (2013: 16) ist Partizipation zwar mittlerweile zu einem „omnipräsenten Stichwort in der Sozialen Arbeit“ geworden, gewünscht würde sie in der Praxis allerdings nur dort, „wo sie nützlich ist“ (a. a. O.: 17; vgl. Bröse/Held 2015: 145 f.). Auch Schnurr (2012) diagnostiziert, Partizipation werde zwar vielfach in Konzepten und Statements gefordert, „die Umsetzung in der Praxis der Sozialen Arbeit erweist sich aber häufig als etwas harzig“ (a. a. O.: 533). Lange (2003: 6 f.) begründet die Nicht-Umsetzung von Partizipation in der Sozialen Arbeit mit dem Einsparwillen der Verantwortlichen sowie den stattgefundenen sozialen Wandlungsprozessen. Im Vergleich zweier Handbücher der 1980er und 2000er Jahre konstatiert er ein „Hauptaugenmerk der Diskussion jetzt auf Partizipation im Einzelfall“ und sieht daher „kaum noch direkt

ableitbare demokratietheoretisch normative Begründungsstrukturen" (a. a. O.: 5) im Sinne von Partizipation als Prinzip staatlichen Handelns.
Die Folgen dieser Veränderungsprozesse hat Lutz, T. (2012) in einer qualitativen Interview-Studie erfasst, in der er mehrere Typen von Klientelkonzepten der Professionellen herausgearbeitet hat. So gebe es beim Typ ‚Umcodierung' eine Beteiligungserwartung, d. h. die Bereitschaft zur Veränderung wird erwartet und Teilnahme wird zur Bringschuld (a. a. O.: 46). Im Typ ‚Kompetenzorientierung' würden sich Professionelle als Coach oder Manager_innen definieren, die ihre Klient_innen in einem Aushandlungsprozess begleiten (a. a. O.: 47). Der Typ ‚Strukturkonflikt' würde zwar ein „Recht auf Hilfe ohne Vorbedingungen" (a. a. O.: 48) verteidigen und sich am klassischen Wohlfahrtsstaat orientieren, ohne dabei aber besonders kritisch oder progessiv aufzutreten (a. a. O.). In seiner Identifikation der Hilfeverständnisse stellt er „die Tendenz, das früher als Grundwiderspruch verhandelte Spannungsfeld von Hilfe und Kontrolle zu normalisieren" fest (a. a. O.: 50). Er betont in seinem Fazit, jede_r sei berechtigt teilzunehmen und teilzuhaben: „Dieses Verständnis muss eine kritische Soziale Arbeit dem aktivierenden und repressiven ‚Wer nicht (in unserem Sinne) partizipiert, fliegt raus!' deutlich entgegensetzen" (a. a. O.: 52, H. i. O.). Böllert (2012: 632) sieht ebenfalls die Notwendigkeit, dass sich die Soziale Arbeit von einer sozialdisziplinierenden Intervention zur partizipativen Dienstleistung entwickeln müsste. Andernfalls sehe sie die „Gefahr einer Instrumentalisierung der Sozialen Arbeit als Aktivierungspädagogik" (a. a. O.: 631). Für die Adressat_innen Sozialer Arbeit wäre dies ein Problem, denn im Gegensatz zu anderen Dienstleistungen „[müssen] die Nachfragenden das akzeptieren …, was ihnen angeboten wird" (Scheu/Autrata 2013: 81). Partizipation sei damit darauf begrenzt, „Angebote der Sozialen Arbeit in der geläufigen Art anzunehmen" (a. a. O.: 112). Kessl (2013) betont darüber hinaus die „*individualisierenden* Eigenverantwortungsstrategien" der „aktivierungspolitischen Neujustierungen des bisherigen wohlfahrtsstaatlichen Arrangements" (a. a. O.: 59, H. i. O.). Wie es die KAG W formuliert, werden so aus hilfesuchenden Menschen Verbraucher_innen und Marktteilnehmer_innen (a. a. O. 2015: 8; vgl. Carr 2007: 268). Dabei haben beispielsweise arme Menschen auch durch solche Umbenennungen in der Regel keine Wahlmöglichkeit zwischen mehreren Alternativen und können daher nicht so selbstbewusst und gleichberechtigt ihre Nachfrage an Hilfe formulieren, wie es die Wortwahl suggeriert (Gerull 2011: 73).
Partizipation ist im "Statement of Ethical Principles" der International Federation of Social Workers (IFSW) als Aufgabe der Sozialen Arbeit deklariert:

> *"Promoting the right to participation – Social workers should promote the full involvement and participation of people using their services in ways that enable them to be empowered in all aspects of decisions and actions affecting their lives" (IFSW 2012).*

Wie aber wird dieses ethische Prinzip in der Praxis umgesetzt?

2.3.2 Partizipation in der Praxis Sozialer Arbeit

In der Praxis Sozialer Arbeit werden häufig nur die Vorstufen von Partizipation (vgl. Abb. 2.2) erreicht, obwohl, wie beispielsweise eine Studie im Kontext der Jugendhilfe aufzeigte, „Partizipation als Struktur- und Handlungsmaxime der Sozialen Arbeit von der großen Mehrheit der Fachkräfte bejaht wird“ (Rieger 2015: 342). Auch Hitzler (2017) stellt fest,

> *„dass sich der Einbezug der Kinder und Jugendlichen vor allem in ihrer (rechtlich ohnehin vorgesehenen) Anwesenheit sowie einer Tendenz zum Reden-Lassen erschöpft, aber nur sporadisch dort zu finden ist, wo Beiträge Auswirkungen auf zu treffende Entscheidungen zeigen“ (a. a. O.: 43).*

Nach Schweizer Studien wird den Adressat_innen Sozialer Arbeit häufig nur eine passive Rolle zugestanden und gleichzeitig ihr fehlender Wille zu Kooperation und Integration beklagt (Hobi/Pomey 2013: 138). Auch Wagner (2017) konstatiert diese Umdeutung in ein „‘selbst schuld‘, wenn sie nicht ‚wollen‘. Es liegt ja in ihrer Verantwortung. Infolge wird der Ausschluss von weiterer Partizipation legitimierbar.“ (A. a. O.: 232, H. i. O.)

Scheu/Autrata (2013) betonen auf der einen Seite die Fortschritte, die durch die Beteiligung der Nutzer_innen in den letzten Jahren erreicht wurden. Dies sei eine „Errungenschaft …, die im Kontext der historischen Entwicklung der Sozialen Arbeit keineswegs immer gegeben war“ (a. a. O.: 285). Auf der anderen Seite sei dies keine Partizipation, denn „Soziale Arbeit deklariert, sie mache Partizipationsförderung, fördert tatsächlich aber nur Teilhabe an den Arbeitsformen der Sozialen Arbeit“ (a. a. O.). Frank (2010) identifizierte in seiner empirisch angelegten Masterarbeit zwar Partizipationsansätze auf der Ebene der individuellen Fallgestaltung, nämlich bei den klassischen Hilfegesprächen[9] zur Planung der Hilfeziele. Gleichzeitig hinterfragt er diese kritisch, „[d]enn die Verantwortung für Hilfeziele korrespondiert ebenfalls mit der Verantwortung für das Scheitern der Hilfeziele, für welches dann ebenso der Klient in der Verantwortung steht“ (a. a. O.: 118).

Wie Richert/Menges (2016) im Kontext der Jugendhilfe erklären, braucht es für einen „partizipativen Aufbruch … nicht nur neue Herangehensweisen, sondern auch eine neue Rechtsform, in der die Jugendlichen bis in die Spitzen der Häuser der Jugendhilfe hinein ein verbrieftes Mitgestaltungsrecht haben“ (a. a. O.: 80). Dies mündete im beschriebenen Zusammenhang in die Gründung einer Sozialgenossenschaft mit dem Sitz von Jugendlichen in deren Aufsichtsrat (a. a. O.). Auch die Öffnung der Vorstände von großen Sozialunternehmen für ihre Adressat_innen ist ein solches Zeichen, so arbeiten im Vorstand der Lebenshilfe e. V., einem Verein für die Unterstützung von Menschen mit geistiger Behinderung, mittlerweile auch Selbstvertreter_innen mit (Lang-Lendorff 2017).

---

9 Diese werden, vor allem im Kontext der Hilfen nach §§ 67 ff. SGB XII, z. T. auch Hilfe*plan*gespräche genannt.

2.3.3 Nutzen und Legitimation von Partizipation

Der Nutzen von Partizipation im Sinne von Entscheidungsteilhabe lässt sich aus zwei Blickwinkeln darstellen: Was nutzt sie den Betroffenen - und was nutzt sie der Sozialen Arbeit? Aus der Perspektive der Professionellen stelle sich diese Frage zunächst gar nicht, denn es „ist eine entscheidende Aufgabe sozialer Berufe, Menschen zu befähigen, aktiv an sozialen, gesellschaftlichen und politischen Prozessen teilzunehmen" (Straßburger/Rieger 2014: 231; vgl. IFSW 2012). Partizipation gehört also zum Auftrag Sozialer Arbeit. Dies legitimiert die Ermöglichung von Partizipation – aber nutzt sie der Sozialen Arbeit auch? Nach Hobi/Pomey (2013) gelingen Hilfen nur dann, „wenn sie von den Adressatinnen und Adressaten mitgestaltet werden können … und von den Betroffenen als sinnvoll und bewältigbar erachtet werden" (a. a. O.: 139). Gleichzeitig kann Partizipation nach Rieger (2015) „ein handlungspraktisches Korrektiv [für die Fachkräfte Sozialer Arbeit, SG]" bieten (a. a. O.: 344). Sogar von einer Aufwertung Sozialer Arbeit durch Nutzer_innenpartizipation geht von Kardorff (2014) aus:

> *„Partizipation bildet … für die Sozialarbeit die Chance, ihren endlosen gesellschaftlichen Hilfe-, Reparatur-, Korrektions- und Kontrollauftrag in Richtung einer aktiven Gestaltung und gemeinsamer Aktivitäten aufzuwerten, die sie mit ihrer oft skeptischen und unfreiwillig abhängigen Klientel befreunden könn(t)en" (a. a. O.: 8 f.).*

Partizipation muss aber auch für die Nutzer_innen Sozialer Arbeit einen Sinn haben (vgl. Saurer 2008: 57). Hierzu findet sich in der rezipierten Literatur relativ wenig. Für den medizinischen Bereich wurde in Studien festgestellt: „Entscheidungsteilhabe trägt zur Bedürfnisbefriedigung bei, sie hat positive Auswirkung auf den Gesundheitszustand und (kranke) Menschen haben bessere Heilungsaussichten"[10] (Schmidt 2012: 261). Der Fokus von Publikationen im Kontext Sozialer Arbeit liegt dagegen eher im Nutzen von Empowerment als Voraussetzung für Partizipation. So ist von Kardorff (2014) in diesem Zusammenhang der Ansicht, „[d]as Erlebenkönnen von Selbstwirksamkeit [schafft] Motivationspotenziale für die Verantwortungsübernahme in der Rolle als Bürger/in" (a. a. O.: 4). Allerdings sei auch ein Scheitern von Nutzer_innen kein Problem, wenn zwischen Partizipation als Prozess sowie Produkten von Partizipation - im Sinne einer reinen Ergebnisorientierung - unterschieden wird (vgl. Hedtke 2012: 18).

Im Kontext der Wohnungslosenhilfe haben Christian u. a. (2016) in einer psychologisch basierten Interviewstudie herausgearbeitet, dass die Auswahl unter mehreren Optionen eine wichtige Rolle in der Entwicklung wirksamer Absichten spielt

10 Auf die hier verwendeten Stereotypen von *krank* und *gesund* kann in diesem Rahmen nicht eingegangen werden.

(a. a. O.: 25). Von einer grundsätzlichen Verbesserung der Lebensqualität wohnungsloser Menschen durch Partizipation geht FEANTSA (2013b) aus, die Europäische Vereinigung der Wohnungsloseneinrichtungen:

> *„Participation is a way of working that empowers homeless people to participate in decisions and actions that affect their lives. It is based on the evidence that actively involving homeless people in their own recovery contributes to better care and support and improves their quality of life." (A. a. O.: 1)*

Häufiger als der Nutzen von Partizipation werden in Fachpublikationen jedoch Herausforderungen und Hindernisse beschrieben, wie nachfolgend dargestellt wird.

2.3.4 Herausforderungen und Hindernisse von Partizipation

Eine besondere Herausforderung in großen Beteiligungsverfahren ist das sogenannte Partizipationsparadox. Für den Bereich Stadtentwicklung wird dies von L.I.S.T. (2012) wie folgt beschrieben:

> *„Oft ist das Engagement und Interesse der Bürgerinnen und Bürger zu Beginn des Verfahrens noch recht niedrig. Die Möglichkeiten der Einflussnahme sind zu diesem Zeitpunkt jedoch sehr groß. Im Laufe des Prozesses nimmt das Engagement der Beteiligten zu und erreicht oft erst in der Umsetzungsphase seinen Höhepunkt. Gleichzeitig nehmen die Möglichkeiten der Einflussnahme auf das Vorhaben im Verlauf des Verfahrens ab, denn das Vorhaben befindet sich nun bereits in der Umsetzung. In dem Moment also, wo die Beteiligten das größte Interesse am Beteiligungsverfahren zeigen, haben sie kaum mehr Möglichkeiten, die Planung zu beeinflussen." (A. a. O.: 83)*

Eine weitere Herausforderung ist, dass Partizipation oft nur Gruppen erreiche, „deren Interessen politisch seit jeher überrepräsentiert sind" (Hedtke 2012: 16). Diese „üblichen Verdächtigen" (L.I.S.T. 2012: 62) sind meist „besonders artikulationsstark, gut vernetzt und erfahren in Beteiligungsprozessen" (a. a. O.). Ähnlich argumentiert Wagner (2017): In Partizipationsprojekten für Jugendliche würden beispielsweise „nicht selten Angehörige sozial privilegierter Gruppen dominieren" (a. a. O.: 231). Beteiligungsansätze können diese soziale Selektion nach Bär (2012: 172) sogar noch verstärken.

Rausch (2004) stellt im Kontext der Beteiligung von sozial Benachteiligten fest, dass deren Erwartungshaltung an die Professionellen eine Entscheidungsteilhabe oft behindert: „Sie kennen es nicht anders, als dass andere, intellektuell versierte Leute an ihrer Stelle denken und handeln" (a. a. O.: 8). Hinzu kämen die mittelschichtgeprägten „Riten und Prozeduren" (a. a. O.: 6) von Entscheidungsprozessen wie abstrakte Themen und „lange Fachvorträge im distanzierenden Amtsdeutsch" (a. a. O.). Die „Angst vor Veränderung", die „Fixierung auf Fremdhilfe" sowie die „Anpassung an Hierarchien" listet darüber hinaus Beushausen (2017: 17) als Hindernisse für eine Nutzer_innenpartizipation auf.

Gintzel (2017) ist prinzipiell der Ansicht, Partizipation sei bei allen Adressat_innen Sozialer Arbeit möglich: „Gesundheitliche, soziale, intellektuelle Einschränkungen entscheiden jedoch (nur) über die Formen und den Umfang der P." (a. a. O.: 703). Thomas (2010) konstatiert dagegen im Kontext der Wohnungslosenhilfe ein Desinteresse der Nutzer_innen: „Der wohnungslose Mensch ist eher selten an dem Thema Partizipation interessiert" (a. a. O.: 50). Gillich (2010) sieht die Ursache hierfür in den Zuschreibungen, die

> *„wohnungslose Menschen als hilflose Spielbälle vermeintlich unbeeinflussbarer Mächte an[sehen] und dementsprechend behandel[n]. … Wen wundert es, dass sich manche wohnungslose Menschen diese Zuschreibung zu eigen machen." (A. a. O.: 374)*

Aus Betroffenensicht verhindert Armut Partizipation, wie bei einem Workshop zum 5. Armuts- und Reichtumsbericht der Bundesregierung erklärt wurde (ISG/BMAS 2015: 2). So würden Betroffene durch ihr Engagement nicht „als arme Person ins öffentliche Blickfeld gelangen" wollen (a. a. O.: 4), da „dies zu Stigmatisierungen führen könnte" (a. a. O.). Schneider, J. (2013) sieht in einem Fachvortrag als einen Grund für die Nicht-Teilhabe von Betroffenen an, dass auf der einen Seite eigene Ressourcen oft nicht abrufbar seien (a. a. O.: Folie 3). Auf der anderen Seite würden Professionelle Teilhabe nicht zulassen (a. a. O.: Folie 4). Hinzu käme, dass ehemals Betroffene Machtpositionen eingenommen hätten und ihnen dies zu Kopf gestiegen sei: „Endlich auch einmal etwas zu sagen und/oder zu ‚befehlen'" zu haben (a. a. O.: Folie 6, H. i. O.), verstelle den Blick auf die Teilhabe der noch Betroffenen. In einem anderen Vortrag kritisiert er die Instrumentalisierung wohnungsloser Menschen, indem ihnen beispielsweise bei Tagungen Papiere vorgelegt würden, die sie dann vorlesen sollten (Schneider, J. 2014: 1[11]).

Aus der Perspektive der Professionellen stellt Beushausen (2017) zunächst fest, dass es Grenzen von Partizipation gebe. Beispiele hierfür seien „eine Kindeswohlgefährdung oder eine akute Suizidalität" (a. a. O.: 16). Für Rieger (2015: 342) ist das „expertokratisch[e] Professionsverständnis der Fachkräfte" ein Hindernis, zumal diesen oft das Vertrauen fehle, dass ihre Klient_innen zur Problemlösung beitragen könnten (a. a. O.). „Ein stellvertretendes Fürsorgehandeln" (a. a. O.: 343) sei zudem manchmal der einfachere Weg. Im Kontext niedrigschwelliger Hilfen betont Steckelberg (2016) den „Eigensinn der Adressatinnen und Adressaten" (a. a. O.: 454), der zu „Irritationen und Unsicherheit" (a. a. O.) der Fachkräfte führen könne. So sei es eine „vielfach unterschätzte professionelle Anforderung in der Sozialen Arbeit" (a. a. O.), mit offenen und von den Adressat_innen geprägten Settings des Hilfeangebots zurechtzukommen (a. a. O.).

11 Bei Jürgen Schneider handelt es sich um meinen wohnungslosen Forschungskooperationspartner (s. 3.3.2).

Nach Szynka (2014: 84) scheitert Partizipation „bisher oft an einem traditionellen Hilfeverständnis“. Auch Wright (2012) konstatiert als eine persönliche und professionelle Grenze die notwendige „Umstellung von paternalistischer zu partizipativer Haltung“ (a. a. O.: 99). Carr (2007) hat in einer Literaturrecherche zur Nutzer_innenpartizipation in England und Wales ebenfalls den Einfluss der professionellen Haltung auf Partizipationsprozesse identifiziert. Vor allem die notwendige Machtabgabe im Kontext von Partizipation wird ihrer Ansicht nach von den klassischen Hilfestrukturen behindert: „It appears that power sharing can be difficult within established mainstream structures, formal consultation mechanisms and traditional ideologies” (a. a. O.: 267).

Bergold (2015) beschreibt die Machtabgabe als einen Balanceakt, der jedoch nicht immer gelingt. Am Beispiel eines deutschen sowie eines argentinischen Projekts zeigt er auf, dass es auf der einen Seite charismatische Führungspersonen braucht, um Partizipation und Empowerment zu ermöglichen, da diese neue Perspektiven und Visionen entwickeln können. Zum Hindernis werden diese „leaders“ (a. a. O.: 15) auf der anderen Seite, wenn deren Macht nicht nur nach außen als Schutz für die betreffende Einrichtung wirkt, sondern ohne sie keine internen Entscheidungen mehr durchgesetzt werden können. So beschrieben laut Bergold einige Interviewte im deutschen Projekt den Leiter nicht nur als Vaterfigur, sondern sogar als „God the Father“ (a. a. O.: 16). Verlässt eine solche Führungsfigur die Einrichtung, kann an die partizipative Tradition oft nicht mehr angeknüpft werden (a. a. O.: 19).

Maar/Malyssek (2015) betonen fehlende Ressourcen wie Ausstattungen und Personal, die zu einem belastenderen und schwierigeren Umgang mit den Betroffenen führen würden:

> *„Diese Umstände gefährden wiederum die konzeptionellen Errungenschaften von Selbstorganisation und Partizipation, denn wenn der Druck auf alle Beteiligten wächst, werden bisherige Freiräume offen oder im schleichenden Prozess preisgegeben“ (a. a. O.: 164).*

Schnurr (2012) stellt dagegen eine ganze Reihe der „beliebtesten Ausreden und Vorurteile“ (a. a. O.: 540) vor, mit denen eine Nicht-Partizipation der Nutzer_innen Sozialer Arbeit von den Professionellen begründet wird. Hierzu gehört die Angst, „Partizipation führe zu unkontrollierten und unkontrollierbaren Situationen“ (a. a. O.), der Hinweis, „nur die ganze Macht sei akzeptabel“ (a. a. O.) sowie eine paternalistische Haltung und das angebliche Nichtinteresse der Betroffenen an Partizipation (a. a. O.: 541). Letztendlich dienten alle Einschränkungen von Partizipation jedoch nur „dem Erhalt der Macht derjenigen, die in der Rolle der Expertinnen/Experten sind“ (a. a. O.).

Wagner (2012) problematisiert in diesem Zusammenhang auch die oft von Professionellen eingenommene advokatorische Haltung, die „zu einem politischen Enteignungsprozess der Nutzer werden [kann]“ (a. a. O.: 181). Die Wohlfahrtsverbände müssten daher darauf achten, „nicht die Form eines ‚Fürsprechers‘ anzunehmen“

(a. a. O., H. i. O.). Auf einem Fachtag mit Betroffenen und Professionellen im Kontext von Wohnungslosigkeit dagegen wurde die fehlende Lobby von und für wohnungslose Menschen beklagt. So würde die

> *„Wohnungslosenhilfe von der Tendenz her eher ihre eigenen Interessen verfolgen ... Dabei herrschte der Eindruck vor, dass eine Mitbestimmung Wohnungsloser insbesondere von den Leitungen der ‚Wohlfahrtskonzerne' nicht gewollt sei. Aber auch viele der Wohnungslosen selbst hätten oftmals kein Interesse, sich für ihre Belange einzusetzen." (BAG W 2010b: 120, H. i. O.)*

Schneider, S. (2017) betont in einer online veröffentlichten Stellungnahme zu einem Partizipationspapier der BAG W (s. ausführlich 2.4.1), dass die Wohnungslosenhilfe „eine extrem anspruchsvolle, belastende, mühevolle und oftmals enttäuschende Angelegenheit [ist]". Sei diese Arbeit bereits unter normalen Umständen schwierig, so „erst recht bei Menschen, die aufgrund ihrer erzwungenen Armut und Ausgrenzung noch weitere Probleme mitbringen" (a. a. O.).
Auch für Arnstein (1969), die dies im Kontext von *citizen participation* formuliert, kommen zwei Seiten zusammen, die Partizipation im Sinne einer Entscheidungsteilhabe behindern:

> *„These roadblocks lie on both sides of the simplistic fence. On the powerholders' side, they include racism, paternalism, and resistance to power redistribution. On the have-nots' side, they include inadequacies of the poor community's political socioeconomic infrastructure and knowledge-base ..." (A. a. O.: 217)*

Was angesichts dieser Herausforderungen und Hindernissen laut Literaturrecherche Voraussetzungen für eine *gelingende* Partizipation sind, wird nachfolgend vorgestellt.

2.3.5 Voraussetzungen für eine gelingende Partizipation

Partizipation kann gelingen, wenn Herausforderungen angenommen und Hindernisse beseitigt werden. Insofern lesen sich die Voraussetzungen für eine gelingende Partizipation folgerichtig wie das Spiegelbild zum vorhergehenden Abschnitt. Zu ihnen gehört nach Debiel/Wagner (2017: 23) auch die Bereitschaft zur Abgabe von Macht (vgl. aus Betroffenensicht BBI 2004: 12).
Mehrere Autor_innen betonen, dass eine partizipative Haltung der Professionellen Voraussetzung für eine gelingende Partizipation ist. Für Straßburger/Rieger (2014) resultiert eine solche Haltung „aus dem Wissen, der Überzeugung und der Erfahrung, dass Partizipation in sozialen Berufen zentral ist" (a. a. O.: 234). Nach Beushausen (2017) braucht es hierfür

> *„die grundsätzliche Offenheit für andere Sicht- und Verhaltensweisen sowie die Bereitschaft, die Bedeutung der Lebenskontexte der Klientinnen und Klienten zu beachten. Die gefundenen Lösungen müssen nicht für den Helfer, sondern für die Adressatinnen und Adressaten passen." (A. a. O.: 14; vgl. Debiel/Wagner 2017: 23)*

Diese von Beushausen geforderte Offenheit bedeutet für Lutz, R. (2017) auch eine Veränderung des Bildes, das Professionelle von ihren Klient_innen haben, und zwar

> *„eine allmähliche Verabschiedung von den ‚schutzbedürftigen Klient*innen' vom auffälligen und abweichenden zu einem gestaltenden und prinzipiell befähigten, zu einem ‚wissbegierigen' Menschen, der immer entscheidungsfähig ist und als Akteur verstanden werden muss" (a. a. O.: 209, H. i. O.: vgl. Scheu 2013: 20).*

Im Kontext von Partizipation in der Wohnungslosenhilfe beschreibt Olaria (2015) ebenfalls ein verändertes Bild der Nutzer_innen:

> *"[W]e do not receive the person we are attending as an empty beneficiary that we have to fill with our knowledge and practice, but as a human being with decision-making capacity, who needs time and respect to make his/her own decisions" (a. a. O.: 25).*

Schlembach (2017) beschreibt am „banalen Beispiel der Implementierung eines Beschwerdemanagements" (a. a. O.: 123) in einer Wohnungslosenunterkunft, wie Partizipation gelingen kann. Voraussetzungen waren ihrer Erkenntnis nach die Unterstützung der Hausleitung, die Zurverfügungstellung ausreichender Ressourcen sowie der Einbezug der Bewohner von Anfang an: „Durch die Partizipation wird der Kasten im Sinne seiner Bestimmung genutzt, was wiederum die Kolleg_innen überzeugte" (a. a. O.: 124).

Es muss also „ein[e] Atmosphäre der Beteiligung und Wertschätzung der Fähigkeiten von hilfesuchenden Menschen" erzeugt werden (KAG W 2015: 11). Dies betont auch Carr (2007: 273), die einen „safe, supported open dialogue between service users and frontline staff" als Voraussetzung für eine veränderte Praxis anmahnt. Aus Betroffenensicht ist für Schneider, J. (2014) eine Vertrauensbasis zwischen Nutzer_innen und Professionellen notwendig. Dies gelingt seiner Ansicht nach jedoch nur selten, „weil oft die wirtschaftliche Seite der Einrichtungen im Vordergrund steht" (a. a. O.: 1). Auch Brady u. a. (2015: 16) betonen die Notwendigkeit einer „trusting relationship". Laut Lutz, R. (2017: 209) muss den Betroffenen zudem eine individuelle Begleitung im Partizipationsprozess angeboten werden (vgl. Thomas/Pierson 1995: 262). Es müsse außerdem das Prinzip der Freiwilligkeit beachtet werden: „Die Menschen müssen entscheiden dürfen, ob und in welchem Umfang sie von ihren Rechten Gebrauch machen" (a. a. O.). Auch Schnurr (2012: 542) stellt als eine von „acht Regeln für gelingende Partizipation" fest, dass Partizipation nicht verordnet werden dürfe (a. a. O.; vgl. Hedtke 2012: 18; für die Wohnungslosenhilfe BAG W 2010b: 119). Als Voraussetzung bei den Betroffenen, über die Inanspruchnahme von Partizipationsrechten zu entscheiden, muss nach Bitzan (2011: 312) allerdings ein „subjektive[r] Zugang zu den eigenen Interessen" bestehen.

Lutz, R. (2017: 209) benennt als zwei weitere Prinzipien im Sinne von Voraussetzungen für Partizipation das Prinzip der Information sowie das Prinzip der Transparenz. Die Betroffenen müssten wissen, *worum* und *wie* es gehe (a. a. O.; vgl. Schnurr 2012: 542). Informationen werden u. a. benötigt über Zielsetzungen und Abläufe, wie Hitzler (2017: 44) am Beispiel von Hilfegesprächen beschreibt (vgl.

Oitner/Thiele 2017: 92; Hafen 2012: 304 f.). Wie die BAG W (2015: 62) im Kontext der Wohnungslosenhilfe feststellt, erfordert die „Einbeziehung Betroffener in Entscheidungsprozesse … einen gleichberechtigten Zugang zu Informationen und allen Beteiligten offenstehende Kommunikationsstrukturen".
Von mehreren Autor_innen wird zudem gefordert, dass Partizipation strukturell verankert werden müsse. So sind Straßburger/Rieger (2014: 237) der Ansicht: „Idealerweise ist Partizipation in einer Institution strukturell verankert, sodass geregelt ist, wer unter welchen Bedingungen (mit) entscheiden kann. Klare Strukturen für Beteiligung bieten Rechtssicherheit." Für die Wohnungslosenhilfe fordert die BAG W (2015) in einem Positionspapier zu Partizipation, diese müsse „als Ziel im Leitbild und in Leistungsbeschreibungen veranker[t]" sein (a. a. O.: 62). Zudem brauche es ausreichende und dauerhaft zur Verfügung gestellte materielle Ressourcen (a. a. O.) sowie eine Eigenverantwortung bei der Verwendung der Mittel. „Hierzu bedarf es transparenten (sic!) Rahmensetzung, etwa in Form von Budgets und verbindlicher Regelungen über deren Verwendung" (a. a. O.: 63). Schneider, S. (2010) geht noch darüber hinaus. Er fordert von der Wohnungslosenhilfe nicht nur „verbindlich verpflichtende Beteiligungsstrukturen" (a. a. O.: 122), sondern eine Verpflichtung aller BAG-W-Mitglieder sowie der BAG W selbst, „50 % aller ihrer frei verfügbaren Spendeneinnahmen an die Wohnungslosenselbsthilfe/NutzerInnengruppe direkt und unmittelbar [weiterzugeben]" (a. a. O.), und zwar zur freien Verfügung.
Wagner (2017) vertritt in diesem Zusammenhang die These, dass nicht nur finanzielle Mittel erforderlich sind:

> *„Es bedarf ebenfalls – in kritischer Auseinandersetzung mit bestehenden Strukturen sozialer Ungleichheit, Macht und Herrschaft – einer Sicherstellung von sozialen Ressourcen, die es braucht, um diese Rechte und Optionen auch effektiv wahrnehmen zu können" (a. a. O.:232; vgl. Hartung/Wright 2016).*

Rausch (2004) ist der Ansicht, „[d]em Reden muss sogleich das Tun folgen. Die Leute sind es leid, ‚das (sic!) immer nur geredet wird'. Sie wollen ‚Taten sehen'. Und sie wollen, ‚dass etwas dabei heraus kommt'". (A. a. O.: 10, H. i. O.) Den Professionellen dagegen empfiehlt Gangway e. V. (2015: 69) „eine gewisse Gelassenheit gegenüber idealtypischen Vorstellungen von Beteiligung und Inklusion". Als Träger von Streetwork hätten sie es mit wenig beteiligungserfahrenen Menschen zu tun, die sehr genau abwägen würden, wo Partizipation sinnvoll sei:

> *„Dort, wo es um strukturelle Probleme und administrative Kooperationen und Verhandlungsprozesse geht, scheuen sich die meisten unserer Adressat*innen sich zu beteiligen. Dort, wo Pragmatismus, Ideen und Tatkraft gefragt sind, ist die Bereitschaft zur Beteiligung und die Einsatzfreude erfahrungsgemäß groß." (A. a. O.)*

Ihre methodischen Ansätze müssten daher „auf die aktuellen Interessen und Ressourcen der von uns betreuten Menschen ausgerichtet" sein (a. a. O.; vgl. Ansen 2009: 91). Nachfolgend wird beschrieben, ob und wie Partizipation im Sinne einer Entscheidungsteilhabe der Nutzer_innen in der Wohnungslosenhilfe umgesetzt wird.

2.4 Umsetzung von Partizipation in der Wohnungslosenhilfe

Partizipation in der Wohnungslosenhilfe wird seit einiger Zeit (wieder) in der Praxis diskutiert, es liegen aber bis auf eine veröffentlichte Masterarbeit (Schlembach 2013, 2012) und eine kurze Bestandsaufnahme für Berlin (Mosolf/Gerull 2017) keine publizierten empirischen Studien zum Thema in Deutschland vor. Eimertenbrink (2012) erstellte im Auftrag von Gangway e. V. eine Sammlung von best practice mit dem Titel „Straßenzeitung, Stadtführungen, Obdachlosenuni & Co. Wohnungslose Gemeinsam Aktiv!“, in der allerdings vor allem Empowerment-Projekte vorgestellt werden. 2015 veröffentlichte die BAG W ihr ausführliches Positionspapier „Mehr Partizipation wagen“ inklusive einer Checkliste für die Praxis (BAG W 2015).[12]
Ein Thema auf der politischen Ebene in Deutschland ist Partizipation in der Wohnungslosenhilfe bisher nicht. In der EU steht Partizipation im Kontext von Wohnungslosigkeit dagegen schon längere Zeit auf der offiziellen Agenda. So fand, ko-organisiert u. a. von FEANTSA, 2010 die sogenannte Consensus Conference des Rats der Europäischen Union statt. Vertreter_innen der öffentlichen Hand, aus NGOs und der Wissenschaft, aber auch Menschen mit Wohnungslosenerfahrungen waren neben weiteren Teilnehmenden bereits in der Vorbereitungsgruppe involviert, die auch geografisch ausgewogen besetzt war (ECCoH 2010: 4). Rund 400 Teilnehmende zählte schlussendlich die Konferenz, deren Jury am Ende Empfehlungen zu insgesamt sechs sogenannten „key questions“ aussprach (a. a. O.: 7 ff.). Eine dieser Fragen war: „How can meaningful participation of homeless people in the development of homelessness policies be assured?” (A. a. O.: 17). Zu den Empfehlungen gehören neben allgemeinen wie die Ermöglichung von mehr Partizipation auf allen Ebenen „to collate evaluations of different approaches to participatory policy development in the area of homelessness“ (a. a. O.: 18). Ergänzend wird der Europäischen Kommission empfohlen, „to facilitate a training programme for the staff of mainstream and specialized services“ (a. a. O.). Inwieweit diese Forderungen und Empfehlungen in den EU-Mitgliedsstaaten bzw. einzelnen Einrichtungen und Projekten umgesetzt wurden, kann im Rahmen der vorliegenden Studie nicht ermittelt werden. Es sei aber auf eine Sammlung von best practice im Kontext von Partizipation von FEANTSA (2015) verwiesen.
In den nächsten Abschnitten werden an verschiedenen Stellen den Forschungsstand ergänzende Praxisbeispiele vorgestellt. Einige von ihnen sind mir im Rahmen der empirischen Forschung erst bekannt geworden. Diese Sammlung von good bzw. best practice soll die Ausführungen dieses Abschnitts ergänzen und illustrieren. Auf die Praxisbeispiele wird an passender Stelle verwiesen, sie stehen jedoch (gesondert markiert) im Text für sich. Jedes dieser Praxisbeispiele wurde mehrfach in Feldgesprächen oder Interviews positiv dargestellt, zudem wurde Literatur für eine Bewertung

12 Eine umfangreichere Vorlage zur Selbsteinschätzung von Einrichtungen der Wohnungslosenhilfe wurde auf EU-Ebene von FEANTSA (2013a: 13 ff.) entwickelt.

und Überprüfung herangezogen. Insofern sind sie auch Ausdruck des besonderen methodischen Vorgehens der Studie, in der empirische Erhebung und Auswertung sowie Literaturrecherche permanent ineinandergriffen (vgl. ausführlicher Kap. 3).

2.4.1 Entwicklung des Partizipationsdiskurses in der Wohnungslosenhilfe

Nutzer_innenpartizipation geriet seit den 1980er Jahren mit den Rechtskommentaren von Falk Roscher zum § 72 BSHG (jetzt §§ 67 ff. SGB XII) in den Fokus der Wohnungslosenhilfe in Deutschland (Szynka 2014: 86). Es folgte in den frühen 1990er Jahren eine ganze Reihe von Protestaktionen, die u. a. in Besetzungen leerstehender Häuser durch wohnungslose Menschen mündeten (vgl. Praxisbeispiel 7). Ein weiterer Einschnitt war 1991 die Gründung der Bundesbetroffeneninitiative (BBI, vgl. Praxisbeispiel 5), die aus einer regionalen Initiative entstand (Kölz 2010b: 1). Ab Ende der 1990er Jahre wurden vor allem in Süddeutschland Aktionen wie die Karawane der Armut (vgl. Praxisbeispiel 1) veranstaltet sowie die Bertreffen (vgl. Praxisbeispiel 2), die zwischen 1997 und 2012 insgesamt 14-mal durchgeführt wurden.

Trotz dieser vielfältigen Aktivitäten, die überwiegend auf den Partizipationsebenen Kommunale Sozialplanung sowie Gesetzgebung (vgl. 2.2.1) stattfanden, wurde es zwischendurch ruhiger um das Thema. 2014 konstatierte Szynka, dass Betroffene in der Wohnungslosenhilfe oft nur über ihre Sozialarbeiter_innen partizipieren würden: „Erst in letzter Zeit wird dieses Für-andere-Partizipieren, die Glaubwürdigkeit dieser Art von Fürsorge und Fürsprache brüchig“ (a. a. O.: 87). Wie Schneider, S. (2010) feststellte, gibt es im Unterschied zu anderen Bereichen der Gesellschaft „keine Wohnungslosengewerkschaft, keine/n Wohnungslosenombudmann/frau, keine Betriebsräte, kaum InteressenvertreterInnen, so gut wie keine eigenen Lobbyisten“ (a. a. O.: 122; vgl. Szynka 2010: 41 f.). 2010 kam es in der Fachzeitschrift ‚wohnungslos‘ zu Angriffen auf den damaligen Geschäftsführer der BAG W, der „wohl den Diskurs/das Thema erst mal besetzen [will]“ (Saurer 2010: 123). Inhaltlich wurde von Saurer die Verkürzung von Partizipation auf den Dienstleistungsaspekt angeprangert. Er sprach sich seinerseits für „demokratisch[e] Beteiligung als Verfassungsgebot in der Sozialen Arbeit der Wohnungslosenhilfe“ aus (a. a. O.: 124).

Praxisbeispiel 1: Karawane gegen Armut und Ausgrenzung
2010 organisierten Betroffeneninitiativen der Wohnungslosenhilfe die ‚Karawane gegen Armut und Ausgrenzung‘, die durch zehn Städte im Dreiländereck Deutschland, Schweiz und Frankreich zog. Z. T. wurde sie von den Kommunen ignoriert, z. T. wurden aber auch „praktische Lösungen sozialer Schieflagen vor Ort“ bewirkt (O. V. 2010: 3). Neben dem Marsch der Betroffenen wurden lokale Demos durchgeführt, Straßentheater gespielt sowie Austausch und Begegnung vermittelt (Karawane Komitee 2010: 37 ff.). In einem Reisebericht wurde ein

positives Fazit gezogen: „Sie [die Karawane, SG] setzte quasi alle Themen auf die Tagesordnung, wenn Menschen gemeinsam agieren: Partizipation, demokratische Aussprache und Beschlussfassung, solidarisches Zusammenleben und Herangehen an Konflikte in der Gemeinschaft." (O. V. 2010: 3).

Im selben Jahr dieser auch persönlichen Angriffe veranstaltete die BAG W einen Fachtag zum Thema Partizipation. In einem veröffentlichten AG-Bericht wurde deutlich, dass Professionelle und Betroffene aus unterschiedlichen Perspektiven auf das Thema schauen, was ironische Wortschöpfungen wie ‚Sozialarbeiterbetroffene' und ‚Selbsthilfegruppe für partizipationsbetroffene Sozialarbeiter' als Nachzeichnung der Diskussion in einer AG beim Fachtag zeigen (BAG W 2010b: 119). Klar wurde auch, was in einer anderen AG formuliert wurde: „Anders als in manch anderem sozialen Hilfefeld stehen Selbsthilfeprojekte und -initiativen im Bereich der von Wohnungslosigkeit betroffenen Menschen bisher noch am Anfang ihrer Entwicklung" (a. a. O.: 119). Ansen (2009) hat die Strukturen der Wohnungslosenhilfe als eine der Ursachen hierfür benannt, „die der Zielgruppe zu wenig Partizipationsmöglichkeiten einräumen" (a. a. O.: 91). Dabei kann, wie Szynka (2010) mit Bezug auf Watzlawick sowie einen protestantischen Theologen formulierte, „ein Mensch … nicht nicht partizipieren. Das gilt auch für die Menschen in der Wohnungslosenhilfe." (A. a. O.: 41)

Praxisbeispiel 2: Die Berbertreffen
Das erste überregionale Berbertreffen fand unter Beteiligung von wohnungslosen und ehemals wohnungslosen Menschen, Professionellen und anderen Interessierten 1997 statt. Weitere 13 Treffen folgten, bis das für 2012 geplante 15. Treffen zunächst verschoben wurde - und letztendlich nie stattfand. Organisiert wurden die Treffen von Betroffenen und Professionellen, wobei die Themen und Inhalte in den Händen der Betroffenen lagen. Auch die Redebeiträge und Moderationen waren laut einem Bericht zum 13. Berbertreffen ausschließlich von (auch ehemals) Betroffenen verantwortet. (Kölz 2010a: 29) Ziel war „Empowermen[t], … Emanzipation und de[r] Kampf gegen Soziale Exklusion" (O. V. 2011: 3). Dabei war „eine nationale wie europäische Zusammenarbeit von basisdemokratischen Organisationen" angestrebt (a. a. O.: 4).

Ab 2008 tauchte das Thema Partizipation immer häufiger in der Zeitschrift ‚wohnungslos' auf (z. B. Specht 2008, 2010; Saurer 2010; BAG W 2010b; BAG W 2011), bis 2015 zur Bundestagung der BAG W in Berlin deren Positionspapier „Mehr Partizipation wagen" (BAG W 2015) vorgestellt und diskutiert wurde.[13] Mit Verweis auf das Grundsatzprogramm der BAG W wurde im Papier festgestellt, dass „Parti-

13 Näheres zur Diskussion auf der Tagung siehe 4.1.

zipation … ein durchgängiges Arbeits- bzw. Organisationsprinzip in der Sozialen Arbeit dar[stellt]“ (a. a. O.: 58). Die vom Fachausschuss Persönliche Hilfen, Soziale Dienste und Sozialraumorientierung verabschiedeten Empfehlungen seien als „Leitfaden für die Praxis der Wohnungslosenhilfe“ zu verstehen (a. a. O.: 59). Die Partizipation der Betroffenen müsse aktiv durch das Hilfesystem gefördert und unterstützt werden, wobei unterschiedliche Schwerpunkte auf der individuellen, der institutionellen sowie der gesamtgesellschaftlichen Ebene gesetzt werden müssten (a. a. O.: 61). Es werden in den Empfehlungen diverse Beispiele für mögliche Umsetzungen gemacht. Das Papier endet mit einer Checkliste zur Selbsteinschätzung der Hilfeangebote (a. a. O.: 64).
In einer Verschriftlichung seiner bei der Tagung 2015 auf einem Podium formulierten Kritik konstatiert Schneider, S. (2017), dass es der BAG-W-Empfehlung „an Verbindlichkeit und damit an Glaubwürdigkeit [fehlt]“ (a. a. O.). Zudem halte er die Definition von Teilhabe als „‚institutionelles Arrangement‘“ (a. a. O.) für falsch und irreführend, die auf einer „lobbyistische[n] Selbstermächtigung“ (a. a. O.) der Wohnungslosenhilfe beruhe. Der Streit um den „richtigen Weg“ war also mit dem Positionspapier nicht beigelegt. Die Auseinandersetzungen zwischen der BAG W als größtem Fachverband der Wohnungslosenhilfe in Deutschland und der BBI beschrieb Saurer (2010: 123) als „[e]ine Geschichte von Missdeutungen und Missverständnissen“. Sie endete 2016 mit dem Austritt der BBI aus der BAG W. Wenn offensichtlich seit Jahren um die *Umsetzung* von Nutzer_innenpartizipation in der Wohnungslosenhilfe gerungen wird, ist bedeutsam, ob es hierfür gesetzliche Grundlagen gibt. Dies wird nachfolgend erläutert.

2.4.2 Gesetzliche Grundlagen für Partizipation in der Wohnungslosenhilfe

Auf die Frage nach möglichen gesetzlichen Grundlagen für Partizipation in der Wohnungslosenhilfe wird vor allem auf die Verordnung zur Durchführung der Hilfe zur Überwindung besonderer sozialer Schwierigkeiten (DVO § 69 SGB XII) verwiesen. Neben der Mitwirkungsverpflichtung in § 2 Abs 1 heißt es in § 3:

> *„Bei der Ermittlung und Feststellung des Hilfebedarfs sowie bei der Erstellung und Fortschreibung eines Gesamtplanes sollen die Hilfesuchenden unter Berücksichtigung der vorhandenen Kräfte und Fähigkeiten beteiligt werden“ (§ 3 Abs. 1 Satz 1 DVO § 69 SGB XII).*

Hierzu stellen Schellhorn u. a. (2015) fest, dass die Regelung „[i]n Anbetracht der nicht selten eingeschränkten Erkenntnismöglichkeiten des betroffenen Personenkreises“ (a. a. O., VO § 69 SGB XII, Rn. 7) (nur) als Soll-Vorschrift erlassen wurde. „Dessen ungeachtet darf aber im Regelfall auf diese Beteiligung nicht verzichtet werden“ (a. a. O.), wird mit Hinweis auf den Erfolg der Hilfe erklärt. In einem weiteren Gesetzeskommentar wird auf das „pflichtgemäß[e] Ermessen des Sozialhilfeträgers“ bei der „Entscheidung darüber, welche Maßnahmen im konkreten

Einzelfall zu treffen sind", verwiesen (Grube/Wahrendorf 2014, § 68 SGB XII, Rn. 4). In den Empfehlungen des Deutschen Vereins zur Anwendung der Hilfe nach §§ 67 ff. SGB XII ist über die Formulierungen der gesetzlichen Grundlagen hinaus keine Konkretisierung der Beteiligungsvorgabe zu finden – außer in den Hinweisen zur Mitwirkungs*pflicht* der Leistungsberechtigten (DV 2015). Auch die allgemeinen Ausführungen des SGB XII sehen nach § 10 Abs. 2 Satz 1 lediglich vor, dass den „Wünschen der Leistungsberechtigten, die sich auf die Gestaltung der Leistung richten, entsprochen werden [soll], soweit sie angemessen sind" (Schellhorn u. a. 2015, § 68 SGB XII, Rn. 17).
Es gibt damit zz. keine rechtlich verbindlichen Vorgaben zur Partizipation wohnungsloser Menschen im Sinne einer Entscheidungsteilhabe, zumal sich die DVO § 69 SGB XII ausschließlich auf die Ebene der individuellen Fallgestaltung bezieht. Welche Partizipationsinstrumente in der Wohnungslosenhilfe nichtsdestotrotz vorhanden sind und angewendet werden, wird nachfolgend, strukturiert anhand der in 2.2.1 beschriebenen Partizipationsebenen, dargestellt.

2.4.3 Partizipationsinstrumente: Ebene der individuellen Fallgestaltung

Nach den Empfehlungen der BAG W (2015) geht es auf dieser, von ihnen ‚persönliche' genannten Ebene um eine „Befähigung der/des Einzelnen zur Partizipation" (a. a. O.: 61). Wie dies im Einzelnen gestaltet werden kann, wird nicht näher ausgeführt. In ihrer empirisch angelegten Masterarbeit zitiert Schlembach (2012) zwei interviewte Nutzer_innen von Maßnahmen nach §§ 67 ff. SGB XII, die betonen, dass sie selbst entscheiden würden, wie es in ihrem Leben weitergehen soll. So erklärt ein Nutzer: „*[E]s muss jeder selber machen. Lenken durch den Sozialarbeiter ein bisschen, aber der Rest muss eigentlich von einem selber kommen. Sonst gehts nicht.*" *(A. a. O.: 93)*
Grundsätzlich kommt Schlembach zu dem Ergebnis, „dass alle Befragten in der *Zusammenarbeit mit der/dem betreuenden Sozialarbeiter_in* beteiligt werden" (a. a. O.: 92, H. i. O.).
In einer anderen empirisch angelegten Masterarbeit zu Subjektivierungsprozessen in der Wohnungslosenhilfe identifiziert Frank (2010) „Anrufungen zur Selbstführung" (a. a. O.: 118) bei der Planung der Hilfeziele nach §§ 67 ff. SGB XII. So beobachtete er, wie eine Sozialarbeiterin Hilfeziele nicht direktiv bestimmte, sondern einen Nutzer „explizit an[regte], sich Gedanken zu machen, wobei er Unterstützung benötigt (Selbstführung)" (a. a. O.). Der Nutzer würde damit „als das Subjekt adressiert und bestimmt, das den eigenen Hilfebedarf einschätzen und benennen soll" (a. a. O.).[14] Für eine Bestandsaufnahme zur Partizipation in der Berliner Wohnungslosenhilfe (Mosolf/Gerull 2017) wurden systematisch die ambulanten Hilfen nach §§ 67 ff. SGB XII zur Umsetzung von Partizipation im Sinne von Entscheidungsteilhabe befragt. Ihr Fazit:

14 Zu Franks kritischer Einschätzung dieser Verantwortungsübergabe s. 2.3.2.

> *„Insgesamt ist das Thema Partizipation in Form von Mitbestimmung, (teilweiser) Entscheidungskompetenz, Entscheidungsmacht sowie Selbstorganisation in den ambulanten Angeboten der Berliner Wohnungslosenhilfe nach §§ 67 ff. SGB XII ein ‚blinder Fleck', der im Arbeitsalltag untergeht und daher kaum als Möglichkeit, Hilfe im Sinne der Nutzer_innen zu gestalten, gesehen wird."* (A. a. O.: 3, H. i. O.)

Ein spezifischer Ansatz, den Nutzer_innen sozialarbeiterischer Hilfen Entscheidungsteilhabe zu ermöglichen, ist das sogenannte Persönliche Budget. Während es in Deutschland im Kontext der Wohnungslosenhilfe bisher nicht umgesetzt wird, gab es in Großbritannien u. a. bereits ein Pilotprojekt hierzu (Hough/Rice 2010). 15 *rough sleepers*, d. h. auf der Straße lebende Menschen, erhielten ein personalisiertes Budget in Höhe von 3.000 £ sowie das Angebot einer persönlichen Unterstützung durch Sozialarbeiter_innen. Das Budget (dessen Höhe ihnen nicht bekannt war) konnten sie nutzen, um Unterkünfte zu finanzieren. Die Evaluation des Projekts ergab, dass im ersten Jahr durchschnittlich 794 £ vom Budget verbraucht wurden. Einige Teilnehmende, die früher mehrfach abgelehnt hatten sich unterbringen zu lassen, zogen in Hostels. In den Evaluationsinterviews erklärten sie ihren Sinneswandel:

> *"Throughout the interviews, many people used the phrases 'I chose' or 'I made the decision' when discussing their accommodation and the use of their personalised budget, emphasising their sense of choice and control"* (a. a. O.: 6, H. i. O.).

Der Schlüssel zum Erfolg war laut den Autorinnen, dass die Teilnehmenden Kontrolle über den Prozess hatten (a. a. O.: 7). In einer britischen Interviewstudie mit Professionellen, sogenannten *commissioners* von *housing related supports*, äußerten sich diese allerdings eher kritisch zu Persönlichen Budgets (Borysik/Baxter 2014: 15). Nur zwei von 83 befragten Professionellen arbeiteten mit *personal budgets*, da ihrer Ansicht nach das (immaterielle) Angebot von Wahl- und Steuerungsmöglichkeiten wichtiger als das Geld sei (a. a. O.: 15 ff.).

Im Rahmen ihrer Dissertation untersuchte Wiese (2009) für Deutschland die Übertragungsmöglichkeit des Persönlichen Budgets im Rahmen der Eingliederungshilfe auf die Wohnungslosenhilfe. Sowohl in der von ihr recherchierten Literatur als auch in ihren Interviews stieß sie eher auf Skepsis, so wurde zumindest den alkoholabhängigen Wohnungslosen nicht zugetraut, sich als „rational denkender und nutzenmaximierender homo oeconomicus zu verhalten" (a. a. O.: 219). Ihr Fazit bleibt dann eher vage:

> *„Die Interviews zeigen insgesamt, dass die Einrichtungen der Wohnungs- und Obdachlosenhilfe ihrem (sic!) Klientel durchaus ein Mehr an Eigenverantwortung zutrauen können. Daher sollten zukünftig vorrangig Einrichtungen gefördert werden, die mit pädagogischen Konzepten arbeiten, die einen partizipativen und die Eigenverantwortung fördernden Ansatz aufweisen."* (A. a. O.: 225)

Im internationalen Kontext wird Partizipation auf der Ebene der individuellen Fallgestaltung häufig explizit im Ansatz Housing First verortet, bei dem die Unterstützung der ehemals wohnungslosen Nutzer_innen vom Erhalt einer Wohnung abgekoppelt ist.[15] Im Housing First Guide Europe (Pleace 2016) wird "Choice and control for service users" (a. a. O.: Kap. 2: 3) als eins von acht Schlüsselprinzipien von Housing First benannt. Konkret bedeute dies:

> *"A Housing First service cannot be patronising. Housing First cannot function on the assumption that Housing First staff understand someone's needs better than they do themselves. (...) While control rests with the service user, Housing First workers actively work to inform someone using Housing First of the possibilities open to them to make positive changes in their lives." (A. a. O.: 5)*

In Deutschland wurden erst vor kurzem die ersten Housing-First-Modellprojekte implementiert, sodass hierzu noch keine validen Erkenntnisse vorliegen.[16]

2.4.4 Partizipationsinstrumente: Ebene der Leistungserbringung

In der Wohnungslosenhilfe der letzten 30 Jahre gibt es wenige Beispiele einer weitgehenden Entscheidungsteilhabe der Nutzer_innen auf der Ebene der Leistungserbringung. Blank/Huber (2017) beschreiben retrospektiv ein Konzept der Selbstorganisation, das in den 1980er Jahren in einer Notunterkunft für Frauen umgesetzt wurde. Als Prinzip galt damals „jede Person eine Stimme, gleichgültig ob Fachfrau oder Bewohnerin. Als Ausgleich für die Gesamtverantwortung wurde ein Vetorecht der Sozialarbeiterinnen als Ultima Ratio akzeptiert." (A. a. O.: 88) U. a. wurde ein „gemeinsam erarbeitetes Regelwerk des Zusammenlebens" entwickelt (a. a. O.). Gremien der Mitbestimmung waren beispielsweise wöchentliche Arbeitsbesprechungen, Hausversammlungen sowie Stockwerksbesprechungen (a. a. O.: 91). In einem 30 Jahre später durchgeführten Forschungsprojekt wurden die Langzeitwirkungen des damaligen Empowermentprojektes untersucht. Als herausragenden Befund bezeichnen die Autorinnen die „resilient[e] Wirkung von Partizipation, im Zusammenspiel mit der Aneignung von Ressourcen und Macht" (a. a. O.: 98).
Bergold/Thomas (2010) beschreiben die gemeinsame Entwicklung eines theoretischen Konzepts für das St. Ursulaheim in Offenburg mit Mitarbeiter_innen, Bewohnern sowie Wissenschaftlern und Diplomand_innen der Freien Universität Berlin. Mit einem partizipativen Forschungsansatz wurden in Workshops u. a. gemeinsame Fragestellungen entwickelt, was laut den Autoren zu einem „Prozess der Selbstermächtigung der Bewohner im Sinne der Entwicklung innerer und äußerer Handlungsfähigkeit" (a. a. O.: 55) geführt hätte. Eine Mitarbeit bei der Entwick-

15 Nach dem originären Ansatz von Housing First sind die Nutzer_innen des Angebots nach Erhalt einer Wohnung nicht mehr wohnungslos. Aufgrund des deutlich anderen Verständnisses der Beziehung zwischen Professionellen und Nutzer_innen sowie einigen Projekten, die im Rahmen von Housing-First-Ansätzen keinen mietvertraglich abgesicherten Wohnraum zur Verfügung stellen, soll dieser innovative Ansatz zur Wohnungsversorgung wohnungsloser Menschen hier trotzdem kurz im Kontext von Partizipation beleuchtet werden.

16 Näheres zu Housing First s. a. Busch-Geertsema (2017a; 2017b).

lung eines Einrichtungskonzeptes beschreibt außerdem das Praxisbeispiel 3 an den Wohnhilfen Oberberg.
Klassische Partizipationsinstrumente auf der Ebene der Leistungserbringung sind Bewohner_innen- oder Besucher_innenversammlungen bzw. gewählte Beiräte (vgl. Gillich 2004: 275; s. a. Praxibeispiel 3). In ihren Partizipationsempfehlungen spricht sich die BAG W (2015) ebenfalls für solche „Mitbestimmungsforen“ (a. a. O.: 61) in den Hilfeeinrichtungen aus. Dabei sehen sie für die konkrete Umsetzung „deutliche Unterschiede zwischen stationären und teil-stationären Angeboten der Wohnungslosenhilfe auf der einen und ambulanten Diensten auf der anderen Seite“ (a. a. O.). Während in den (teil-)stationären Angeboten bereits vielfältige Angebote wie Beiräte bestünden, müssten für ambulante Angebote spezifische Instrumente wie Nutzer_innenbefragungen oder die „aktiv[e] Einbeziehung von Betroffenen bei der Beratung (Betroffene als Experten)“ (a. a. O.) entwickelt werden. Auf der Ebene der Leistungserbringung würde Partizipation „im Rahmen der institutionellen (Mitbestimmungs-)Regeln des professionellen Hilfesystems und seiner Institutionen statt[finden]“ (a. a. O.: 59).

Praxisbeispiel 3: Wohnhilfen Oberberg
Die Wohnhilfen Oberberg der Diakonie Michaelshoven sind mit finanzieller Unterstützung durch ein Aktionsprogramm des Ministeriums für Arbeit, Integration und Soziales NRW (MAIS) ab 2011 in ein integriertes Gesamthilfesystem überführt worden. An diesem Prozess waren u. a. Mitarbeitende und Kooperationspartner_innen sowie Hilfesuchende beteiligt. Letztere wurden vor allem durch die Bewohner_innenvertretung und –versammlungen eingebunden, zudem saß ein Bewohnervertreter in der aus allen Akteur_innengruppen zusammengesetzten Projektgruppe. Das Projekt wurde offiziell 2015 abgeschlossen. (Steinbinder/Hahmann 2016: 122 ff.) Die Mitbestimmungsrechte der Betroffenen sind auch nach Abschluss der Umstrukturierung ein wichtiger Baustein im Hilfeangebot. So existiert ein mehrseitiges Konzept zur Nutzer_innenpartizipation, in dem u. a. die Rechte der Bewohner_innenversammlung sowie der dort gewählten Bewohner_innenvertretung geregelt sind. Die Wohnhilfen Oberberg sind damit *best practice* im Sinne einer institutionalisierten Nutzer_innenpartizipation.

In den Interviews von Schlembach (2012) werden die Angebote der Entscheidungsteilhabe von Nutzer_innen in ambulanten Hilfeangeboten ganz unterschiedlich bewertet. So beschreibt eine Interviewte die Vollversammlungen in einer Tagesstätte als „viel blabla“ (a. a. O.: 94), bei dem nichts rumkomme. Von derselben Tagesstätte schwärmt dagegen ein Nutzer, da er oft an Tagesausflügen teilnehme und bei der Auswahl der Ziele die Besucher_innen einbezogen würden (a. a. O.).
Weit über den Einbezug Betroffener in Entscheidungen (im Sinne einer Vorstufe von Partizipation) geht die Besetzung eines Vereinsvorstands mit wohnungslosen Menschen bzw. Menschen mit Wohnungslosenerfahrung, da diese als Vorstandsmitglieder eine Arbeitgeberfunktion ausüben – und damit Entscheidungsmacht haben (s. Praxisbeispiel 4).

Praxisbeispiel 4: Unter Druck e. V.
Unter Druck entstand aus einem Theaterprojekt 1991, in dem Professionelle und von Wohnungslosigkeit betroffene Menschen zusammenarbeiteten. Ein Verein wurde gegründet, und noch heute existiert dieser als Träger eines Kulturprojekts für und mit wohnungslose(n) und von Wohnungslosigkeit bedrohte(n) Menschen. Wie beim Start des Projekts gebe es weiterhin „eine ausgeprägte Mitbestimmungskultur“ (Unter Druck 2016: 22). Eine Ausnahmestellung in der Wohnungslosenhilfelandschaft hat der durch Zuwendung geförderte Verein durch seine Satzung, in der die Besetzung mindestens eines Menschen mit Wohnungslosenerfahrung im Vorstand verankert ist. Zum Zeitpunkt der vorliegenden Untersuchung traf diese Bedingung sogar auf alle drei Vorstandsmitglieder zu.

Eine besondere Form des Einbezugs war die Umgestaltung eines Platzes in Berlin unter Beteiligung von wohnungslosen Menschen sowie Anwohner_innen und Gewerbetreibenden (Gangway e. V. 2015)[17]:

> *„Ein zentraler Baustein im Umbau- bzw. Umgestaltungsprozess des Leopoldplatzes war die Einrichtung eines neuen Aufenthaltsbereichs für die ansässige Trinker- und Drogenszene auf dem Leopoldplatz, um die bestehenden Nutzungskonflikte zu entschärfen und den vorderen Bereich auch für andere Nutzer*innengruppen attraktiver zu machen. Denn die Szene sollte ja nicht repressiv vertrieben bzw. in andere Stadtteile oder auf andere öffentliche Plätze verdrängt werden, sondern nach Möglichkeit aktiv in eine kooperative Lösungsstrategie vor Ort eingebunden werden.“ (A. a. O.: 85)*

In einem dokumentierten Interview berichtet ein Sozialarbeiter, dass es expliziter Wunsch ihrer Adressat_innen gewesen sei beteiligt zu werden. Alle Ideen zur Umgestaltung seien von ihnen selbst gekommen. (A. a. O.: 93 f.)

2.4.5 Partizipationsinstrumente: Ebenen der Kommunalen Sozialplanung und Gesetzgebung

Die meisten Funde in der Literatur zu Partizipation in der Wohnungslosenhilfe finden sich zu den Ebenen der Kommunalen Sozialplanung und Gesetzgebung. Sie werden hier zusammengefasst dargestellt, da beispielsweise Betroffenenvertretungen oft regional *und* national agieren. Einen wichtigen auch quantitativen Teil nehmen Verlautbarungen von der und Informationen zur Bundes-Betroffenen-Initiative-Wohnungsloser-Menschen-in-Deutschland-e. V. (BBI) ein (s. Praxisbeispiel 5).

17 Dieser Prozess wird auf der Partizipationsebene der Leistungserbringung verortet, da die sozialarbeiterischen Hilfen für die teilweise wohnungslose Klientel in Form von Streetwork auf eben diesem Platz erbracht wurden und werden.

Praxisbeispiel 5: Bundesbetroffeneninitiative (BBI)
Die BBI wurde 1991 gegründet, war ab 1995 bis zu ihrem Austritt 2016 Mitglied der BAG W und arbeitet in der AG Partizipation von FEANTSA mit (Kölz 2010b: 1 ff.). Zweck ist nach der Vereinssatzung die „Interessenvertretung von Wohnungslosen in Deutschland gegenüber Staat, Sozialarbeit und Gesellschaft" (Bünger/Saurer 2004: 118). Am Anfang hätte sich die BBI als „Widerstand gegen die verregelten Systeme und deren Blockaden" verstanden (Kölz 2010b: 5). Während Kölz (2008) noch schrieb, die BBI sei „bis auf die Bundes- und europäische Ebene zwischenzeitlich durch einen gleichsam *langen Marsch* durch die Institutionen vertreten" (a. a. O.: 63, H. i. O.), formulierte sie zwei Jahre später, der Konflikt mit der BAG W zeige, „dass es nicht um Demokratie etc. geht, sondern vielfach um blanke Machtpolitik" (Kölz 2010b: 6). Wie es mit der BBI weitergeht, ist zz. nicht abzusehen (vgl. Kap. 4.1).

Die von der BAG W (2015) ‚Sozialpolitik' genannte Ebene umfasst ihrer Ansicht nach „vielfältige Formen der Einbeziehung und Mitgliedschaft in (politischen) Gremien und Entscheidungsprozessen und berührt zugleich ganz grundsätzlich Fragen der gesellschaftlichen Integration und Inklusion" (a. a. O.: 61). Dabei müssten Betroffene eine „Möglichkeit der Mitbestimmung über die strukturelle (Weiter-)Entwicklung von Institutionen und Verfahren" erhalten (a. a. O.). Wie sie in ihrem Positionspapier betonen, gebe es bisher keine repräsentative Betroffenenvertretung (a. a. O.). In der sogenannten ‚Augsburger Erklärung' der BBI bemängeln Bünger u. a. (2008), dass sie keine hauptamtlichen und bezahlten Mitarbeiter_innen hätten sowie „keinen ausreichenden Zugang zu Entscheidungsträgern der Politik und in der Wissenschaft" (a. a. O.: 48). Darüber hinaus gäbe es „keine ausreichende Einbindung in die Diskurse von Wissenschaft und Praxis" (a. a. O.). Gleichzeitig stellten sie fest, dass

> *„Einrichtungen …ohne partizipative Prozesse nicht mehr vorstellbar [sind]. Dort wo Reste von autoritären Strukturen, Disziplinierungen und Elemente einer ‚fürsorgerischen Belagerung' vorhanden sind, ist dringend radikale Reform angesagt." (A. a. O., H. i. O.; vgl. BBI 2004: 13)*

Sie forderten daher mehr Unterstützug der Profession, u. a. durch die Errichtung eines Fonds durch die Wohlfahrtsverbände zur Finanzierung ihrer Arbeit (a. a. O.; vgl. hierzu Praxisbeispiel 6 zu einer finanziell abgesicherten Betroffenenvertretung von Straßenjugendlichen).

Praxisbeispiel 6: MOMO – The Voice of disconnected Youth
2014 fand der erste Straßenkinderkongress in Berlin statt, organisiert vom Bündnis für Straßenkinder in Deutschland e. V. und KARUNA Zukunft für Kinder und Jugendliche International e. V. Mehr als 100 Kinder, Jugendliche und junge Erwachsene diskutierten in elf Arbeitsgruppen zu Themen wie Gelderwerb, Ausbildung und Wegen in die Wohnungslosigkeit (Karuna

e.V. 2014: 1). Ihre dort entwickelten Forderungen übergaben sie später medienwirksam der Bundesfamilienministerin Manuela Schwesig. Aus den (bis 2018) vier Straßenkinderkongressen entwickelte sich ‚MOMO – The Voice of disconnected Youth', eine Selbstvertretung von Jugendlichen für Jugendliche (Karuna 2017: 10). MOMO kann Büroräume von Karuna e. V. nutzen, und einige der Mitglieder können als Bufdis (im Rahmen des Bundesfreiwilligendienstes) finanziert werden. Ziel ist u. a. die gesellschaftliche und politische Teilhabe benachteiligter junger Menschen und die Entwicklung eines nicht nur bundesweiten, sondern internationalen Netzwerks (a. a. O.). Näheres unter: www.momo-voice.de

Ein paar Jahre später fragte die damalige Vorstandsfrau der BBI Doris Kölz, ob die Wohnungslosenhilfe überhaupt Interesse an der Beteiligung wohnungsloser Menschen durch die Übernahme von Funktionen und auch Mandaten hätte (Kölz 2011: 440). Sie wiederholte den von Bünger u. a. 2008 formulierten Vorwurf der fürsorglichen Belagerung und sprach sich für ein „Bündnis ‚Partizipation und Gerechtigkeit'" aus (a. a. O.: 441, H. i. O.), das aus wohnungslosen Menschen, Professionellen und kritischen Wissenschaftler_innen bestehen sollte (a. a. O.).
Auf regionaler und nationaler Ebene besteht eine Möglichkeit der Einflussnahme auch durch die Teilnahme von Betroffenen an relevanten Konferenzen und Tagungen (s. o. zur *Consensus Conference*). So beschreibt Paradis (2016) die Proteste von Betroffenen in Kanada, die sich 2014 Zugang zur *National Conference on Ending Homelessness* verschaffen wollten. Wohnungslose Menschen waren zu der Konferenz nicht eingeladen worden. Diesen Widerspruch in sich schildert Paradis sehr bildlich als surreale Szene: "[P]oor and homeless protestors locked outside a conference in the rain while delegates enjoy wine and salmon skewers inside" (a. a. O.: 98). Der Protest bewirkte, dass mehr als 40 Betroffenen der Zugang zu der Konferenz ermöglicht wurde und sich im Nachgang das *Lived Experience Advisory Council (LEAC)* gründete (a. a. O.: 104).
Paradis beschreibt in ihrem Aufsatz auch, dass *Grassroots*-Aktivist_innen in Kanada meist einen direkten Aktionsansatz wählen würden, um ihre Interessen durchzusetzen; hierzu gehörten auch Hausbesetzungen (a. a. O.: 100). Dieses Vorgehen war in Deutschland – nach der Wiedervereinigung – mehrfach erfolgreich, so entstand beispielsweise eine noch immer existierende Einrichtung für wohnungslose Menschen aus einer Hausbesetzung in Berlin (s. Praxisbeispiel Nr. 7).

Praxisbeispiel 7: Die PlattenGruppe Köpenick
Die PlattenGruppe entstand durch die selbstbestimmte ‚Belegung von vier leerstehenden Wohnungen' durch wohnungslose Menschen nach der Wiedervereinigung in einem Ostberliner Bezirk. Sie verstand sich als selbstverwaltetes Projekt mit einem Sprecher_innenrat, einem Bewohner_innenvorstand und ei-

ner Hausversammlung als „oberste[m] Entscheidungsgremium" (PlattenGruppe 2001: 1). 1993 wurde die Projektverwaltung aufgrund der Fluktuation, aber auch dem hohen Alkoholkonsum im Haus, dem professionellen Personal übertragen. Weiterhin sollten aber die Prinzipien Eigenverantwortung und Hilfe zur Selbsthilfe erhalten bleiben. 1998 wurde die Förderung von einer Zuwendung auf Entgeltfinanzierung umgestellt. Das etwas ernüchterte Fazit der Macher_innen: „Durch die Umsetzung des § 93 BSHG vollzog sich im Wohnprojekt ein grundlegender Wandel. Aufgrund der Belegungsquote zog die betriebsswirtschaftliche Variante in die Sozialarbeit ein." (A. a. O.: 4) Die PlattenGruppe existiert heute als ambulante Hilfe nach §§ 67 ff. SGB XII.

Häufiger wird von armen und wohnungslosen Menschen allerdings der Weg über die Gründung von regionalen, nationalen oder internationalen Betroffeneninitiativen gewählt, um sich in Entscheidungsprozesse einzumischen. Zu nennen sind hier exemplarisch[18] die LAG Wohnungsloser Menschen in Baden-Württemberg (2009), die sich 1999 nach einem ‚Marsch auf Stuttgart' gegründet hat, das Armutsnetzwerk e. V., in dem sich Menschen mit Armutserfahrungen, u. a. Wohnungslosigkeit, zusammengeschlossen haben (s. Praxisbeispiel 9), das internationale Netzwerk HOPE (HOPE o. J.), das sich an (auch ehemals) wohnungslose Menschen in Europa wendet und die bereits erwähnte BBI als bundesweite Betroffeneninitiative in Deutschland. Die aktuellste bundesweite Betroffeneninitiative hat sich 2017 im Rahmen des 2. Sommercamps wohnungsloser Menschen gegründet: Die ‚Selbstvertretung Vereinter Wohnungsloser' (s. Praxisbeispiel 8).
Nach Saurer (2010) sind Betroffeneninitiativen

> *„zunächst nicht entstanden, um sich in politische Prozesse einzumischen, selbst zum politischen Akteur zu werden. Sie sind entstanden, um die verkrusteten Strukturen des Hilfesystems aufzubrechen, sie waren gleichsam erst notwendig, um einen Demokratisierungsprozess in der Wohnungslosenhilfe zu provozieren." (A. a. O.: 125)*

Praxisbeispiel 8: Wohnungslosentreffen 2016 – 2018 (Sommercamps)
Unter dem Namen ‚Sommercamp' wurde 2016 das erste Wohnungslosentreffen in Freistatt veranstaltet. Bereits 2010 hatte der Koordinator Stefan Schneider die ersten Ideen zu diesen Treffen formuliert (Schneider, S. 2010: 123). Finanziert u. a. über Aktion Mensch wurden bisher drei Sommercamps, das dritte fand im Sommer 2018 statt. Ziel des ersten Sommercamps war es, Selbsthilfe und Teilhabe wohnungsloser Menschen zu fördern und zu verbessern (Schnei-

18 Eine ausführlichere Darstellung aller Betroffeneninitiativen würde den Rahmen dieser Publikation sprengen.

der, S. 2016: Folie 3). In einer Erklärung der Teilnehmenden hieß es anschließend: „Das Sommercamp bot uns teilnehmenden Frauen und Männern einen geschützten Rahmen. Wir haben Gemeinschaft gelebt. Gruppen haben sich gefunden, um eigene Interessen zu erkennen und zu formulieren." (Sommercamp 2016: 14) Teilnehmende des ersten Sommercamps haben das zweite Treffen mit vorbereitet und später vor Ort viele Programmpunkte selbst organisiert. Nach 80 Teilnehmenden 2016 waren es 2017 120 Menschen aus Deutschland, Dänemark, der Schweiz, Finnland, Portugal, Österreich und Irland. (Sommercamp 2017) Bei diesem zweiten Sommercamp wurde eine Betroffenenvertretung initiiert, die seit Oktober 2017 unter dem Namen ‚Selbstvertretung Vereinter Wohnungsloser' firmiert. Auch eine Frauengruppe ist mittlerweile entstanden. Näheres unter: www.wohnungslosentreffen.de

Im Kontext der Betroffeneninitiativen wird auch immer wieder die Rolle der Professionellen diskutiert. So ist in der Dokumentation des Kasseler Fachtags zu Partizipation zu lesen, dass Betroffeneninitiativen ohne deren Unterstützung nicht auskommen könnten. Etwas verschnupft heißt es dort aber auch: „Die bisherige Entwicklung der BBI hat gezeigt, dass ein solcher Prozess zum Teil auch ohne und gegen die Profession gestaltet sein kann" (BAG W 2010b: 120). Speziell die BAG W als langjähriger Partner der BBI sei allerdings keine Nichtregierungsorganisiation wie die BBI selbst, sondern „ein mit staatlichen Förderung arbeitender Interessenverband" (a. a. O.).

Zur Rolle der Professionellen gehört auch der Begriff der ‚Berufsbetroffenen', den Szynka (2010: 42) wie folgt umschreibt: „Manchmal erfolgt eine Solidarisierung der professionell Betroffenen mit den existenziell Betroffenen, bei der die vorhandenen Unterschiede übergangen werden". Gleichzeitig würden sich aber Betroffene professionalisieren, sodass „[b]eide, Professionelle und Betroffene … ihre Rollen neu definieren [müssen]" (a. a. O.).

Praxisbeispiel 9: Armutsnetzwerk e. V.

2011 wurde von Betroffenen, zu denen von Anfang an auch wohnungslose Menschen gehörten, das Armutsnetzwerk gegründet und später als gemeinnütziger Verein institutionalisiert. Ihr Anliegen war die Bündelung von Betroffenen unter einem Dach. Hier sollten alle ihre eigenen Ideen umsetzen, aber mit einem gemeinsamen Auftreten mehr erreichen können (Schneider, J. 2012/2013). Professionelle sollten keinen direkten Einfluss nehmen, aber: „Selbstverständlich arbeiten wir zusammen mit Professionellen und einige sind auch Fördermitglieder oder Kooperationspartner bei uns, da ohne Professionalität nichts bewegt werden kann. Wichtig ist das sogenannte auf ‚Augenhöhe' sein." (Schneider, J. in Fabian 2014: 28, H. i. O.) Vertreter_innen des Armutsnetzwerks sind in viele, auch internationale Aktivitäten involviert. Jürgen Schneider, einer der Gründer des Armutsnetzwerks, ist auch mit verantwortlich für die Sommercamps seit 2016 (s. Praxisbeispiel 8) und Kooperationspartner der vorliegenden Studie. Näheres unter: www.armutsnetzwerk.de

Für MOMO, die Ständige Vertretung der Straßenkinder (s. Praxisbeispiel 6), wird diese notwendige Neujustierung der Rollen in einer Dokumentation anschaulich beschrieben:

> *„Kurzum, am besten kamen wir voran, als alle BERATER*INNEN ‚vor die Tür' gesetzt wurden, wir Zeit hatten, gemeinsam unsere VORSTELLUNGEN von der Bundeskonferenz zu entwickeln, und dann die Berater*innen wieder willkommen geheißen haben, um uns zu helfen, diese Vorstellungen Wirklichkeit werden zu lassen." (Karuna 2017: 15, H. i. O.)*

In einem bisher unveröffentlichten Manuskript stellt Nagel (2016) Überlegungen an, inwiefern Mietervereine eine Rolle in der Interessenvertretung von Wohnungslosen spielen könnten. Dahinter steht u. a. seine Überzeugung, dass in Wohlfahrts- und Fachverbänden schnell eigene Organisationsinteressen berührt seien (a. a. O.: 2). Gleichzeitig würde die Soziale Arbeit ihre Adressat_innen als hilfebedürftig ansprechen und sei daher „anfällig für eine individualisierende und entpolitisierende Problemkonstruktion" (a. a. O.). In Mietervereinen würden Wohnungslose dagegen „nicht als sozial Hilfebedürftige, sondern als zukünftige Mieter, als Rechtssubjekte angesprochen" werden (a. a. O.: 3).
Wo auch immer wohnungslose Menschen auf den Ebenen Kommunale Sozialplanung und Gesetzgebung partizipieren könnten, stellt sich die Frage, ob eine größere Anzahl von ihnen daran auch interessiert ist. Schlembach (2012) stellte hierzu in ihrer Interviewstudie fest, dass sich fast alle von ihr Befragten grundsätzlich vorstellen könnten, sich in kommunale Planungs- und Steuerungsprozesse einzubringen. Mehrere Betroffene ergänzten allerdings, dass sie sich momentan eher auf die Überwindung ihrer individuellen Schwierigkeiten konzentrieren müssten. (A. a. O.: 96) Ein wesentliches Ergebnis war darüber hinaus, dass

> *„[q]uasi keine/keiner der Befragten … die Betroffeneninitiative [kannte]. Es wurde von ihnen bemängelt, dass sie beispielsweise von ihren betreuenden Sozialarbeiter_innen keine Informationen hierüber bekommen. Ich glaube, dass die BBI nicht allen Sozialarbeiter_innen, die im Bereich der Wohnungslosenhilfe arbeiten, bekannt ist." (A. a. O.: 103)*

2.4.6 Geschlechtsspezifische Aspekte von Partizipation

Zu geschlechtsspezifischen Aspekten von Partizipation in der Wohnungslosenhilfe findet sich wenig in der recherchierten Literatur. Die BAG W weist in ihrem Positionspapier darauf hin, dass die spezifische Situation wohnungsloser Frauen „eine besondere Sensibilität gegenüber Geschlechterunterschieden im Zugang zu Beteiligungsformen“ fordert (BAG W 2015: 62). Allein durch die zahlenmäßige Dominanz von Männern im Hilfesystem „bedürfen [Frauen] oftmals einer besonderen Förderung und Unterstützung“ (a. a. O.). Es seien Verfahren nötig, „die eine ausreichende Vertretung von Frauen in Mitbestimmungs- und Entscheidungsgremien – etwa über Quotierungen – ermöglichen und sicherstellen“ (a. a. O.).

Paradis (2016) stellte in ihrer empirischen Studie fest, dass für die von ihr untersuchten wohnungslosen Frauen Selbstbestimmung wichtiger war als ihre materielle Grundversorgung (a. a. O.: 100). Zwei kanadische Konferenzen 2011 und 2014 zum Thema wohnungslose Frauen seien zu einem Viertel von betroffenen Frauen besucht worden. Bei der zweiten Konferenz war eine Gruppe wohnungsloser Frauen sogar Mitveranstalterin. (A. a. O.: 102)

Bevor die empirischen Ergebnisse aus der hier vorliegenden Partizipationsstudie vorgestellt werden, wird nachfolgend zunächst das methodische Vorgehen dargelegt und begründet.

3. Methodisches Vorgehen

In diesem Kapitel beschreibe und begründe ich mein methodisches Vorgehen in der hier vorliegenden Partizipationsstudie. Auch in diesem Kapitel benutze ich die Ich-Form (vgl. Einleitung), um, wie es Streck (2016) formuliert hat, „die Standortgebundenheit der Beobachtungen sowie den Grad meiner Eingebundenheit ins Geschehen zu verdeutlichen“ (a. a. O.: 119). So beschrieb ich auch Interaktionen, „an deren Konstruktion ich als Forscherin maßgeblich mitwirkte“ (a. a. O.: 128) und habe mich in den spontanen und verabredeten ethnografischen Gesprächen und Interviews stärker als in anderen Forschungssettings auch als Person mit eigenen Ideen und Thesen eingebracht. Dies wird an späterer Stelle noch ausführlicher beschrieben und reflektiert.
Nachfolgend lege ich den Gegenstand, mein Erkenntnisinteresse und meine Fragestellung dar. Nach einem kurzen Überblick zu den methodologischen Grundlagen von Feldforschung stelle ich mein spezifisches Forschungsdesign vor. Anschließend erläutere ich die Erhebung und Auswertung der empirischen Daten durch Teilnehmende Beobachtungen sowie Feldgespräche und Interviews. Nach der Beschreibung der Literaturrecherche reflektiere ich abschließend kritisch mein Vorgehen.

3.1 Gegenstand, Erkenntnisinteresse und Fragestellung

Gegenstand der Forschung war die Nutzer_innen-Partizipation in der Wohnungslosenhilfe in Deutschland im Sinne einer Entscheidungsteilhabe. Welche Angebote zur Wohnungslosenhilfe zählen, ergibt sich teils aus gesetzlichen Grundlagen wie den Polizei- und Ordnungsgesetzen oder dem SGB XII, teils aus der Finanzierung und aus Eigenzuschreibungen. Nicht berücksichtigt wurden Angebote, die von wohnungslosen Menschen genutzt werden, aber nicht expliziter Teil der Wohnungslosenhilfe sind wie beispielsweise Suppenküchen und Kleiderkammern. Unerheblich war dagegen, ob alle Nutzer_innen im Sinne der zugrunde gelegten Definition (vgl. 1.2.1) tatsächlich wohnungslos waren oder einige, wie beispielsweise in einigen Tagestreffs, zu den sogenannten Stadtarmen mit eigener Wohnung gehören.
Ziel und Fragestellung der Untersuchung waren im Laufe des Forschungsprozesses mehrfachen Modifikationen unterworfen. Dies ist Teil der impliziten Logik von Feldforschung, in der sich neue Themen oder Reformulierungen von Fragen im Verlauf der Forschung ergeben können (Bortz/Döring 2003: 340). So war mein anfängliches Ziel, eine Art Bestandsaufnahme zur Partizipation (im oben genannten Sinne) in der Wohnungslosenhilfe vorzunehmen. Schnell stellte sich heraus, dass hierfür klare Definitionen und Festlegungen (z. B.: Was genau heißt Partizipation im Kon-

text der Wohnungslosenhilfe?) und Kriterien (z. B.: Welche Stufen von Partizipation sind in welchen Settings anzustreben?) nötig gewesen wären. Für die Wohnungslosenhilfe in Deutschland liegen derartige Übereinkünfte jedoch weder in der Praxis noch in der Wissenschaft vor. Ein explorativer Ansatz war also gefordert. Relativ schnell wurde der aktuelle Diskurs zu Partizipation in der Wohnungslosenhilfe zum Erkenntnisinteresse. Der Fokus lag dabei, wie erläutert, ausschließlich auf den Partizipationschancen der *Nutzer_innen*.
Folgende Fragen waren, parallel oder in unterschiedlichen Phasen des Forschungsprojekts, forschungsleitend:

- Welche Themen und Aspekte prägen den derzeitigen Diskurs zum Thema Partizipation im Feld der Wohnungslosenhilfe?
- Wie wird Partizipation im Feld definiert?
- Welche partizipativen Ansätze und Instrumente können identifiziert werden?
- Auf welchen Ebenen, auf welchen Stufen und mit welchen Handlungsspielräumen geschieht dies (bzw. geschieht dies nicht)?
- Welche Wünsche und Anregungen im Kontext von Partizipation werden im Feld geäußert?

Hieraus ergaben sich u. a. folgende Unterfragen:

- Können die Nutzer_innen der Wohnungslosenhilfe auf die Angebote aktiv Einfluss nehmen?
- Wenn ja, in welcher Weise werden sie an welchen Entscheidungen beteiligt?
- Gibt es Bedingungen für die Beteiligung der Betroffenen, d. h. Nutzer_innen, die von Partizipation ausgeschlossen sind?
- Was hindert Professionelle und Betroffene, die Partizipation von Nutzer_innen zu ermöglichen bzw. einzufordern?
- Was fördert ihre Partizipation?
- Welche Auswirkungen hat Partizipation bzw. Nicht-Partizipation auf die Betroffenen sowie das Hilfesystem?
- Gibt es geschlechtsspezifische Unterschiede?

Nachfolgend wird dargelegt, mit welchen Methoden versucht wurde diese Fragen zu beantworten.

3.2 Methodologische Grundlagen: Feldforschung

Feldforschung, vor allem die Methode der Teilnehmenden Beobachtung, geht auf die Ethnologie in der zweiten Hälfte des 19. Jahrhunderts zurück, als mit ethnologischer Feldforschung sogenannte fremde Kulturen beobachtet wurden (Streblow

2005: 76). Am Ende des 19. Jahrhunderts fanden Teilnehmende Beobachtungen dann auch Eingang in die Soziologie, vor allem geprägt durch die ,Chicagoer Schule', in der die Forscher_innen „aufmerksam für das ,Fremde' vor der eigenen Tür" wurden (a. a. O., H. i. O.). ,Ethnografie' meint dabei, „dass erst durch den direkten Zugang in eine Gruppe etwas über deren Kultur und deren Alltagshandeln erfahren werden kann" (Girtler 2010: 289). Nur so könne „[d]ie Komplexität gegenwärtiger, alltäglicher sozialer Ereignisse" erfasst werden (Streck 2016: 96). Ein Charakteristikum ethnografischer Forschung ist demnach das „Wissen aus eigener und erster Hand. Es geht um den zeitgleichen, mit Aufzeichnungen unterstützten Mitvollzug einer lokalen Praxis." (Breidenstein u. a. 2013: 40) Man will also „nicht nur Erzählungen haben, in denen Teilnehmer *über* ihre Praxis berichten und sie mit ihren Interpretationen, Kommentaren etc. verschließen, verstellen und versiegeln" (a. a. O.: 41, H. i. O.). Ethnografie ist dabei nach Miethe (2010) eher eine Haltung als eine Methode, „die auf Verstehen abzielt und die eine prinzipielle Phänomenoffenheit und eine verfremdende Perspektive auf die zu erkundenden Phänomene impliziert" (a. a. O.: 73). Breidenstein u. a. (2013) haben „*vier Markenzeichen* der Ethnografie" (a. a. O.: 36, H. i. O.) identifiziert:

„1. Der Gegenstand: soziale Praktiken.
2. Feldforschung: andauernde unmittelbare Erfahrung.
3. Methodenopportunismus: ein integrierter Forschungsansatz.
4. Schreiben und die Versprachlichung des Sozialen."
(A. a. O.)

Im Gegensatz zu (teil-)standardisierter Forschung in ihrem Objektivitätsbemühen sei für die Ethnografie „Reaktivität kein Horror, sondern geradezu der Modus Vivendi der Forschung: Erst in der Interaktion mit dem lokal fremden Beobachter macht sich das Feld in seinen Eigenarten erfahrbar." (A. a. O.: 37) Nach dem „extensive[n] Dabei-Sein" (a. a. O.: 42 gehe es im zweiten Schritt um das *coming home*, d. h.

> *„Distanzierungen …, mit denen man sich von den Erfahrungen eines Teilnehmers wieder freimacht, um seiner eigenen Subkultur – den Sozialwissenschaften und den Sozialforschern – analytisch interessante Schilderungen geben zu können" (a. a. O.).*

Dies kann nach Przyborski/Wohlrab-Sahr (2014) „auf der konzeptuellen Ebene in die Forschungsarbeit integriert werden, indem etwa Phasen intensiver Feldforschung mit Phasen distanzierter analytischer Arbeit abwechseln" (a. a. O.: 47). In der ethnografischen Forschung werden keine Theorien oder Hypothesen überprüft, sondern deren Entwicklung ist das Ziel. Der Feldbegriff der Ethnografie veranschaulicht den „Gegensatz zu künstlichen Arrangements, die extra für Forschungszwecke geschaffen wurden" (Breidenstein u. a. 2013: 33). Die angewandten Methoden im Rahmen der Feldforschung würden opportunistisch gewählt:

> *„Man wird etwa Gespräche aufzeichnen, wo ein Feld von Gerede beherrscht wird, Videodaten erzeugen, wo das Zeigen wichtig ist, Dokumente erheben, wo*

Akten vorherrschen, keine narrativen Interviews machen, wo es keine guten Erzähler gibt usw. (...) Der Normalfall der Ethnografie ist aber die Kombination unterschiedlicher Datentypen: Protokolle, Tagebücher, Interviewtranskripte, Konversationsmitschnitte, Genealogien, Videotakes können sich in einem Datenkorpus befinden.“ (A. a. O.: 34)

Bei meinen Auswahlentscheidungen ging ich durchgängig mit dem Ansatz des theoretischen Samplings vor, wie für die Feldforschung empfohlen wird (z. B. Flick 2012: 301). Hierbei wird nicht schon vorab ein Untersuchungsplan angelegt, sondern es „werden Personen, Gruppen etc. nach ihrem (zu erwartenden) Gehalt an Neuem“ (Flick 2007: 159) in die Untersuchung einbezogen.
In der Feldforschung wird die frühere Forderung nach Distanz der_des Forschenden aufgegeben bzw. relativiert: „Wenn ich mich als Person einbringe, erwecke ich mehr Vertrauen, schaffe eine offenere Atmosphäre und signalisiere, dass ich mein Gegenüber als Gesprächspartner ernst nehme“ (Schlehe 2003: 90). Huf/Friebertshäuser (2012) merken in diesem Zusammenhang an, dass das ethnografische Feld „ein Konstrukt [ist], das erst im Kontext der Beobachtung zu einem Ort der Erkenntnis wird“ (a. a. O.: 15). Die Gütekriterien qualitativer Forschung wie Regelgeleitetheit, Offenheit und argumentative Interpretationsabsicherung gelten auch für die Feldforschung.

3.3 Forschungsdesign der Partizipationsstudie

In seiner Auslegung von ethnografischer Feldforschung hat Girtler „10 Gebote der Feldforschung“ (2010: 293 f.) verfasst. Gebot Nr. 1: „Du sollst einigermaßen nach jenen Sitten und Regeln leben, die für die Menschen, bei denen du forschst, wichtig sind“ (a. a. O.: 293). Dies habe ich, zumindest bezogen auf die wohnungslosen Nutzer_innen selbst, nicht getan. Die vorliegende Studie ist auch keine klassische ethnografische Studie, da ich mich nur punktuell und immer nur für kurze Zeit ins Feld begeben habe. Da ich Partizipation auf allen Ebenen und in allen Angebotstypen der Wohnungslosenhilfe untersuchen wollte, wäre ein solches Eintauchen ins Feld schon aus zeitlichen Gründen nicht möglich gewesen. Allerdings bewege ich mich seit mehr als 30 Jahren in der Wohnungslosenhilfe, zunächst 15 Jahre als Sozialarbeiterin in Berlin und seit 2003 als Wissenschaftlerin mit u. a. dem Themenschwerpunkt Wohnungslosigkeit. Zudem bin ich intensiv vernetzt mit der Praxis, u. a. bin ich seit 1989 aktives Mitglied des Arbeitskreises Wohnungsnot in Berlin und seit 2009 Fachgruppensprecherin bei der Landesarmutskonferenz Berlin. Seit 2008 arbeite ich ehrenamtlich in einer Kochgruppe mit wohnungslosen Menschen.
Nachfolgend stelle ich mein Forschungsdesign dar. Anders als hier in der zweidimensionalen Darstellung nur möglich, wurden die genutzten Forschungsmethoden nicht nacheinander angewandt, sondern parallel und zirkulär. So fand die Literaturrecherche, die ich vor der kritischen Reflexion meines Vorgehens beschreibe, nicht

erst am Ende des Forschungsprozesses statt, aber auch nicht vor Beginn der empirischen Erhebungen wie in der Regel bei quantitativen Studien. Zudem

> *„wechseln sich [in der Feldforschung, SG] Datengewinnung und Datenanalyse mehrfach ab: Die Analyseergebnisse werden unmittelbar in eine zweite und dritte Runde der Materialgewinnung eingespeist, so dass der Zyklus von neuem beginnt." (Breidenstein u. a. 2013: 45)*

Anschließend beschreibe ich zunächst allgemeine Aspekte meines spezifischen Designs und der genutzten Methoden sowie die Forschungskooperation mit einem langjährig wohnungslosen Mann.

3.3.1 Die ‚Eichhörnchenmethode': Forschungstagebücher und stetig anwachsende Papierstapel

Nach Breidenstein u. a. (2013) „kann [man] die Ethnografie zunächst durch einen bestimmten Erkenntnisstil kennzeichnen: das *Entdecken*" (a. a. O.: 13, H. i. O.). Um das von mir Entdeckte – erhobene Daten, Ideen, Querverweise – festzuhalten, arbeitete ich von Anfang an mit dem Instrument eines Forschungs- bzw. Feldtagebuchs. In insgesamt zwei dicke Din-A5-Kladden machte ich u. a. Aufzeichnungen vor Ort, d. h. „im Augenblick der Beobachtung oder Befragung, der Unterhaltung oder Teilnahme" (Fischer 2003: 270). Hatte ich das Forschungstagebuch nicht dabei, notierte ich alles auf lose Zettel, die ich später, in der Regel wörtlich, in das Forschungstagebuch übertrug. Manchmal sprach ich unterwegs Beobachtungen und Ideen auf eine Diktier-App meines Smartphones und verschriftlichte diese zuhause in meinem Forschungstagebuch. Wie von Schlehe (2003) beschrieben, notierte ich auch „Kontextbeschreibungen, visuelle Impressionen, Stimmungen, Gefühle, spontane Eindrücke sowohl emotionaler Art als auch erste Ideen, vorläufige Interpretationen und vor allem: Selbstreflexionen" (a. a. O.: 87). Zur Strukturierung dieser Feldnotizen benutzte ich rund zehn bunte Icons wie rote Pfeile (To-dos), blaue Ausrufezeichen (Merkposten) und graue Zettel (Verweis auf Unterlagen im Ordner oder PC) (vgl. a. a. O.: 279). Jede vollgeschriebene Seite in den zuhause aufbewahrten Forschungstagebüchern wurde kopiert und in einem ‚Back-up-Ordner' an meiner Hochschule hinterlegt. So wären bei Verlust eines Heftes maximal die jeweils letzten Seiten verloren gewesen.

Parallel wuchs der Stapel von ausformulierten Protokollen, Zeitungsausschnitten, Flyern, Notizzetteln u. Ä., sodass ich anfing Ordner und Schuber anzulegen. Allerdings war es gar nicht so einfach, den Dingen eine ‚logische' Struktur zu geben, sodass Einiges auch eine ganze Weile von Stapel zu Schuber oder Ordner und zurück wanderte. Jede Quelle konnte nach dem Prinzip „all is data" wichtige Informationen liefern:

> *"'All is data' is a well known Glaser dictum. What does it mean? It means exactly what is going on in the research scene is the data, whatever the source,*

whether interview, observations, documents, in whatever combination." (Glaser 2001 zit. n. Glaser 2002, Abs. 1, H. i. O.)

Ich begann, meinen Gesprächspartner_innen mein Vorgehen als ‚Eichhörnchenmethode' zu erklären: Ich sammelte alles, was im Rahmen meiner Forschung interessant war oder werden konnte. Wie auch von Eichhörnchen bekannt, verlor ich zwischenzeitlich manchmal den Überblick, wo ich meine Beute versteckt hatte. Gleichzeitig veränderte sich auch vor allem zu Beginn immer wieder die Logik meiner Forschungsstrategie, sodass ich einen Teil meiner Zeit mit dem Umsortieren meiner Informationen und Erkenntnisse verbrachte. So hatte ich ganz zu Beginn noch die später verworfene Idee einer ‚Bestandsaufnahme' zu Partizipation in der Wohnungslosenhilfe (s. 3.1). Ich stellte im Laufe des Forschungsprozesses fest, dass dies keine verlorene Zeit war, sondern wichtiger Teil der Entwicklung von Forschungsstrategien und ersten Festlegungen.
In vielen Fällen, vor allem um die Teilnehmenden Beobachtungen herum, entstanden sogenannte ethnografische Collagen. Hierbei werden

„alle zum Thema erhobenen Daten ... und gesammelten Dokumente ... zusammengetragen. (...) Ausgehend von den vorhandenen Materialien ergeben sich Deutungen, Irritationen sowie theoretische Fokussierungen." (Richter/Friebertshäuser 2012: 81)

So gab es zu meinen Teilnehmenden Beobachtungen von Hausversammlungen in Wohnheimen gemäß §§ 67 ff. SGB XII neben den Beobachtungsnotizen beispielsweise Einladungen und Tagesordnungen, Fotos oder Zeichnungen vom räumlichen Setting sowie offizielle Versammlungsprotokolle des Trägers. Zudem führte ich vor und nach den Beobachtungen fast immer auch vorher verabredete Interviews oder spontane Feldgespräche, die ich ebenfalls protokollierte.

3.3.2 Forschungskooperation mit dem Armutsnetzwerk e. V.

Eine Feldforschung zur Nutzer_innen-Partizipation ist ohne die Beratung und möglichst Begleitung durch die Nutzer_innen selbst nicht denkbar. Dabei ging es in der geplanten Studie weniger darum, *gate keeper* für den Zugang zum Feld zu haben (vgl. Gerull 2009: 59; Schroll-Decker/Kraus 2000: 106), da ich im Feld zumindest mit den Professionellen bundesweit gut vernetzt bin bzw. mir relativ problemlos Zugänge verschaffen konnte. Vielmehr sollten Betroffene beispielsweise an den Entscheidungen, was genau im Feld erforschungswürdig ist, sowie an der Analyse und Interpretation der erhobenen Daten beteiligt werden. Hierfür konnte ich das Armutsnetzwerk e. V. gewinnen, für das sich Jürgen Schneider als mein direkter Ansprechpartner zur Verfügung stellte. Jürgen Schneider ist mittlerweile Anfang 50 und lebt schon viele Jahre ohne Wohnung (vgl. Fabian 2014: 28). Er ist seit langem in Betroffenennetzwerken aktiv und hat u. a. an der Website www.berberinfo.de mitgewirkt und das Armutsnetzwerk e. V. (vgl. 2.4.5) 2012 mitgegründet (a. a. O.: 28). Anders als sonst häufig in der betroffenenkontrollierten Forschung war also nicht das Empowern meines Kooperationspartners das Ziel (vgl. Carey 2010: 225), sondern die Einholung seiner von mir benötigten Expertise als Betroffener im Feld. Dabei ging es nicht nur um „die Annäherung an das Fremde, sondern auch um einen verfremdenden Blick auf das vermeintlich Vertraute" (Riemann 2004: 194), das ich sonst zu schnell unter mir geläufige Kategorien eingeordnet hätte (vgl. a. a. O.). Meine Beobachtungsprotokolle ging ich daher auch mit ihm durch, um die Gefahr von Missverständnissen zu vermeiden: „Gerade bei der direkten Beobachtung scheint vieles selbstverständlich und ‚objektiv', da eigene Voreingenommenheit unbewusst die Wahrnehmung steuert" (Beer 2003b: 138, H. i. O.). In diesen Fällen fungierte Jürgen Schneider als eine Art Informant (a. a. O.), der mir sein Insiderwissen (vgl. Bortz/Döring 2003: 341) zur Verfügung stellte. Durch seinen spezifischen Blick aus der Betroffenenperspektive generierte er an vielen Stellen bei mir ‚Aha-Effekte'.

3.3.3 Zugang zum Feld

Wie oben beschrieben, benötigte ich nur selten *gate keeper*, um Zugang zum Feld zu erhalten, in dem ich mich sowieso bewege und teilweise bekannt bin. So konnte ich Workshops bei Fachtagungen beobachten, ohne aufzufallen, hatte durch meine Arbeit an der Hochschule Zugang zu relevanten, auch bundesweit tätigen Gremien und Netzwerken und hatte es eher leicht, professionelle Gesprächspartner_innen für mein Forschungsprojekt zu gewinnen. In vielen Gesprächen wurden mir am Ende weitere interessante und für meine Forschung wichtige Menschen empfohlen. In der Regel fragte ich zunächst per E-Mail an, ob Interesse an einem Gespräch bestand, und hängte einen Infobrief mit den wichtigsten Angaben zu meinem Forschungsprojekt an. Wollte ich, wie beispielsweise in Wohnheimen, über einen längeren Zeitraum Teilnehmende Beobachtungen durchführen, fand ich den ersten Zugang über die Leitungspersonen. Um mein Interesse zu signalisieren, nahm ich vor und während der Zeitdauer der Beobachtungen teilweise an Festen und anderen Veranstaltungen der Einrichtungen teil und versuchte, mich mit den Bewohner_innen bekannt und vertraut zu machen. Frei nach dem Motto von Robert Park, dem Gründer der Chicagoer Schule: „Machen Sie sich den Hosenboden dreckig mit richtiger Forschung" (Park o. J. zit. n. Meier-Rust 1994), habe ich zweimal an einem Hausputz im Anschluss an von mir beobachteten Hausversammlungen teilgenommen und beispielsweise das Badezimmer von zwei Zimmernachbarn einer teilstationären Einrichtung geputzt. Dies wurde von den Bewohner_innen erstaunt und wertschätzend zur Kenntnis genommen. Allerdings sind wohnungslose Menschen häufig misstrauisch, wenn jemand sie im Kontext eines Forschungsprojekts befragen oder beobachten möchte (vgl. Grummt 2001: 22). So formulierte eine Frau zu Beginn einer Hausversammlung, die ich beobachten wollte, sie wolle „nicht Teil eines Experiments sein" (FTb[19] vom 15.11.2016). Wohnungslose Menschen haben zudem „oft ein sehr ausgeprägtes Gespür dafür, was sie ‚davon haben', wenn sie sich als Forschungsobjekte zur Verfügung stellen" (Gerull 2009: 59, H. i. O.). Als Türöffner_innen zu den wohnungslosen Menschen selbst fungierten neben den Sozialarbeiter_innen der Wohnungslosenhilfe und meinem Kooperationspartner Jürgen Schneider auch mir bekannte oder im Laufe der Forschung bekannt gewordene Betroffene. Nur wenige wohnungslose Menschen, die ich um ein Gespräch bat, lehnten dies ab. Hierzu gehörten u. a. zwei polnische Männer in einem Tagestreff (FTb vom 22.03.2017). Ein Grund für das mir entgegengebrachte Vertrauen könnte sein, dass ich mich immer auch als Sozialarbeiterin mit langjähriger Felderfahrung vorgestellt habe.

3.3.4 Ethische Grundlagen der Forschung

Sozialwissenschaftliche Forschung basiert auf ethischen Grundlagen, die den Schutz aller Beteiligten gewährleisten sollen. Diese schränken ggf. die Freiheit von Forschung und Lehre ein bzw. ergänzen diese um

> *„die Dimension gesamtgesellschaftlich verantwortbarer wissenschaftlicher Praxis, welche jeweils neu in interdisziplinären und gesamtgesellschaftlichen Auseinandersetzungsprozessen auszuarbeiten ist" (Gahleitner/Miethe 2014: 107).*

Zu den forschungsethischen Grundlagen gehören der Datenschutz, der sogenannte *informed consent* (‚informierte Einwilligung'), aber auch der Respekt gegenüber den Teilnehmer_innen der Forschung. In qualitativen Forschungsansätzen werden in der Regel keine ‚Checklisten' vorgegeben, sondern „das konkrete ethische Handeln muss jeweils situationsangemessen ausgearbeitet werden" (a. a. O.: 108). In der vorliegenden Studie wurde versucht, diese Situationsangemessenheit durchgängig zu wahren. Um allen Forschungsteilnehmer_innen die informierte Einwilligung zu ermöglichen, wurde ein Informationsbrief erstellt, der allen per E-Mail angefragten Professionellen bei der Kontaktaufnahme übersandt wurde und zusätzlich in einigen Team- und Gremiensitzungen als Tischvorlage überreicht wurde. Darin wurde mitgeteilt, wer mit welchen Methoden zu welcher Fragestellung forscht und wie die Ergebnisse verwertet werden sollen.

Alle Menschen, mit denen ich ‚zwischen Tür und Angel' gesprochen habe, wurden mündlich über das Forschungsanliegen informiert. Bei Teilnehmenden Beobachtungen in geschützten Räumen wie den Hausversammlungen (vgl. 3.3.5) fragte ich zu Beginn, ob jemand etwas gegen die Beobachtung einzuwenden hätte. In einem einzigen Wohnheim wurde meine Beobachtung beim ersten Versuch durch ein Veto

19 „FTb" wird im Folgenden in Belegen als Abkürzung für die Forschungs- bzw. Feldtagebücher benutzt, wenn nicht explizit als Quelle ein Feldgespräch, eine Teilnehmende Beobachtung o. Ä. angegeben wird.

von zwei Bewohnerinnen verhindert. Es stellte sich allerdings in einem späteren Gespräch mit ihnen heraus, dass sie dachten, dadurch die Hausversammlung verlassen zu dürfen (FTb vom 15.11.2016). Andere Bewohnerinnen waren dagegen an diesem Tag sehr an meinem Forschungsthema interessiert, sodass ich mich mit ihnen direkt nach der (nicht beobachteten) Hausversammlung zusammensetzte und über ihre Ansichten zum Thema sprach (s. I 12[20]). Ich durfte dann später an zwei sich diesem Termin anschließenden Hausversammlungen beobachtend teilnehmen (TB 5a, 5b). In allen Fällen wurde eine vollständige Anonymisierung zugesagt. So sind weder die Institution/das Hilfeangebot nachverfolgbar noch einzelne Personen. Wollte jemand nicht mit mir über mein Forschungsthema reden, habe ich dies akzeptiert und nicht versucht, ‚Überzeugungsarbeit' zu leisten. Alle Gesprächspartner_innen, ob Betroffene oder Professionelle, habe ich als Expert_innen wahrgenommen und wertgeschätzt.

3.3.5 Teilnehmende Beobachtungen

Nach Girtler (2010) sind Teilnehmende Beobachtungen neben Gesprächen eine „Königsmethod[e]" der Feldforschung (a. a. O.: 290). Mit ihr „soll das differenzierte, reflexive Verstehen der Eigenlogiken von Situationen, Handlungsweisen und Alltagspraktiken analytisch gelingen" (Huf/Friebertshäuser 2012: 14). So stellt Streck (2016) fest, dass sich „Selbstverständlichkeiten alltäglichen Handelns und Habitualisierungen kaum über verbale Erhebungsverfahren rekonstruieren [lassen], da sie den Handelnden häufig nicht sprachlich verfügbar sind" (a. a. O.: 93). So wird mit Teilnehmenden Beobachtungen versucht eine Innenperspektive auf das untersuchte Feld zu gewinnen (Flick 2012: 291). Der Spagat besteht darin, dass gleichzeitig eine „‚Systematisierung des Fremdenstatus'" (a. a. O.) angestrebt wird, „der erst den Blick auf das Besondere im Alltäglichen und in den Routinen im Feld ermöglicht" (a. a. O.). Flick konstatiert darüber hinaus ein „Dilemma zwischen zunehmender Teilhabe am Feld, aus der heraus erst Verstehen resultiert, und der Wahrung der Distanz, aus der heraus Verstehen erst wissenschaftlich und nachprüfbar wird" (a. a. O.: 294). Dabei gehe es nicht darum, eine vermeintliche ‚Wahrheit' im Sinne einer unabhängigen Realität zu erfassen (Kraus 2014: 97), denn „Wahrnehmung [ist] kein passiver Vorgang, sondern eine aktive Tätigkeit unserer Sinne und unseres Gehirns" (a. a. O.: 98).
Beobachtungen können nach Beer (2003b: 121; vgl. Friedrichs 1990: 273) systematisch und unsystematisch, nicht-teilnehmend und teilnehmend sowie verdeckt oder offen sein. Die Unterscheidung von teilnehmend/nicht teilnehmend ist in der Literatur allerdings nicht eindeutig definiert, so können die Beobachtungen nach dem

20 Die Kürzel wie I 12 (Interview Nr. 12) oder nachfolgend TB 5a (Teilnehmende Beobachtung Nr. 5a) etc. können anhand der Tabellen 1-5 in diesem Kapitel konkreten Forschungssituationen zugeordnet werden.

Partizipationsgrad der forschenden Person in der beobachteten Situation auch als *aktive* oder *passive Teilnahme* beschrieben werden:

> *„Mithilfe dieser Unterscheidung drückt sich der* Partizipationsgrad *der Forschenden am Geschehen im Feld aus zwischen starkem Involviertsein (aktiv) und ausschließlicher Beobachtung (passiv)" (Sowa u. a. 2013: [32], H. i. O.; vgl. Atteslander 1971: 136).*

In Abgrenzung zu beispielsweise Beobachtungen von Videoaufnahmen Dritter bezeichne ich meine Beobachtungen durchgehend als ‚teilnehmend', da ich physisch anwesend war. Ich differenziere sie zudem in *aktive und passive* Teilnehmende Beobachtungen, die *verdeckt oder offen* durchgeführt wurden.
Als ‚Auftakt' meines empirischen Vorgehens im Forschungsprojekt beobachtete ich auf einer bundesweiten Tagung der Wohnungslosenhilfe drei Foren/Workshops zum Thema Partizipation. Ziel war es, den aktuellen Diskurs in der Praxis (Professionelle und Betroffene) und der Wissenschaft zu identifizieren. Was sind die aktuellen Themen und Konflikte im Kontext der Partizipation von Betroffenen? Diese Beobachtungen können als erste explorative Phase angesehen werden (vgl. Hauser-Schäublin 2003: 45), bei der ich bereits mehrere Akteur_innengruppen (Professionelle, Betroffene, Wissenschaft), auch in ihren Interaktionen, beobachten konnte. Die Beobachtungen fanden passiv teilnehmend und verdeckt statt. Ich war also physisch anwesend, informierte die Teilnehmer_innen jedoch nicht über meine Beobachtungsrolle und mischte mich auch nicht aktiv in die Diskussion ein. Dies war forschungsethisch gerechtfertigt, da sich die beobachteten Personen und Gruppen in der Öffentlichkeit bewegten „und schon deshalb damit rechnen mussten, beobachtet zu werden" (Beer 2003b: 123). Die Beobachtung offen durchzuführen, hätte durch meine Bekanntheit im Feld und das Wissen um eine Veröffentlichkeit meiner Forschungsergebnisse dazu geführt, dass die Akteur_innen sich anders verhalten bzw. anders geäußert hätten. Die Validität der Ergebnisse wäre damit beeinträchtigt worden. (Vgl. Przyborski/Wohlrab-Sahr 2014: 44) Ich setzte mich jeweils in die letzte Reihe und/oder ganz nach außen einer Stuhlreihe. Meine Notizen machte ich auf vorher vorbereitete Din-A4-Zettel, die im Wesentlichen nur durch die Spalten ‚Wer?' und ‚Was?' strukturiert waren. Oben konnte ich zudem verwendete Abkürzungen sowie das ‚Was/Wo/Wann' eintragen. In diesen drei Teilnehmenden Beobachtungen stand das gesprochene Wort im Vordergrund, wobei ich – durch eckige Klammern gekennzeichnet – auch spontane Interpretationen und Ideen notierte. Diese Teilnehmenden Beobachtungen können somit als unsystematisch klassifiziert werden (vgl. Beer 2003b: 121).

Ein Schwerpunkt meiner sich anschließenden Beobachtungen war die Teilnahme an Hausversammlungen[21] in Wohnheimen nach §§ 67 ff. SGB XII[22]. In insgesamt drei Wohnheimen ging ich zu mehreren Hausversammlungen, um meine Beobachtungen zu intensivieren (vgl. Breidenstein u. a. 2013: 80) und wiederkehrende Interaktionen und Rituale zu identifizieren. Je öfter ich im selben Haus war, desto stärker gehörte ich dazu, musste aber gleichzeitig die forschende Distanz wahren: „Ohne Nähe wird man von der Situation zu wenig verstehen, ohne Distanz wird man nicht in der Lage sein, sie sozialwissenschaftlich zu reflektieren" (Przyborski/ Wohlrab-Sahr 2014: 46). Dies konnte auch zu einem widersprüchlichen Verhalten führen, wenn ich versuchte, zu viel Reaktivität (d. h. die Feldbeeinflussung durch die Beobachtung) zu vermeiden (vgl. Flick 2012: 285). So wurde ich mehrfach in Hausversammlungen von Bewohner_innen zu einem spezifischen Streitpunkt um meine Meinung gebeten und habe versucht, dies in der Situation selbst möglichst höflich abzuwehren. Häufig wurde ich von einzelnen Bewohner_innen auch schon an der Tür freundlich bis begeistert begrüßt, und es wurde immer öfter versucht mich miteinzubeziehen („Haben Sie das notiert?" in TB 5b: 4[23]).

In zwei weiteren Wohnheimen beobachtete ich jeweils eine Hausversammlung. Alle Beobachtungen fanden offen statt. So stellte ich mich zu Beginn in Absprache mit den moderierenden Sozialarbeiter_innen oder Heimleiter_innen den Bewohner_innen kurz vor und erläuterte mein Anliegen. Dabei blieb ich eher allgemein und vermied Fachbegriffe (vgl. Przyborski/Wohlrab-Sahr 2014: 44). Ich machte zudem deutlich, dass ich nur bleiben würde, wenn alle einverstanden seien (vgl. 3.3.4).

Bei den Teilnehmenden Beobachtungen der Hausversammlungen verwendete ich dieselben Vordrucke für meine Notizen wie bei den oben geschilderten Beobachtungen der Foren und Workshops. Ich selektierte zunächst nicht, was genau ich beobachten wollte, wobei ich bei sich wiederholenden Beobachtungen im selben Wohnheim z. T. bereits bekannte Dinge ausließ oder, wie bei der Anordnung von Tischen und Stühlen im Raum, auf frühere Protokolle verwies. Die Beobachtungsrichtung wurde im weiteren Forschungsprozess gezielter und fokussierter (vgl. Streck 2016: 107). Tabelle 1 zeigt eine Übersicht der Beobachtungen in anonymisierter Form, wobei dieselben Ziffern auf denselben Ort und die Kleinbuchstaben auf jeweils unterschiedliche Beobachtungstage verweisen.

21 Je nach Einrichtung werden diese als Bewohnerversammlungen, Hausrunden, Plena etc. bezeichnet. Zur Anonymisierung wird in dieser Studie der vereinheitlichende Begriff ‚Hausversammlung' benutzt.

22 Auch diese Begrifflichkeit wird zur Wahrung der Anonymität von Einrichtungen und dort arbeitenden bzw. lebenden Menschen als Überbegriff für alle (teil-)stationären Angebote nach §§ 67 ff. SGB XII genutzt. So könnten andernfalls Wohnheime schon aufgrund der landesüblichen Bezeichnung (in Berlin z. B. ‚Übergangshaus') identifiziert werden.

23 Nummerierung siehe Tabellen 1-5; bei der angegebenen Seitenzahl handelt es sich um die Seite in den ausformulierten Protokollen, wie sie in 3.3.8 beschrieben werden.

Tabelle 3.1: Übersicht der Teilnehmenden Beobachtungen

Teilnehmende Beobachtungen [TB]	
TB 1a	Bundesweite Tagung
TB 1b	Bundesweite Tagung
TB 1c	Bundesweite Tagung
TB 2a	Hausversammlung Wohnheim nach §§ 67 ff. SGB XII
TB 2b	Hausversammlung Wohnheim nach §§ 67 ff. SGB XII
TB 2c	Hausversammlung Wohnheim nach §§ 67 ff. SGB XII
TB 3a	Hausversammlung Wohnheim nach §§ 67 ff. SGB XII
TB 3b	Hausversammlung Wohnheim nach §§ 67 ff. SGB XII
TB 3c	Hausversammlung Wohnheim nach §§ 67 ff. SGB XII
TB 4a	Hausversammlung Wohnheim nach §§ 67 ff. SGB XII
TB 5a	Hausversammlung Wohnheim nach §§ 67 ff. SGB XII
TB 5b	Hausversammlung Wohnheim nach §§ 67 ff. SGB XII
TB 6a	Hausversammlung Wohnheim nach §§ 67 ff. SGB XII
TB 7	Regionaler Workshop
TB 8	Stadtführung

Die Teilnehmenden Beobachtungen fanden in Berlin, Baden-Württemberg und Nordrhein-Westfalen statt.[24]

3.3.6 Feldgespräche und Interviews

Neben den Teilnehmenden Beobachtungen führte ich Feldgespräche (sogenannte ethnografische Interviews, vgl. Breidenstein u. a. 2013; Schlehe 2003) sowie vorab verabredete, unstrukturierte Interviews mit Angehörigen unterschiedlicher Akteur_innengruppen der Wohnungslosenhilfe durch. Die Feldgespräche fanden z. T. als informelle Gespräche vor oder nach Teilnehmenden Beobachtungen statt. Dabei dienten sie als Ergänzungen der Beobachtungen oder zur Erhebung spezifischer Perspektiven sowie zur Kontrolle der eigenen Interpretationen (vgl. Breidenstein u. a. 2013: 82). Aber auch ‚Tür-und-Angel-Gespräche' bei Fachtagungen, Praxisbesuchen oder am Rande von Gremiensitzungen gehörten dazu (vgl. a. a. O.: 80). Ich stellte sehr schnell fest, dass viele Menschen sofort bereit waren, mit mir ‚en passant' über Partizipation oder einen spezifischen Aspekt zu sprechen, wenn ich ihnen kein Aufnahmegerät präsentierte, sondern nur Notizen in mein Forschungstagebuch

24 Aus Gründen der Anonymisierung werden den jeweiligen Einrichtungen (und nachfolgend Gesprächspartner_innen) keine Bundesländer zugeordnet.

machte bzw. eine spätere Protokollierung ankündigte. Nicht nur bei wohnungslosen Gesprächspartner_innen ging mir das so, sondern auch bei Professionellen, die in diesem geschützteren Rahmen sehr viel mehr preisgaben, als sie es vermutlich in einem anderen Setting getan hätten. Zudem entfiel in diesen Fällen die komplizierte Terminvereinbarung für ein Interview und die Suche nach einem geeigneten Ort. Tabelle 3.2 gibt einen Überblick über die geführten Feldgespräche

Tabelle 3.2: Übersicht der Feldgespräche

Feldgespräche [FG]	
FG 1	Referent /Fachverband
FG 2	Gruppe Wohnungsloser (m/w) Tagestreff
FG 3	Sozialarbeiter Beratungsstelle
FG 4	Vier Wohnungslose (m/w) (teil-)stat. Einrichtung (E.).
FG 5	Heimleiter (teil-)stat. E.
FG 6	Sozialarbeiterin (teil-)stat. E.
FG 7	Mehrere Wohnungslose (m) (teil-)stat. E.
FG 8	Praktikantin und Wohnungslose (m/w) (teil-)stat. E.
FG 9	Referent Fachverband
FG 10	Akteur eines bundesweiten Gremiums
FG 11	Zwei Wohnungslose (w) (teil-)stat. E.
FG 12	Sozialarbeiter (teil-)stat. E.
FG 13	Vier Bewohner(-vertreter) (teil-)stat. E.
FG 14	Sozialarbeiter und zwei Bewohnervertreter (teil-)stat. E.
FG 15	Drei Sozialarbeiterinnen (teil-)stat. E.
FG 16	Wohnungsloser EU-Bürger Tagestreff
FG 17	Praktikantin Tagestreff
FG 18	Zwei Wohnungslose (m) (teil-)stat. E.
FG 19	Ein Wohnungsloser (m) (teil-)stat. E.
FG 20	Praktikantin (teil-)stat. E.
FG 21	Eine Wohnungslose (teil-)stat. E.
FG 22	Zwei Wohnungslose (m) ehem. (teil-)stat. E.
FG 23	Zwei Wohnungslose Tagestreff
FG 24	Wohnungslose Engagierte (w)

Die Feldgespräche fanden in Berlin, Bremen sowie Nordrhein-Westfalen statt. Insgesamt kamen in 24 Feldgesprächen ca. 50 Menschen zu Wort, davon waren etwa 60 % Betroffene bzw. ehemals Betroffene. Bei ihnen dominierten mit ca. 75 % Männer.

Neben diesen spontanen Feldgesprächen verabredete ich Interviews mit Professionellen und Betroffenen, wobei die Grenzen zum Gespräch hier z. T. fließend waren (vgl. Schlehe 2003: 74). Die Auswahl der von mir angesprochenen Interviewteilnehmer_innen war von den Ergebnissen meiner Teilnehmenden Beobachtungen und Feldgespräche abhängig. Zudem versuchte ich, möglichst alle Akteur_innengruppen im Feld zu Wort kommen zu lassen, so sprach ich beispielsweise gezielt auch Behördenmitarbeiter_innen an. Ich arbeitete hier nicht mit Leitfäden oder anderen Formen von Vorstrukturierung, sondern versuchte die Interviewpartner_innen zunächst frei erzählen zu lassen, was sie zum Thema Partizipation in der Wohnungslosenhilfe beizutragen hatten. Dabei waren ihnen der Fokus meiner Studie und z. T. auch der Grund, warum ich gerade sie als Gesprächspartner_innen ausgesucht hatte, bekannt. Es handelte sich somit um eine Form von problemzentrierten Interviews (vgl. Witzel 1982), allerdings in unstrukturierter Form ohne Interviewleitfaden. Die in anderen methodischen Zugängen geforderte Distanz als Forscherin gab ich teilweise auf, indem ich mich auch als Person mit meinen eigenen Ansichten einbrachte. Wie auch Schlehe (2003) aus ihrer eigenen Forschungspraxis beschreibt, tat ich dies jedoch nie zu Beginn eines Interviews (a. a. O.: 90). Außer in einigen Gremien oder Teamsitzungen stellte ich zu Beginn von Gesprächen auch keine eigene Definition von Partizipation vor, sondern erfragte bzw. identifizierte die Eigendefinitionen des Feldes/der Akteur_innen. In mehreren Fällen wurde ich bei Anfragen einzelner Sozialarbeiter_innen gleich in eine Teamsitzung eingeladen.

Tabelle 3.3: Übersicht der Interviews

Interviews [I]	
I 1	Betroffenenvertreter (bundesweit)
I 2	Heimleiter (teil-)stat. Einrichtung
I 3	Heimleiter (teil-)stat. Einrichtung
I 4	Heimleiterin (teil-)stat. Einrichtung
I 5	Sozialarbeiterin (teil-)stat. Einrichtung
I 6	Zwei sonst. Professionelle (w) niedrigschwell. Angebote
I 7	Team niedrigschwelliges Angebot (m/w)
I 8	Betroffenenvertreter
I 9	Sozialarbeiter Tagestreff
I 10	Sozialarbeiterin (teil-)stat. Einrichtung
I 11	Heimleiterin (teil-)stat. Einrichtung
I 12	Mehrere Wohnungslose (w) (teil-)stat. Einrichtung
I 13	Bereichsleiter amb. und (teil-)stat. Einrichtungen
I 14	Sozialarbeiter ehem. Wohnungslosenhilfe

I 15	Referent Trägerebene
I 16	Professioneller und Ehrenamtler ambulante Hilfen (§ 67)
I 17	Team ambulante Hilfen (§ 67) (m/w)
I 18	Team Tagestreff (m/w)
I 19	Zwei Sozialarbeiter_innen (m/w) Sozialamt
I 20	Sozialarbeiterin ambulante Hilfen (§ 67)
I 21	Team Tagestreff (m/w)
I 22	Sozialarbeiter (teil-)stat. Einrichtung
I 23	Sozialarbeiter Streetwork
I 24	Referent Trägerebene
I 25	Team Beratungsstelle (m/w)
I 26	Betroffenenvertreter
I 27	Sozialwissenschaftler
I 28	Team (m/w) Fachverband
I 29	Referent Trägerebene
I 30	Einrichtungsleiter
I 31	Wohnungsloser
I 32	Einrichtungsleiterin
I 33	Referent Trägerebene
I 34	Ehrenamtler
I 35	Heimleiter und zwei Sozialarbeiter Wohnheim
I 36	Leiterin Sozialamt
I 37	Sozialarbeiter Wohnheim
I 38	Leiterin und Mitarbeiter_innen (m/w) Projekt EU-Bürg.

Die Interviews fanden in Berlin, Bremen und Nordrhein-Westfalen statt sowie telefonisch mit Interviewpartner_innen aus Baden-Württemberg, Brandenburg, Hamburg und Rheinland-Pfalz. Insgesamt kamen in 38 Interviews insgesamt ca. 75 Menschen zu Wort, davon waren etwa 17 % Betroffene bzw. ehemals Betroffene. Bei den wohnungslosen bzw. ehemals wohnungslosen Interviewten waren Frauen zahlreicher vertreten als Männer, was vor allem auf eine größere Gruppe (I 12) zurückzuführen ist.

3.3.7 Sonstige Empirie

Die Einladung in informelle und institutionalisierte Gremien war das dritte Setting, in dem Gesprächssituationen und ein fachlicher Austausch zustande kamen. So sprach ich mehrere lokale, regionale und bundesweite Fachgremien an, ob sie mir eine Stunde ihrer Sitzungen zur Verfügung stellen würden, um mit mir über das Thema Partizipation zu sprechen. Hier legte ich in der Regel zu Beginn meinen Infobrief sowie ein paar Definitionen und Vorannahmen wie zu den unterschiedlichen Partizipationsstufen vor, um die Basis für ein Gruppengespräch zu legen, bei dem man nicht aufgrund unterschiedlicher Verständnisse von Begriffen und Ansätzen aneinander vorbeiredet. In fast allen besuchten Gremien kam es zu fruchtbaren Diskussionen auch untereinander, die ich ebenfalls, mit Einverständnis der Anwesenden, protokollierte. In einigen dieser Settings machte ich zudem Feldnotizen, die auf Beobachtungen beruhten. Dies war vor allem in Gremien der Fall, in denen ich nicht Gast, sondern aktive Teilnehmerin war und bin. Teilweise, wie beispielsweise beim Arbeitskreis Wohnungsnot Berlin der Fall, hatte ich sogar den Anstoß zur Beschäftigung mit dem Thema Partizipation gegeben, war also eine „Initiantin“ (Flick 2012: 150), die aktiv handelnd auftritt und das Geschehen mit beeinflusst (vgl. Einleitung). Gleichzeitig trat ich zu allen Zeitpunkten als Forscherin zum Thema Partizipation auf und machte transparent, dass ich den Diskussions- und ggf. Entscheidungsprozess in meine Forschung integrieren würde. Meine Beobachtungsrolle war in diesen Fällen somit aktiv teilnehmend (vgl. 3.3.5). Die einzelnen Anlässe sind in den Tabellen 3.4 und 3.5 als Treffen (T) sowie Sonstiges (S) durchnummeriert.

Tabelle 3.4: Gremien und sonstige Treffen

Gremien und sonstige Treffen [T]	
T 1	Betroffenenvertreter (bundesweit)
T 2	Treffen mit diversen Akteur_innen
T 3	Betroffenenvertreter (bundesweit)
T 4	AG eines regionalen Gremiums (G1)
T 5	AG eines regionalen Gremiums (G1)
T 6	Treffen eines regionalen Gremiums (G2)
T 7	AG eines regionalen Gremiums (G1)
T 8	AG eines regionalen Gremiums (G3)
T 9	Teamsitzung mit Bewohnervertretern
T 10	Top bei bundesweitem Gremium
T 11	Top bei regionalem Gremium (G4)
T 12	AG eines regionalen Gremiums (G1)
T 13	AG eines regionalen Gremiums (G1)
T 14	Treffen eines regionalen Gremiums (G2)
T 15	AG eines regionalen Gremiums (G1)

Die Treffen fanden in Berlin und Nordrhein-Westfalen statt. Bis auf zwei Gremiensitzungen (T 10 und T 11) waren bei allen Anlässen Professionelle und Betroffene vertreten.

Tabelle 3.5: Sonstiges

Sonstiges [S]	
S 1	Vorbereitung einer Gremiensitzung
S 2	Diskussion nach Vortrag
S 3	AG-Ergebnisse regionaler Workshop
S 4	Teilnahme an einer Gruppenaktivität
S 5	Workshop einer bundesweiten Tagung
S 6	Praxisbesuch /Tag der offenen Tür

Die sonstigen Anlässe fanden in Berlin, Bremen, Niedersachsen sowie Utrecht/ Niederlande statt. Bei zwei Terminen (S 4 und S 5) waren Betroffene anwesend.

3.3.8 Protokollierung und Analyse der Daten

Zur systematischen Analyse standen mir Daten in unterschiedlicher, allerdings immer schriftlicher Form zur Verfügung.[25] Wie unter 3.3.1 beschrieben, führte ich ein Forschungstagebuch. Zudem habe ich zu allen Teilnehmenden Beobachtungen sowie einer ganzen Reihe von Feldgesprächen, Interviews etc. ausformulierte Protokolle erstellt. Einige Flyer sowie Aushänge von und in Einrichtungen flossen ebenfalls in die Analyse ein. Bevor ich das Auswertungs- und Analyseverfahren beschreibe, lege ich jedoch die unterschiedliche Art der jeweiligen Protokollierung dar.
Streck u. a. (2013) haben demonstriert, dass unterschiedliche Formen Teilnehmender Beobachtung auch unterschiedliche Formen der Protokollierung erfordern. Die Autorinnen unterscheiden drei Arten von Beobachtungsprotokollen aus ihrer eigenen Forschungspraxis:

> „*Zum einen wurde* das gesamte Geschehen während eines Feldaufenthaltes als kontinuierlicher Interaktionszusammenhang *beschrieben. (…) Demgegenüber können Protokolle auch* mehrere detaillierte Beschreibungen einzelner Interaktionsepisoden *umfassen. (…) Schließlich kann ein* spezifischer Fokus auf ein Element des Geschehens *die Gesamtgestalt eines Protokolls bestimmen.“ (A. a. O.: [14-16], H. i. O.)*

25 Fotos und Zeichnungen wertete ich nicht separat aus, denn sie sollten lediglich meine Erinnerungen stützen, um beispielsweise in einem Protokoll die Anordnung von Stühlen und Tischen zu beschreiben.

Beobachtungsprotokolle sind nach Streck (2016) „keinesfalls Dokumentationen des Geschehenen“ (a. a. O.: 120). Sie können szenische Episoden beschreiben, Gespräche wiedergeben oder die Atmosphäre eines bestimmten Settings schildern (Streck u. a. 2013: [62]). So fokussierte ich meine ersten Beobachtungen im Rahmen einer Fachtagung auf Sprache und verbale Themensetzungen (TBs 1a-1c), während ich bei den Hausversammlungen neben sprachlichen Äußerungen auch Interaktionen zwischen den Beteiligten erfasste und Vermutungen sowie Interpretationsideen (mit eckigen Klammern deutlich abgesetzt von den streng deskriptiv gehaltenen Feldnotizen) notierte. Bei der sich anschließenden Protokollierung bediente ich mich dann aus „zwei Speichern“ (Breidenstein u. a. 2013: 87), nämlich den Notizen sowie meiner eigenen Erinnerung.
Bei der zu Beginn beobachteten Fachtagung erstellte ich im Anschluss aus meinen Aufzeichnungen zunächst einen fortlaufenden Text, der letztlich eine Ausformulierung meiner handschriftlichen Notizen darstellte. In einem zweiten Schritt sortierte ich die in den Workshops und Foren gemachten Äußerungen thematisch und stellte sie entsprechend neu und komprimierter zusammen. Dieses Vorgehen lehnt sich an das Verfahren der qualitativen Inhaltsanalyse an, bei der das gesamte Textmaterial zergliedert und schrittweise bearbeitet wird (vgl. Mayring 2010). Bei allen anderen Protokollen von Teilnehmenden Beobachtungen sowie den Feldgesprächen, Interviews und Treffen ging ich dagegen anders vor. Hierbei war zu beachten, dass es für ethnografische Studien/Feldforschung kein festgelegtes Protokollierungs- und Auswertungsverfahren gibt, sondern Forscher_innen unterschiedliche Strategien propagieren. Breidenstein u. a. (2013) schlagen vor, nach dem Aufschreiben der Feldnotizen am Ort des Geschehens ausformulierte Protokolle (z. B. direkt danach am Schreibtisch) zu produzieren, „die durch Feldnotizen und ‚Kopfnotizen‘ angeregt werden“ (a. a. O.: 97, H. i. O.). Zwischen dem Schreiben der Feldnotizen und den Protokollen „findet zugleich eine Verschiebung der Schreibfunktionen vom Speichern zum Analysieren statt“ (a. a. O.). Als besondere Textsorte innerhalb solcher Protokolle beschreiben die Autor_innen sogenannte *analytical notes*. Diese sind kurze Abwendungen von der reinen Beschreibung, es entstehen Nebenbemerkungen und es werden spontane Einfälle markiert oder kurze Kommentare festgehalten (a. a. O.: 103). Dadurch wird die Protokollierung bereits zum Teil der Daten*analyse:*

> *„Das Verfassen von Protokollen ist ein aktiver Prozess, der schon durch Wortwahl und Sequenzierung, durch Hervorhebung und Weglassung, durch die Schaffung von Ordnung und Kohärenz zur* Analyse *der untersuchten Gegenstände gehört.* Im *Schreiben werden zugleich Daten konstituiert und Erfahrungen analysiert.“ (A. a. O., H. i. O.)*

Hünersdorf (2012) formuliert in diesem Zusammenhang anschaulich, wie „[m]it dem Schreiben des Protokolls … von der Verwobenheit des/r Teilnehmenden Beobachters/in … zur Einbindung in die Scientific Community übergewechselt [wird]“ (a. a. O.: 50). Mit der Formulierung der Protokolle beginnt somit bereits die Analyse und Auswertung der Daten. Bei allen Teilnehmenden Beobachtungen außer den

oben beschriebenen ersten drei und bei allen zusätzlich protokollierten Feldgesprächen und Interviews ging ich nach diesem Verfahren vor. Zu beachten war dabei, dass ethnografische Protokolle keinesfalls „Quasi-Transkripte" (Riemann 2004: 202, Fn 16) darstellen. Sie mussten also durchgängig auf mangelnde Plausibilität kritisch hinterfragt werden, und zwar auf den Fokus sowie die „Deutungen und Wertungen des Protokollanten selbst" (a. a. O.). Zudem musste ich verhindern, in der Analyse lediglich zu beobachten, wie ich beobachte (vgl. Moser 2014: 22).
Nach der Erstellung der Protokolle der Teilnehmenden Beobachtungen unterzog ich diese einer *konsensuellen Validierung*, indem ich sie einerseits von einer jeweils zweiköpfigen studentischen Auswertungsgruppe interpretieren ließ und andererseits mit meinem wohnungslosen Forschungskooperationspartner besprach (vgl. Mruck/Mey 2000: [26]). In beiden Fällen gingen wir den Text jeweils Sequenz für Sequenz, z. T. Satz für Satz durch. Spätestens ab diesem Zeitpunkt wurden für die jeweiligen Teilnehmenden Beobachtungen also keine Daten mehr erhoben, sondern die erhobenen analysiert und interpretiert.
Im weiteren Prozess wertete ich die so entstandenen Protokolle mit ihren *analytical notes* sowie in allen anderen Fällen die nicht zusätzlich ausformulierten und ergänzten Feldnotizen nach einem systematischen Verfahren aus, wie es Breidenstein u. a. (2013) im Sinne der grounded theory empfehlen: Zunächst codierte ich die Daten in einem offenen Verfahren. So schrieb ich Begriffe, die ich beim Lesen der Feldnotizen und Protokolle assoziierte, an deren Rand. Beispielsweise notierte ich ‚Identifikation' neben eine Mitschrift im Forschungstagebuch, in der ich die von einem Nutzer verwandte ‚Wir'-Form in Bezug auf den von ihm besuchten Tagestreff beschrieben hatte (FTb vom 30.03.2016). Im Gegensatz zur von mir für die Auswertung von Leitfadeninterviews genutzten qualitativen Inhaltsanalyse (vgl. Mayring 2010) denkt man bei diesem Vorgehen nicht sofort in festen Kategorien, die deduktiv und/oder induktiv gebildet werden, sondern assoziiert zunächst freier, was einem zu den Notizen und Protokollen einfällt. Dadurch ist die Gefahr geringer, Fundstellen unbewusst oder bewusst ‚passend zu machen' und die Chance größer, auf Unerwartetes zu stoßen.
Parallel erstellte ich sogenannte Memos, in denen ich analytische Ideen festhielt. Diese

> *„sollten dabei weniger analytische Ideen fixieren, als sie für den weiteren Forschungsprozess fruchtbar machen: Vermutungen sollen in empirisch zu beantwortende Fragen überführt werden und sollten konkrete Beobachtungsstrategien nach sich ziehen." (Breidenstein u. a. 2013: 163)*

So entstanden schnell Memos zu Themen wie ‚Rolle der Professionellen', ‚Macht' und ‚unpassende Strukturen', die permanent fort- und umgeschrieben wurden. Sie regten mich zu neuen Fragestellungen an und bildeten zugleich einen Fundus für die spätere Verschriftlichung der Ergebnisse. Letztere strukturierte ich überwiegend entlang des letzten Stands der immer mehr thematisch verdichteten Memos.

Die Unterscheidung in Feldnotizen, Protokolle sowie Analytical Notes und Memos werden in Tabelle 3.6 zusammengefasst.

Tabelle 3.6: Von den Feldnotizen bis zu Memos

Genre	Fieldnotes	Protokolle	Analytical Notes, Memos
Schreibpraktik	Aufschreiben	Beschreiben	‚Ausschreiben'
Bezugsproblem	Flüchtigkeit	Schweigsamkeit	Implizität
Funktion	Dokumentarisch Speicherung	Kommunikativ Darstellung	Analytisch Explikation

Quelle: Breidenstein u. a. 2013: 106

3.3.9 Literaturrecherche

Während des gesamten Forschungsprozesses wurde die relevante und einschlägige Literatur auf unterschiedliche Weise identifiziert. Dabei wurde von mir nicht, wie beispielsweise bei quantitativen Verfahren üblich, vor Beginn der empirischen Erhebungen die gesamte benötigte Literatur recherchiert, sondern in einem zirkulären Prozess aus dem empirischen Material heraus, aber auch aus bereits vorliegenden Publikationen, ermittelt, welche Themen und Aspekte im Kontext des Forschungsgegenstandes wichtig sein könnten. Folgende Recherchewege wurden hierzu genutzt:

- Die einschlägigen Wörterbücher und Lexika Sozialer Arbeit wurden auf Begriffe wie ‚Partizipation', ‚Mitbestimmung' etc. durchgesehen.
- Mehrere Datenbanken wie Springer link, Sowiport und WiSo wurden anhand von Stichworten wie ‚Soziale Arbeit /Partizipation', ‚Wohnungslos* /Partizipation', ‚Teilhabe' sowie zu den im Forschungsprozess identifizierten relevanten Aspekten wie ‚Macht /Soziale Arbeit' durchsucht.[26]
- Für weitere englischsprachige Publikationen wurde zudem Sagepub.com durchsucht.
- Die Fachzeitschrift „wohnungslos" wurde systematisch durchgesehen.
- Von den systematisch recherchierten Publikationen ausgehend wurden weitere relevante Veröffentlichungen identifiziert (‚Schneeballsystem').
- Für (weitere) internationale Publikationen (Englisch, Französisch, Deutsch) wurden von mir die Mitglieder des *Women's Homelessness in Europe Network* angefragt sowie weitere internationale, mir bekannte Forscher_innen.

Im Forschungsprozess erhielt ich von mehreren interviewten Professionellen Zugang zu aus ihrer Sicht wichtigen Publikationen zum Thema; vor allem zu sogenannter Grauliteratur, die nicht immer öffentlich verfügbar ist.

26 Ende 2017 wurde diese Form der systematischen Recherche letztmalig durchgeführt.

Insgesamt wurde schnell deutlich, dass es vor allem zu Partizipation in der Wohnungslosenhilfe im Sinne meiner Forschung nur eine Hand von Publikationen gibt und im deutschsprachigen Raum keine empirischen Studien hierzu vorliegen. Ein Augenmerk wurde von mir auf die Einschätzungen von Betroffenen gelegt. Da diese selten ihre Vorträge und Inputs bei Fachtagungen, Workshops u. Ä. publizieren (Ausnahmen z. B. Kölz 2011), habe ich auch unveröffentlichte Vortragsmanuskripte mit in die Auswertung aufgenommen. Dies betrifft u. a. meinen Forschungskooperationspartner Jürgen Schneider (z. B. Schneider, J. 2013).

3.4 Kritische Reflexion des methodischen Vorgehens

Vor dem eigentlichen Beginn des Forschungsprojekts war ich davon ausgegangen, Feldforschungsmethoden lediglich explorativ einzusetzen und im späteren Verlauf mit strukturierten Interviews zu arbeiten. Als ich feststellte, dass dies aus meiner Sicht gar nicht nötig war, da die angewandte Kombination von Teilnehmenden Beobachtungen, Feldgesprächen und unstrukturierten Interviews eine sehr fruchtbare war, entschied ich mich nach kollegialer Beratung, durchgängig mit Feldforschung als Gesamtstrategie weiterzuarbeiten. Da es zum Forschungsgegenstand kaum wissenschaftliche Literatur gibt, war der ethnografische Ansatz mit seiner Offenheit auch retrospektiv sehr gut geeignet, um erst einmal identifizieren zu können, wie der aktuelle Stand des Fachdiskurses zu Partizipation in der Wohnungslosenhilfe ist, was Partizipationsprozesse behindert und vorantreibt, und welche Wünsche im Feld bestehen.

Dabei stellte sich mir regelmäßig die Frage, wie es meine Forschung beeinflusst, dass ich nie wohnungslos war, aber 15 Jahre als Sozialarbeiterin im Feld gearbeitet hatte - also einer der relevanten Akteur_innengruppen im Feld zugehörig war. Blinde Flecken waren vorprogrammiert (vgl. Huf/Friebertshäuser 2012: 12). Eine Variante diese zu identifizieren, war die oben beschriebene studentische Auswertungsgruppe sowie die Interpretation der Beobachtungsprotokolle durch meinen wohnungslosen Forschungskooperationspartner. Die Beschreibungen in den Protokollen wurden so eindeutig wie möglich (und weniger ‚geschliffen' als in wissenschaftlichen Publikationen) formuliert, und abstrakte (Fach-)Begriffe sowie komplizierte Satzkonstruktionen wurden vermieden. So konnte auch sichergestellt werden, dass die Interpretation nicht an Verständnisproblemen scheiterte.

Zudem bin ich seit Jahren vor allem als Wissenschaftlerin im Feld unterwegs und habe seitdem einen distanzierteren und durchaus kritischen Blick auf die Wohnungslosenhilfe entwickelt. Ich kann jedoch nicht ausschließen, dass meine Vorstellungen von (guter) Partizipation meine Fragestellung, Beobachtungen und Interpretationen beeinflusst haben. Umso wichtiger war die argumentative Interpretationsabsicherung durch die Feldgespräche und Interviews sowie die systematische Erhebung des Forschungsstands zu Partizipation auch außerhalb des Arbeitsfeldes Wohnungslosenhilfe. Darüber hinaus versuchte ich den gesamten Forschungsprozess über eine

Vorfestlegung (im Sinne von Definitionen und Entwicklung von Kriterien) zu vermeiden bzw. die des Feldes – Professionelle wie Betroffene – unvoreingenommen zu erheben.

Angestrebt war zu Beginn, Teilnehmende Beobachtungen auf allen Ebenen von Partizipation durchzuführen. Für die Ebene der Gestaltung des eigenen Falls waren beispielsweise Beobachtungen von Hilfekonferenzen vorgesehen, die aufgrund von Zeitmangel am Ende der Erhebungsphase sowie Abwehr einiger Beteiligter jedoch nicht zustande kamen. Auf der anderen Seite tauchten Hilfe(plan)gespräche und Hilfekonferenzen als Thema in vielen Interviews und Feldgesprächen auf, sodass ausreichend Erkenntnisse auch hierzu gewonnen werden konnten, zumal sich sowohl Professionelle als auch Betroffene dazu äußerten. Auch ist dies die Ebene von Partizipation in der Sozialen Arbeit, mit der sich einige Publikationen ausführlicher beschäftigen.

Kritisch ist festzuhalten, dass ich die Einschätzung des Feldes von den *Nicht-Nutzer_innen* der Wohnungslosenhilfe nicht erhoben habe. Dies hat einerseits pragmatische Gründe durch die zeitlichen und finanziellen Limitierungen des Forschungsprojekts. Andererseits sind verdeckt lebende wohnungslose Menschen sowie solche mit dem Lebensmittelpunkt Straße oft ohne Anbindung an das Hilfesystem und finden daher meist keine Berücksichtigung in empirischer Forschung (Gerull 2009: 59). Ich weiß also nicht, inwiefern es beispielsweise wohnungslose Menschen gibt, die die Angebote der Wohnungslosenhilfe aufgrund mangelnder Partizipationschancen – oder auch verordneter Partizipation (vgl. 2.1.3) – nicht nutzen.

Auch die Frage nach geschlechtsspezifischen Besonderheiten konnte nur teilweise beantwortet werden, da einerseits sehr viel mehr männliche Wohnungslose im Feld sichtbar sind und sich wohnungslose Frauen zudem seltener in Gruppen exponieren bzw. für Gespräche zur Verfügung stellen.

Die durch die (bewussten wie unbewussten) Limitierungen im Forschungsprozess offen gebliebenen Fragen und Aspekte werden am Ende dieses Buches im Ausblick aufgeführt, um sie für weitere Forschungen nutzbar zu machen.

4. Empirische Ergebnisse der Partizipationsstudie

Die empirischen Ergebnisse der Partizipationsstudie werden nachfolgend nicht nur deskriptiv dargestellt, sondern – aufgrund des ethnografisch angelegten Forschungsdesigns – teilweise bereits schon interpretiert. Denn es gibt bei diesem Vorgehen, so Breidenstein u. a. (2013), nicht den herkömmlichen Dualismus Theorie versus Empirie. Das Ziel ist vielmehr, "sozialwissenschaftliche Theorien oder Konzepte zu irritieren" (a. a. O.: 166). Zunächst wird anhand der erhobenen Daten der Partizipationsdiskurs in Wissenschaft und Praxis rekonstruiert (4.1). Darauf folgend werden die weiteren Erkenntnisse aus den Feldgesprächen, Interviews und Teilnehmenden Beobachtungen thematisch strukturiert vorgestellt und erörtert (4.2). Abschließend werden die Teilnehmenden Beobachtungen in fünf Wohnheimen nach §§ 67 ff. SGB XII noch einmal gesondert daraufhin analysiert, in welchen Abstufungen und mit welchen Spielräumen Partizipation in den Hausversammlungen identifiziert werden konnte (4.3).

4.1 Rekonstruktion des Diskurses in Wissenschaft und Praxis

Zum Start des Forschungsprojekts ‚Partizipation in der Wohnungslosenhilfe' im Herbst 2015 besuchte ich die Bundestagung der BAG W in Berlin und beobachtete dort passiv und verdeckt eine Arbeitsgruppe und zwei Foren zum Thema Partizipation.[27] Im Einzelnen waren dies ein Forum, das sich mit den damals gerade erschienenen Empfehlungen der BAG W zum Thema Partizipation (BAG W 2015)[28] auseinandersetzte (TB 1a), ein Forum zu Praxisfragen der Partizipation in den Einrichtungen und Diensten der Wohnungslosenhilfe (TB 1b) sowie eine Arbeitsgruppe zur Bundesbetroffeneninitiative BBI e. V. (TB 1c). Durch die Beobachtungen sollte der aktuelle Diskurs in der Praxis (Professionelle und Betroffene) und der Wissenschaft rekonstruiert werden: Was waren die aktuellen Themen und ggf. Konflikte? Weitere Erkenntnisse aus diesen ersten Teilnehmenden Beobachtungen werden im nachfolgenden Abschnitt 4.2 aufgegriffen.

4.1.1 Was heißt ‚Partizipation'?

Im ersten Forum wurde Partizipation von einem Wissenschaftler als Rahmen bezeichnet, in dem sich Menschen entwickeln könnten, womit er explizit auch die

27 Forschungsmethodische Erläuterungen siehe 3. Kapitel.

28 Die Aussagen des Papiers wurden bereits ausführlich im 2. Kapitel dargestellt.

Professionellen einschloss (TB 1a, Protokoll: 1). Von mehreren Podiumsteilnehmer_innen sowie vom Publikum wurde geäußert, Partizipation sei „eine Haltung, eine Methode, ein Prozess“ (a. a. O.: 2). Laut beklatscht wurde vom Publikum die Aussage eines Einrichtungsleiters, Partizipation sei ein Instrument zur Überwindung von Ausgrenzung (a. a. O.: 1). Die unterschiedlichen Spielräume im Rahmen von Partizipation als Mitbestimmung hinterfragte ein Wissenschaftler kritisch mit einem fiktiven Beispiel: „Du darfst mitbestimmen …, ob es nächste Woche Spaghetti gibt oder Reis“ (a. a. O.).[29] Anders gelagert wäre eine Mitbestimmung dagegen, wenn gemeinsam darüber entschieden werden könnte, welche Köche eingestellt würden oder sogar die Leitung des Projekts (a. a. O.). In den anderen beiden beobachteten Veranstaltungen wurde der Begriff Partizipation an sich nicht diskutiert. In den beiden Foren und der AG wurde also viel über Partizipation gesprochen, eine konkrete Definition bzw. ein kollektives Verständnis der Teilnehmenden, was genau Partizipation im Kontext der Wohnungslosenhilfe meint, erschloss sich mir jedoch nicht. Für meine Partizipationsstudie stellte sich somit weiterhin die Frage, wie Partizipation im Kontext der Wohnungslosenhilfe definiert wird und in welcher Abstufung mit welchen Spielräumen sie stattfindet.

4.1.2 Gibt es Kritik an der Umsetzung von Partizipation in der Praxis?

Obwohl unklar blieb, was genau Partizipation meint, wurde viel Kritik an der Umsetzung in der Praxis geäußert. Eine professionelle Teilnehmerin stellte fest, Partizipation sei ein Konzept der Mittelschicht für die Mittelschicht und habe sich von ihren historischen Ursprüngen weit entfernt (Tb 1a, Protokoll: 2). Ein weiterer Professioneller berichtete, Partizipation stünde im Leitbild seiner Einrichtung, würde in der Praxis aber „aus organisatorischen Gründen“ oft wegfallen (a. a. O.). An anderer Stelle wurde formuliert, Partizipation scheitere häufig an hierarchischen Strukuren der Hilfeangebote (a. a. O.: 3). Ein Wissenschaftler war der Ansicht, es brauche weniger Paternalismus und weniger Besserwisserei (a. a. O.: 1). Mehrfach wurde die Alibifunktion von Betroffenen angeprangert, durch die Professionelle eine Nicht-Partizipation wohnungsloser Menschen verschleiern würden. Ironisch formulierte ein Referent zudem das Anliegen einer „Befähigung der Armen zur Weltrevolution, während wir vor dem Bücherregal und vor der Tagesschau sitzen“ (a. a. O.: 3). Für die vorliegende Partizipationstudie bedeutete die Kritik an der Umsetzung in der Praxis, dass sowohl weitere Hindernisse als auch Voraussetzungen von Partizipation identifiziert werden sollten und es dabei sowohl um strukturelle als auch professionsspezifische Aspekte wie ‚Haltung‘ gehen müsste.

29 Aus dieser Äußerung entstand der Titel der vorliegenden Publikation, s. a. Vorwort und Danksagung.

4.1.3 Wie wird das Positionspapier der BAG W eingeschätzt?

Zum Positionspapier der BAG W (2015) wurden im ersten Forum zunächst Statements vom Podium aus gegeben, die von verhalten positiven Einschätzungen bis hin zum vollkommenen Verriss reichten. Im Verlauf der Diskussion auch mit dem Publikum wurde deutlich, dass nicht durchgängig klar war, an welche Zielgruppe es sich richtet bzw. richten soll. So gab es den Hinweis eines BAG-W-Referenten, das Papier sei für die Praxis entwickelt worden, d. h. für die Professionellen (TB 1a, Protokoll: 3), während andere den Anspruch formulierten, das Papier mit den Betroffenen auf der Straße diskutieren zu können (a. a. O.: 2). Als aus dem Publikum moniert wurde, das Positionspapier würde den Machtaspekt im Kontext von Partizipation nicht berücksichtigen, berichtete ein Referent der BAG W, dass der Begriff ‚Macht' zunächst im Papier stand, dann aber im Abstimmungsprozess durch die BAG-W-Gremien „weggeschmirgelt" worden sei (a. a. O.: 3). Für meine weitere Forschung war neben der konkreten Kritik am Positionspapier wichtig, welche grundsätzlichen Fragen im Verlauf der Diskussion darüber aufgeworfen wurden, die ich in meiner Studie näher betrachten sollte. Hierzu gehörte neben für Partizipation relevanten Aspekten wie Macht auch, wie Entscheidungsprozesse (hier die Entwicklung eines Positionspapiers) partizipativ gestaltet werden können. So stellte sich mir in der Auswertung der Beobachtungsprotokolle u. a. die Frage, warum bei der Tagung kein Entwurfspapier zur Diskussion gestellt, sondern ein bereits abgestimmtes Papier vorgelegt wurde.

4.1.4 In welcher Situation befindet sich die Bundesbetroffeneninitiative BBI e. V.?

In der AG zur BBI wurden zunächst allgemeine Aspekte im Kontext von Betroffenenvertretungen diskutiert, die an anderer Stelle in dieses Kapitel eingeflossen sind. Konkret zur BBI wurden anschließend Informationen wie beispielsweise die Organisation als Verein gegeben (TB 1c, Protokoll: 1).[30] Ein Schwerpunkt der AG-Diskussion lag dann auf den damaligen Problemen der Betroffeneninitiative. So wurden eine ganze Reihe struktureller Schwierigkeiten benannt wie die nicht mehr effektiven Strukuren und fehlenden finanziellen Ressourcen (a. a. O.: 1, 2). Gleichzeitig wurde seitens eines BAG-W-Vertreters moniert, die BBI würde seit längerem keine inhaltliche, sondern nur noch eine Strukturdebatte führen: „Das hat nichts mit Betroffenenbeteiligung zu tun, das ist Beschäftigungstherapie" (a. a. O.: 2). Ein Mitglied der BBI gab an, die BBI benötige dringend weitere Mitstreiter_innen (a. a. O.: 3). Ein weiteres Mitglied problematisierte die geringe Verbindlichkeit eini-

30 Die Struktur und Historie der BBI wurde bereits im 2. Kapitel beschrieben, sodass hier keine Wiederholung erfolgt.

ger Mitglieder, so gebe es auch Menschen, die sich beispielsweise in den Vorstand wählen lassen und dann nicht mehr auftauchen würden (a. a. O.: 1). Ein weiteres Konfliktfeld war die Frage nach der Rolle der Professionellen in der BBI. Hier reichte das Meinungsspektrum von der Aussage, diese gehörten nicht in die BBI, bis hin zur Feststellung, Professionelle dürften selbstverständlich Mitglied sein (a. a. O.: 1 ff.). Interessanterweise wurde die erste Position ausschließlich von Professionellen und die zweite vor allem von Betroffenen eingenommen. Für meine weitere Forschung war nach dieser AG vor allem die Rolle von Professionellen in Betroffenenvertretungen interessant: Wie dominant bzw. dominierend dürfen sie sein? Geht es um eine Hilfestellung im Sinne einer Ermöglichung und Unterstützung oder eine paternalistische Haltung, die den Betroffenen zeigt, wie man es ‚richtig' macht?

4.1.5 Forderungen und Wünsche

In allen drei Veranstaltungen wurde (mehr) Partizipation von Betroffenen in der Wohnungslosenhilfe gefordert. Konkrete Forderungen und Wünsche wurden ausschließlich in der AG geäußert: Im Kontext zukünftiger BAG-W-Tagungen wurde von Betroffenen gewünscht, wieder Blöcke zum Thema Partizipation anzubieten (TB 1c, Protokoll: 3), und zwar auch solche im geschützten Rahmen nur für Betroffene (a. a. O.: 2). Auch ein zentrales Treffen (mit oder ohne Unterstützung der BAG W) wurde gefordert (a. a. O.: 3). Insgesamt wurde mehr regionale Vernetzung gewünscht (z. B. a. a. O.: 3). Insgesamt wurden auf der BAG-W-Tagung mehr Fragen aufgeworfen als Antworten gegeben. Für mein Forschungsvorhaben bedeutete es, diese Fragen in die Teilnehmenden Beobachtungen, Feldgespräche und Interviews mitzunehmen. Die Ergebnisse werden in den beiden nächsten Abschnitten präsentiert und diskutiert.

4.2 Partizipation in der Praxis

Nach der Rekonstruktion des Diskurses beim Start der vorliegenden Partizipationsstudie werden nachfolgend die Aspekte im Kontext von Partizipation dargestellt, die von Professionellen und Betroffenen in die Interviews und Feldgespräche eingebracht oder in Gremien, AGs und sonstigen Treffen diskutiert wurden. Dabei wird erneut aufgegriffen, was unter Partizipation in der Wohnungslosenhilfe verstanden wird, welche Instrumente, aber auch Hindernisse im Rahmen von Partizipation existieren, welchen Nutzen Partizipation hat, welche Haltung im Feld angetroffen wurde, welche Rolle Macht dabei spielt und ob geschlechtsspezifische Unterschiede identifiziert werden konnten.

4.2.1 Verständnis und Definition von Partizipation

Wie wird Partizipation im Feld der Wohnungslosenhilfe definiert? Dies war eine der Fragen, die mit der vorliegenden Studie beantwortet werden sollten (vgl.

3.1). Dabei interessierte mich neben einer abstrakten Begriffsbestimmung auch die Beschreibung einer konkreten Handlungspraxis, die von den Beteiligten als Nutzer_innenpartizipation verstanden wird. Mehrere Professionelle beschrieben ein Verständnis von Partizipation, das meiner eigenen Festlegung im Laufe der Forschung als ‚Entscheidungsteilhabe' (vgl. 1.2.2) nahekommt. So betonte der Leiter einer niedrigschwelligen Einrichtung, Partizipation sei „Mitbestimmung und Mitspracherecht, nicht Brote schmieren" (I 7, Protokoll: 1; ähnlich ein Sozialarbeiter bei einem Workshop: TB 7, Protokoll: 1). Dabei sei der Entscheidungsspielraum wichtig, sonst hätte Partizipation nur eine Alibifunktion. Als Beispiel für Letzteres nannte er die Mitbestimmung bei der Entscheidung, ob ein Raum grün oder blau gestrichen werden solle (a. a. O.; ähnlich I 36, Mitschrift: 1). Noch darüber hinaus ging eine Sozialarbeiterin in einem Workshop, die im Falle von Gremiensitzungen nur bei einer paritätischen Besetzung mit Professionellen und Betroffenen von Partizipation sprechen will (TB 7, Protokoll: 1). Ein interviewter Streetworker, der Partizipation auch aus der Praxis der Jugendhilfe kennt, mochte den Begriff erst gar nicht auf die Wohnungslosenhilfe anwenden. In seinem jetzigen Job „geht es maximal um die Mitgestaltung des eigenen Alltags" (I 23, Protokoll: 1).

Eine Sozialarbeiterin in einer niedrigschwelligen Einrichtung dagegen war der Ansicht, bereits die Mitgestaltung der Außendarstellung ihrer Einrichtung sei ein partizipatives Element (I 7: Protokoll: 1; ähnlich T 8, FTb: 74). Sie definiert Partizipation also nicht im engeren Sinne von Entscheidungsteilhabe. Ein Referent auf Trägerebene berichtete auf die Frage nach einer möglichen Nutzer_innenpartizipation von dem (erfolgreichen) Versuch, die jährlichen Spendenbriefe von den Betroffenen selbst schreiben zu lassen. Diese seien von den Professionellen unterstützt worden, hätten aber die Prioritäten selbst gesetzt. Die „Vetofrage hat sich gar nicht gestellt" (I 29, Mitschrift: 1).

In mehreren Interviews wurde ‚Partizipation' und ‚Empowerment' von Professionellen synonym gebraucht, z. B. bei der Schilderung von geplanten Kompetenzworkshops als Angebot an die Nutzer_innen (I 17, Protokoll: 1). Ein Einrichtungsleiter bemerkte, die reine Teilnahme an Gruppen- und Freizeitmaßnahmen sei keine Partizipation, würde aber oft von Professionellen als solche verstanden (I 30, Mitschrift: 3). In einem bundesweiten Gremium wurde von einigen Mitgliedern auch die Mitwirkungsverpflichtung im Rahmen der Sozialgesetzbücher als Partizipation verstanden (T 10, Protokoll: 1). Diese Verwechslung von Partizipation mit sanktionsbewehrten Mitwirkungsverpflichtungen wurde in einem Interview mit Mitarbeiter_innen eines Fachverbands problematisiert (I 28, FTb: 135; ähnlich I 16, Protokoll: 2). Partizipation ist nach Ansicht eines Referenten auf Trägerebene „eine vage Konstruktion, die von außen an die Praxis herangetragen" werde (I 33, Mitschrift: 1). Als „neoliberale Scheiße" bezeichnete ein Sozialwissenschaftler den Begriff Partizipation drastisch im Interview (I 27, Protokoll: 1), da hiermit lediglich eine „Bindung erzeugt werden [soll]" (a. a. O.).

Interessant war, dass sowohl Professionelle als auch Betroffene in Interviews und Feldgesprächen die Mitarbeit von Nutzer_innen in den Angeboten der Wohnungslosenhilfe als Partizipation bezeichneten. So engagiert sich ein wohnungsloser Nutzer in einem Tagesaufenthalt u. a. durch die Verwaltung der Sachspenden und die Organisation einer Frühstücksgruppe und definierte dies als Partizipation. Im Gespräch wurde deutlich, dass er sich mit seiner besonderen Rolle auch von den anderen Besucher_innen abgrenzen will. Durch die Mitarbeit identifiziert er sich mit der Einrichtung und wird für diese unentbehrlich. (FG 23, FTb: 19 f.) Auch Professionelle bezeichneten die Mitarbeit von Nutzer_innen als Partizipation (z. B. T 8, FTb: 75; I 16, Protokoll: 2). Ein (professioneller) Betroffenenvertreter berichtete, dass in einem Wohnheim nach Kündigung des Nachthausmeisters die Bewohner_innen den Dienst übernommen hätten und verortete dies als Partizipation (I 26, Mitschrift: 2). Für eine Sozialarbeiterin aus einem Wohnheim nach §§ 67 ff. SGB XII ist die auch bei ihnen mögliche Mitarbeit im Haus jedoch ein Instrument der Tagesstrukturierung und keins von Partizipation (I 10, Mitschrift: 55; ähnlich I 30, Mitschrift: 3). Kompliziert wird es, wenn ein ehemaliger Nutzer, wie von einer anderen Professionellen geschildert, als Peer-to-Peer Unterstützung leistet. Der immer noch wohnungslose Mann nehme an Teamsitzungen teil und kann so die Hilfe mitgestalten. (I 6, FTb: 41) Ist das Partizipation - oder wäre es das nur, wenn er selbst noch dort wohnt *und* Entscheidungen mittreffen kann?
Letztlich haben die unterschiedlichen Definitionen und Verständnisse von Partizipation im Feld gezeigt, wie diffus der Begriff ist bzw. wie viele Deutungsmöglichkeiten er bietet. Zudem wurde klar, dass auch der Gegenstand der Verhandlung sowie Spielraum der Nutzer_innen eine Rolle spielt, wenn eine Handlungspraxis in den Kontext von Partizipation gestellt wird.
Nachfolgend werden Partizipationsinstrumente vorgestellt und analysiert, die in den Interviews und Feldgesprächen beschrieben wurden. Die Darstellung ist anhand der verschiedenen Ebenen von Partizipation (vgl. 2.2.1) strukturiert.

4.2.2 Partizipationsinstrumente: Ebene individuelle Fallgestaltung

An erster Stelle wurde von mehreren Sozialamtsmitarbeiter_innen das Wunsch- und Wahlrecht der Betroffenen in den Hilfen nach §§ 67 ff. SGB XII als Partizipationschance benannt. Die Leiterin einer Fachstelle beim Sozialamt erklärte, die Leistungsberechtigten könnten frei aus den Angeboten entscheiden. Ihres Erachtens würde alles andere „sowieso schiefgehen" (I 36, Mitschrift: 1). Einschränkungen gebe es nur bei psychisch Erkrankten, die in einer akuten Krise eventuell keine gute Einschätzung ihrer Situation vornehmen könnten (a. a. O.). In einem anderen Interview mit zwei Sozialarbeiter_innen eines Sozialamts wurde allerdings betont, dass die Klient_innen zwar ein Wunsch-, aber nur ein eingeschränktes Wahlrecht hätten. So würde der Hilfetyp vom Sozialamt festgelegt, die Leistungsberechtigten könnten dann unter den entsprechenden Angeboten auswählen. (I 19, Protokoll: 1)

Das häufigste Partizipationsinstrument, das in Interviews und Feldgesprächen auf der Ebene der individuellen Fallgestaltung genannt wurde, war das Hilfegespräch im Rahmen der Hilfeplanung nach §§ 67 ff. SGB XII. Hilfegespräche gebe es regelmäßig zwischen den jeweiligen Bezugsbetreuer_innen und den Nutzer_innen (z. B. I 2, FTb: 27 f.; I 3, FTb: 31). Bei Konflikten ist in einem Wohnheim auch die Heimleitung dabei (I 2, FTb: 27). Lediglich eine interviewte Sozialarbeiterin berichtete, es gebe keinen regelmäßigen Turnus der Hilfegespräche, dies würde individuell durch die Bezugsbetreuer_innen festgelegt. Auch fachlich gebe es keine Vorgaben. (I 5, Protokoll: 1) Als Partizipationsinstrument wurden die Hilfegespräche von den Professionellen bezeichnet, da versucht würde sich an den Wünschen ihrer Nutzer_innen zu orientieren. Als Beispiel nannte eine Sozialarbeiterin die akzeptierte Ablehnung einer Eingliederungshilfe durch eine Nutzerin gegen das fachliche Votum der Professionellen (FG 6, FTb: 45; ähnlich I 16, Protokoll: 3).

In einem Gruppeninterview mit Wohnheimbewohnerinnen beschrieben diese die wöchentlichen Hilfegespräche mit ihren Sozialarbeiterinnen sehr positiv. Ihre eigene Einschätzung werde gehört und anerkannt. Die Hilfeplanung sei ein gemeinsamer Prozess, und sie könnten die Berichte an das zuständige Sozialamt gegenlesen mit der Möglichkeit der Veränderung. (I 12, Protokoll: 2) Ein Sozialarbeiter eines anderen Wohnheims nach §§ 67 ff. SGB XII benutzte in diesem Zusammenhang den Begriff der „Nutzer_innenkontrolle“ (I 22, Protokoll: 1). So würden die Nutzer_innen „ihren eigenen Unterstützungsprozess mitgestalten“ (a. a. O.). Dieses Angebot wird jedoch nicht von allen Nutzer_innen der Hilfen nach §§ 67 ff. SGB XII genutzt, wie mehrere Professionelle aus anderen Hilfeangeboten schilderten (z. B. I 5, Protokoll: 1).

Im Rahmen der Hilfeplanung in den Angeboten nach §§ 67 ff. SGB XII gibt es neben den regelmäßigen Hilfegesprächen das Instrument der Hilfekonferenz. Ein Wohnheimleiter berichtete, diese würden sowohl vom Sozialhifeträger als auch von den Bezugsbetreuer_innen eingefordert werden (I 3, FTb: 31). Ein anderer Interviewter erzählte dagegen, dass diese vonseiten der Sozialhilfeträger nicht bzw. lediglich als (nicht bezahlte) „Starterhilfekonferenzen“ initiiert würden (I 2, FTb: 28). Die Leiterin einer Fachstelle beim Sozialamt erklärte, Hilfekonferenzen seien bei Verlängerungsanträgen bzw. –fälligkeiten in ihrem Amt vorgeschrieben (I 36, Mitschrift: 1). Immer sind in den Hilfekonferenzen Sozialhilfeträger, Leistungserbringer und Nutzer_in dabei. Gegebenenfalls seien auch gesetzliche Betreuer_innen anwesend (z. B. I 2, FTb: 28; I 10, FTb: 57), manchmal auch Pflegedienste (I 2, FTb: 28).

Der Einbezug der Betroffenen durch die Sozialarbeiter_innen des Sozialhilfeträgers im Sinne einer Entscheidungsteilhabe wird von den Interviewten Freier Träger durchweg als sehr unterschiedlich beschrieben. Die Spannbreite bewege sich zwischen Ignorieren der Betroffenen und einem aktiven Einbezug (z. B. I 2, FTb: 28; I 5, Protokoll: 1). Eine Sozialarbeiterin eines anderen Wohnheims berichtete, ihre Klient_innen seien bei diesen Terminen oft sehr aufgeregt. Sie würden in der Sitzung oft sagen, sie hätten alles verstanden; in den Gesprächen direkt danach oder

am nächsten Tag würde jedoch deutlich werden, dass dies nicht immer der Fall sei. (I 10, FTb: 57) Auch die Leiterin einer Fachstelle beim Sozialamt nimmt oft wahr, dass bei den Hilfekonferenzen alle Professionellen in „ihrer Sprache sprechen" würden und auch durch ihre Überzahl meist schon in einer machtvollen Position seien. Sie selbst versuche, ein „Fachchinesisch" (I 36, Mitschrift: 1) zu vermeiden. Interessant war, dass mir in den Interviews nur vom Auftreten und Handeln der Sozialamtsmitarbeiter_innen und der Nutzer_innen berichtet wurde. Wo bleiben die Bezugsbetreuer_innen – gestalten sie die Hilfekonferenz nicht mit? Eine Sozialarbeiterin berichtete, sie gehe gern zu Hilfekonferenzen, da die Sozialamtsmitarbeiter_innen nicht so emotional seien wie sie. Sie begreife die Hilfekonferenzen als Korrektiv ihres eigenen Vorgehens. (I 5, Mitschrift: 1) Von der Nutzung der Hilfekonferenzen als Beteiligungsinstrument ist in ihrem Interview nicht die Rede.
In Gesprächen mit Nutzer_innen gab es zum Thema Hilfekonferenzen unterschiedliche Reaktionen. Ein langjähriger Klient eines Wohnheims, der unter gesetzlicher Betreuung steht und mir als ‚psychisch krank' von der Einrichtung präsentiert wurde, kann sich an Hilfekonferenzen nicht erinnern (FG 4, FTb: 39). Im Gruppeninterview mit den Bewohnerinnen eines Wohnheims wurden die Hilfekonferenzen dagegen sehr positiv erinnert und beschrieben. Man würde nicht *über* sie sprechen, sondern *mit* ihnen. Zitat einer älteren Bewohnerin: „Wir sind zwar wohnungslos, aber nicht hirnlos" (I 12: Protokoll: 2).
Im Kontext der Hilfen nach §§ 67 ff. SGB XII scheint der Umgang mit dem partizipativ angelegten Instrument Hilfekonferenz somit sehr unterschiedlich zu sein. Von Instrumentalisierung über Anhörung bis hin zu Mitbestimmung (vgl. Partizipationsstufen in 2.2.3) wurde in den Interviews und Feldgesprächen berichtet. In diesem Zusammenhang weist ein Referent auf Trägerebene auf die bestehenden gesetzlichen Regelungen in den Hilfen nach §§ 67 ff. SGB XII hin, die Partizipation zwar vorsähen, aber nicht expliziter ausführen würden. In der Praxis würde diese daher nicht immer gelebt werden. (I 29; Mitschrift: 1) In ordnungsrechtlichen Unterkünften ist eine Hilfeplanung nicht oder nur eingeschränkt möglich. Sie sei im Angebot nicht vorgesehen, wie ein Sozialarbeiter erklärte (I 37, FTb: 153). Als „indirekte Partizipation" (I 35, FTb: 146) bezeichnete es ein Sozialarbeiter einer anderen ordnungsrechtlichen Unterkunft, wenn Wünsche abgefragt würden.
Eine Sozialamtsmitarbeiterin berichtete im Interview, so transparent wie möglich zu arbeiten. So telefoniere sie im Beisein der Klient_innen mit einem Freien Träger, ob ein Platz frei sei, und stelle auch das Telefon laut zum Mithören. (I 19, Protokoll: 1) Auch der Sozialarbeiter eines Wohnheims nach §§ 67 ff. SGB XII erzählte, bei Telefonaten mit Dritten über sie könnten die Nutzer_innen dabei sein. Bei den persönlichen Vorsprachen im Sozialamt würden die Nutzer_innen vorab bestimmen, was besprochen werde, dies gelte auch für Rücksprachen mit gesetzlichen Betreuer_innen. (I 22, Protokoll: 1)
In niedrigschwelligen Angeboten der Wohnungslosenhilfe findet Partizipation auf der Ebene der individuellen Fallgestaltung ebenfalls statt. Beispiele sind die Wün-

sche hinsichtlich einer bestimmten Bezugsperson als Ansprechpartner_in bis hin zu einem entsprechenden Wechsel (I 25: Protokoll: 1). Der Mitarbeiter einer ehrenamtlich geführten Einrichtung befragt Nutzer_innen regelmäßig nach ihren Wünschen. Neu eingeführt habe man zudem eine ‚Wunschgruppe' auf Facebook, bei der die Nutzer_innen konkrete Wünsche wie einen Zoobesuch oder Konzertkarten äußern, die dann von Dritten erfüllt werden könnten. (I 34, FTb: 146)

4.2.3 Partizipationsinstrumente: Ebene Leistungserbringung

Klassisches Partizipationsinstrument auf der Ebene der Leistungserbringung ist ein eingeführtes und geregeltes Beschwerdemanagement. Dies ist jedoch nicht überall vorhanden (z. B. I 2, FTb: 27). Wo es vorhanden ist, wird es häufig nicht genutzt. Beispiele hierfür sind aufgehängte Briefkästen für Beschwerden, Wünsche und Anregungen (z. B. I 3, FTb 32 f.; I 5: Protokoll: 1, I 33, Mitschrift: 1). Sie scheinen also kein für alle Nutzer_innen passendes Instrument zu sein. Hinzu kommt, wie die Nutzer_innen eines Angebots von ihren Beschwerdemöglichkeiten erfahren. Ironisch zitiert ein Bereichsleiter von Angeboten nach §§ 67 ff. SGB XII in diesem Zusammenhang eine imaginäre Konzeption oder Hausordnung: „Punkt 5.4.3: Sie können sich jederzeit beschweren. Punkt 5.4.4.: …" (I 13, Protokoll: 1).
Einige Einrichtungen führen Nutzer_innenbefragungen durch (z. B. I 9, FTb: 50; I 25: Protokoll: 1; I 33, Mitschrift: 1) oder planen die Einführung (z. B. I 23, Protokoll: 2 mit Verweis auf einen Tagesaufenthalt). Allerdings ist kritisch danach zu fragen, ob die Abfragung von Wünschen nur als Alibi dient oder ob die Befragungen tatsächlich ausgewertet und Wünsche berücksichtigt werden. So erklärten zwei ehemalige Bewohner eines Wohnheims nach §§ 67 ff. SGB XII im Feldgespräch, die (damals bereits existierende) Klientelbefragung nicht zu kennen. Für die beiden wäre es aber auch kein geeignetes Instrument. (FG 22, Protokoll: 2) Ein_e Teilnehmer_in einer Sitzung eines regionalen Gremiums erklärte, sie hätten gerade eine Klient_innenbefragung abgeschafft, weil nichts dabei herauskommen sei (T 11, Protokoll: 1). Werden die Nutzer_innen zu Veränderungswünschen bezüglich des Leistungsangebots o. Ä. befragt, ohne letztlich mitentscheiden zu dürfen, ist dies als Anhörung (Stufe 4, Vorstufe der Partizipation) zu identifizieren. Es wird aber auch in einigen Interviews berichtet, dass Wünsche von Nutzer_innen unmittelbar umgesetzt wurden. So gehe die aktuelle Spätsprechstunde einer Beratungsstelle auf den Wunsch von Nutzer_innen zurück (I 25: Protokoll: 1; vgl. I 6: FTb: 42; I 10, FTb: 56).
Vor allen Dingen in Wohnheimen nach §§ 67 ff. SGB XII können Bewohner_innen häufig mitbestimmen, welche Gruppenaktivitäten für die Nutzer_innen angeboten (und finanziert) werden. In einer Einrichtung wird ein- bis zweimal wöchentlich durch die Bewohner_innen gekocht. Es gebe für das Kochen ein Budget von zwei Euro pro Bewohner_in, über das diese frei verfügen könnten. (S 6, Protokoll: 1) Von Mitgestaltungs- und Mitbestimmungsmöglichkeiten im Zusammenhang von jährlich stattfindenden Ferienfreizeiten erzählte der Bereichsleiter eines großen Trä-

gers im Interview. Die Mitarbeiter_innen würden in der Regel vorauswählen, welche Ziele infrage kämen, und die Kosten überschlagen. Die tatsächliche Festlegung des Ziels würde dann aber auf einer Hausversammlung erfolgen, d. h. die Bewohner_innen könnten die endgültige Auswahl treffen. (I 24, Protokoll: 1 f.) Vor allem von Bewohner_innen selbstinitiierte Gruppenaktivitäten scheinen gut angenommen zu werden, während von Professionellen angeregte z. T schnell wieder einschlafen (z. B. I 12: Protokoll: 2).

Im Sinne eines gemeinsamen Aushandlungsprozesses von Leistungen bzw. Angeboten in Wohnheimen nach §§ 67 ff. SGB XII wurden in einem Interview gemeinsame Teambesprechungen von Sozialarbeiter_innen und Betroffenen als good practice benannt (I 26, Mitschrift: 3). Z. T. ist es die gewählte Betroffenenvertretung, die in solchen Teamsitzungen die Interessen der Bewohner_innen vertritt (z. B. T 9). Als Akt der „Selbstermächtigung" (I 26, Mitschrift: 2) wurde die gemeinsame Erarbeitung einer neuen Hausordnung nach Einschätzung eines Professionellen erlebt. Ein Bewohner hätte später formuliert: „Man kann hier atmen und leben" (a. a. O.). Diese Beispiele sind als Mitbestimmung (Stufe 6, Partizipation) zu klassifizieren. Entscheidend sind allerdings auch hier die Spielräume, die im Rahmen einer Mitbestimmung bis hin zu einer Entscheidungsmacht (höchste Stufe der Partizipation) zur Verfügung stehen. Bereits in der ersten Teilnehmenden Beobachtung wurde dies in einem Workshop von einem Professionellen mit dem Beispiel „Spaghetti oder Reis" (TB 1a, vgl. 4.1) treffend beschrieben. Als Ausnahme konnte in der vorliegenden Studie eine Entscheidungsmacht von Betroffenen (höchste Stufe von Partizipation) identifiziert werden: In einem Tagesaufenthalt für wohnungslose Menschen muss laut Satzung mindestens ein Vorstandsmitglied Wohnungslosenerfahrung haben, zum Zeitpunkt des Interviews traf dies sogar auf alle drei zu. Die fest angestellte Sozialarbeiterin sagte im Teaminterview dazu: „Ich war bestimmt die erste Sozialarbeiterin, deren Vertrag von einem Wohnungslosen unterschrieben wurde" (I 18: Protokoll: 1 f.).

Hausversammlungen (in Wohnheimen) bzw. Besucher_innenversammlungen (in ambulanten bzw. niedrigschwelligen Angeboten)[31] sind ein weiteres Partizipationsinstrument auf der Ebene der Leistungserbringung, wobei sie in keiner dieser Angebote gesetzlich vorgeschrieben sind. Der Leiter eines Wohnheims nach §§ 67 ff. SGB XII erklärte, die Hausversammlungen sollten vor allem das tägliche Leben im Haus regeln. Es gebe aber immer einen Top ‚Sonstiges', bei dem eine Themensetzung durch die Bewohner_innen möglich sei. (I 2, FTb: 27) In einer anderen Einrichtung werden Hausversammlungen als Möglichkeit einer „guten und ungefilterten Wahrnehmung, was im Haus passiert", beschrieben (I 3, FTb: 30). Es gehe

31 Zur Anonymisierung werden nachfolgend durchgängig die Begriffe ‚Hausversammlung' und ‚Besucher_innenversammlung' verwandt. Viele Einrichtungen haben hierfür spezifische Termini, die sie jeodch für Insider erkennbar machen würden.

aber immer auch um die Möglichkeit der Nutzer_innen, sich im Haus selbst sowie sozial- und wohnungspolitisch zu engagieren (a. a. O.).
Für einen Bewohner eines Wohnheims sei es bei Hausversammlungen „gut, mal alle zu sehen“ (FG 4, Protokoll: 5). In einem anderen Wohnheim erklärte ein junger Bewohner, sie seien „eher ein Informationsding“ (FG 22, Protokoll: 1) und würden zur Festlegung des Putzplans und ähnlichen Dingen genutzt werden. Sie könnten dort auch Mängel melden oder von Stress im Haus berichten, aber entscheiden würden am Ende die Sozialarbeiter_innen (a. a. O.). Diskutiert würden bei Hausversammlungen vor allem „Belange des Hauses“ (I 12, Protokoll: 1), nicht aber das Leistungsangebot an sich, wie mir in einem Gruppeninterview eines anderen Wohnheims von den Bewohnerinnen berichtet wurde. Auf der anderen Seite hätten sie selbst schon relevante Entscheidungen treffen können, beispielsweise zur (unter bestimmten Umständen erlaubten) Tierhaltung (a. a. O.: 2).
Bis auf zwei Ausnahmen sind alle in den Interviews und Feldgesprächen angesprochenen Hausversammlungen verpflichtend. Die Folgen eines unentschuldigten Fehlens sind meist schriftliche Ermahnungen oder Abmahnungen (z. B. I 4, Protokoll: 1). In einem Wohnheim ohne Teilnahmeverpflichtung wird dagegen ein finanzieller Anreiz für die Anwesenheit gegeben. So wird die Hausversammlung den Bewohner_innen als Arbeitszeit angerechnet und bezahlt. (I 11, Protokoll: 1) In einem anderen Wohnheim gibt es laut interviewtem Sozialarbeiter regelmäßige Hausversammlungen, die freiwillig für die Nutzer_innen seien. Diese Versammlungen seien z. T. sehr produktiv (I 22, Protokoll 1).
In einem Gruppeninterview fragte ich Bewohnerinnen, was sie anders machen würden, wenn sie selbst die (verpflichtenden) Hausversammlungen gestalten dürften. Einige sprudelten los: Kaffee, Kekse und Kuchen, schönes Licht, leise Musik. Über letzteres entspannte sich eine längere Diskussion (gefällt mir/gefällt mir nicht). (I 12, Protokoll: 1) Ihre eigenen Ideen erinnern somit eher an ein geselliges Beisammensein als an ein Instrument der Mitbestimmung im Haus. Bei einem Workshop wurde von einem Referenten in diesem Zusammenhang der Vorschlag gemacht, Hausversammlungen in einen verbindlichen und einen fakultativen Teil zu trennen. Das Ziel Teilhabe müsse grundsätzlich in einem freiwilligen Setting erfolgen. (TB 7, Protokoll: 3)[32]
Auch in Betreuten Wohngemeinschaften (WG) nach §§ 67 ff. SGB XII finden z. T. regelmäßige Treffen der Bewohner_innen statt. Ziel der Treffen ist laut einer Sozialarbeiterin festzustellen, „wie läuft's in der WG?“ (I 20, Protokoll: 1). Oft würde parallel eine Freizeitgestaltung organisiert wie ein gemeinsames Kochen. Bei den Treffen würden aber auch Beschwerden der Bewohner_innen aufgegriffen. (A. a. O.) Im Interview bei einem anderen Träger Betreuter Wohngemeinschaften wurde berichtet, WG-Versammlungen (damals nicht verpflichtend) schon vor fünf

32 Weitere Erkenntnisse zu Hausversammlungen als partizipatives Instrument in Wohnheimen nach §§ 67 ff. SGB XII s. 4.3.

Jahren abgeschafft zu haben. Früher seien sie gut besucht gewesen und auch politische Themen und Aktionen seien diskutiert worden. Heute interessierten sich die Bewohner nicht mehr dafür. (I 16, Protokoll: 2)
Besucher_innenversammlungen in ambulanten bzw. niedrigschwelligen Einrichtungen konnten in den Interviews und Feldgesprächen sehr viel seltener als in Wohnheimen nach §§ 67 ff. SGB XII erfasst werden. In einem Tagesaufenthalt wird in wöchentlichen Treffen darüber abgestimmt, was in der Zukunft gemacht und wie dies finanziert wird. An ihnen nehmen vor allem die Ehrenamtlichen teil, aber auch die Besucher_innen sind explizit eingeladen. (I 18, Protokoll: 1) In einem anderen Angebot wurde berichtet, dass die früher stattfindenden Besucher_innenversammlungen irgendwann eingestellt worden seien, weil „sich nie etwas daraus ergeben [hat]", wie eine Mitarbeiterin erklärte (I 21: Protokoll: 1).
Auch die Einrichtung von Betroffenenvertretungen ist, wie schon die Hausversammlungen, in (teil-)stationären Einrichtungen der Wohnungslosenhilfe nicht vorgeschrieben. Wenn es sie gibt, so stellt sich u. a. die Frage nach deren Funktion. Das erste Mal stoße ich auf das Instrument ‚Betroffenenvertretung' im Interview mit einem damals aktiven Betroffenenvertreter bei einer bundesweiten Fachtagung (I 8). Im Konzept der Einrichtung sei die Partizipation in dieser Form festgeschrieben. So hätten die Bewohner_innen Mitbestimmungsrechte beispielsweise bei Baumaßnahmen und würden bei Konflikten mit dem Personal angehört. Fungieren würde die Betroffenenvertretung als Mittlerin zwischen Professionellen und Nutzer_innen. (A. a. O.; vgl. I 11, Protokoll: 1) In einer gemeinsamen Besprechung von Team und Betroffenenvertretung konnte ich mir später selbst ein Bild machen. So setzte sich die Betroffenenvertretung mit ihren Ideen in einem Aushandlungsprozess auf Augenhöhe z. T. gegen das Votum der Professionellen durch (T 9, Protokoll: 1).
Wer lässt sich warum in eine Betroffenenvertretung wählen? Ein Bewohner eines Wohnheims nach §§ 67 ff. SGB XII, der vorher zehn Monate ohne Unterkunft auf der Straße gelebt hatte, hat sich als Betroffenenvertreter wählen lassen, weil er die Einrichtung insgesamt sehr gut finden würde (FG 13, Protokoll: 2). Die Leiterin der betreffenden Einrichtung formulierte im Interview, die Gewählten empfänden dies als „eine Ehre" (I 11, Protokoll: 1). Die nur passiv Wählenden würden den Akt des Wählens als Mitbestimmung wertschätzen (a. a. O.). Ein Betroffenenvertreter eines anderen Wohnheims bestätigte mir gegenüber diese Sichtweise, für ihn sei das „eine Art Ehrenamt" (FG 11, Protokoll: 3).
Z. T. sind es ehemalige Bewohner_innen, die sich in den Betroffenenvertretungen von Wohnheimen nach §§ 67 ff. SGB XII engagieren. Ein solcher ‚Ehemaliger' ist der Ansicht, dass seine Mitarbeit die Kontinuität wahren und damit zur Stabilisierung beitragen würde (I 8, FTb: 52). Ein späteres Gespräch mit mehreren Bewohnervertretern des Wohnheims ergibt, dass sich an den dort langjährig tätigen Mann sehr viel mehr Bewohner mit ihren Anliegen wenden als an die Neulinge in der Betroffenenvertretung. Es würde aber darauf geachtet, dass nicht nur ehemals wohnungslose Menschen in das Gremium gewählt werden. (FG 13, Protokoll: 1). Nicht

nur das Know-how der Ehemaligen, auch ihre Funktion als ‚Rolemodels' spielen hier eventuell eine Rolle. Manche dieser Engagierten werden – eher diskreditierend gemeint – auch als ‚Berufsbetroffene' bezeichnet (s. 4.2.4).
Grundsätzlich erscheint auch auf der Ebene der Leistungserbringung bedeutsam zu sein, inwiefern Mitbestimmungsmöglichkeiten institutionalisiert, d. h. beispielsweise in Konzeptionen verbindlich geregelt, sind und ihre Umsetzung auch überprüft wird. Die Antwort auf die Frage danach reichte in den Interviews mit Professionellen von der Unkenntnis, ob etwas dazu in Konzeption oder Leitbild ihrer Beratungsstelle stehen würde (I 25, Protokoll: 1) bis zu einem mehrseitigen, mit den Bewohner_innen entwickelten Partizipationskonzept eines Wohnheims nach §§ 67 ff. SGB XII (I 8, FTb: 56). Gefordert wurde eine Institutionalisierung im Sinne gesetzlicher Bestimmungen in der Wohnungslosenhilfe u. a. von mehreren Teilnehmenden eines regionalen Gremiums zum Thema Partizipation (T 5, FTb: 62).

4.2.4 Partizipationsinstrumente: Ebenen Kommunale Sozialplanung und Gesetzgebung

Die beiden Ebenen Kommunale Sozialplanung und Gesetzgebung sind eng miteinander verwandt. Sie werden hier zusammengefasst, da in den Interviews und Feldgesprächen hierzu keine Unterscheidungen von den Gesprächspartner_innen gemacht wurden. Interessiert hat mich vor allem, inwiefern sozial- und wohnungspolitisch engagierte wohnungslose Menschen im Allgemeinen und Betroffeneninitiativen im Speziellen von der professionellen Wohnungslosenhilfe unterstützt werden.
Bemerkenswert war, dass von Beginn der Forschung an zwei vermeintlich widersprüchliche Haltungen identifiziert werden konnten. Im Interview mit Mitarbeiter_innen eines Fachverbands wurde geäußert, Betroffene würden in diesen Kontexten von Professionellen oft „ausgenutzt und instrumentalisiert" werden (I 28, FTb: 136). So würden sie „manipuliert und zu Tagungen geschleppt" (a. a. O.). Dies findet auch ein Sozialwissenschaftler, der es oft als Alibihandlung wahrnimmt, wenn Vertreter_innen aus Betroffeneninitiativen in solchen Kontexten auftreten (I 27, Protokoll: 1). Auch Betroffene äußerten in einem Forum bei einer Fachtagung, sie seien z. T. nur Alibi bzw. würden „unter den Teppich gekehrt" (TB 1c, Protokoll: 1). Aus diesen Einschätzungen kann die Vermutung herausgelesen werden, dass Betroffene in diesen Fällen gar nicht ermächtigt werden sollen sich auf fachpolitischer Ebene einzumischen, sondern die Interessen der Professionellen vertreten sollen. Auf der anderen Seite wurde mehrfach von Professionellen infrage gestellt, dass die Betroffeneninitiativen überhaupt ein ‚Mandat' hätten. So existiere keine „repräsentative Betroffenenvertretung" (I 28, FTb: 136), daher könnten Menschen aus Betroffeneninitiativen auch nicht dieselbe Macht haben wie die professionellen Vertreter_innen (a. a. O.; ähnlich ein Referent auf Trägerebene: I 33, Mitschrift: 1). Als Beispiel wurde in dem Interview die Nationale Armutskonferenz (nak) angeführt, die genau auf Repräsentativität achte „und nicht auf einen Forderungskatalog von auf Zuruf zusammengekom-

menen Menschen mit Armutserfahrungen reagiere“ (a. a. O.). Es fragt sich allerdings, wo der Unterschied zu beispielsweise Vertreter_innen aus Wohlfahrtsverbänden in Entscheidungsgremien liegt. Hat jedes Mitglied bzw. jede_r Mitarbeiter_in die Entsendung einer Person in ein Gremium mandatiert oder die Einstellung der jeweiligen Geschäftsführer_innen bzw. Referent_innen beschlossen, die sie für diese Rolle prädestinieren? Und wie repräsentativ sind Vertreter_innen aus der Wissenschaft, die in Fachgremien oder Ausschüsse berufen werden?
Für einen Referenten auf Trägerebene ist es sinnvoller regionale Prozesse anzustoßen als, wie bei der BAG W, Betroffeneninitiativen in deren reguläre Gremienarbeit einzubinden (I 15, Protokoll: 1 f.; ähnlich I 29, Mitschrift: 1). Er spricht sich für eine Politisierung aus, aber „dann wird’s ungemütlich, das müssen wir aushalten“ (a. a. O.: 2). Frühere Öffentlichkeitsaktionen von wohnungslosen Menschen wie beispielsweise eine in Süddeutschland, bei der eine Ladung Mist vor dem Rathaus ausgekippt worden war, seien sinnvoller, als das Thema immer nur auf das Hilfesystem hin zu reflektieren (a. a. O.). Wie ein (professioneller) Betroffenenvertreter berichtete, könnten aus gemeinsamen Protestaktionen von Professionellen und Betroffenen auch lokale Betroffeneninitiativen entstehen (I 26, Mitschrift: 2). In einer Beratungsstelle, die eine lange aktivistische Vergangenheit auf der fachpolitischen Ebene hat, wird die Einbindung der Nutzer_innen in Proteste zz. dagegen regelrecht „vergessen“ (I 25, Protokoll: 1).
Eine im Forschungsprozess schnell aufgetauchte Frage war die nach der Rolle von Professionellen in Betroffeneninitiativen. Welche Rollen können, sollen bzw. müssen sie dort einnehmen? Wo ist ihre Rolle unterstützend, wo eher kontraproduktiv? Grundsätzlich werden hier sehr uneinheitliche Positionen vertreten. Neben der Gefahr einer Instrumentalisierung von Betroffenen (s. o.) wurde von einem Misstrauen vieler wohnungsloser Menschen gegenüber Professionellen berichtet (so z. B. ein Betroffener, S 5, FTb: 54; vgl. T 12, FTb: 134). Für einen (professionellen) Betroffenenvertreter ist das „Auseinanderklamüsern“ (I 26, Mitschrift: 2) von Professionellen und Betroffenen dagegen nutzlos, da es nur „graduelle Unterschiede“ (a. a. O.) in ihrer Betroffenheit von Exklusion gebe. Dies sieht ein Einrichtungsleiter anders, denn er als Professioneller hätte ja noch „den Rettungsring und die Methoden“ (I 30, Mitschrift: 2). Er erlebe zudem, dass Betroffene manchmal die Professionellen „in die eigene Rolle [zurückpfeifen] würden“ (a. a. O.: 3). Letzteres wird auch (stolz) von Betroffenenseite berichtet, wenn anfragende Professionelle schon mal von Treffen explizit ausgeladen werden (E-Mail eines Betroffenenvertreters, FTb: 24). Basis für die Einschätzung der Rolle von Professionellen ist oft das Verhalten Einzelner. So berichtete ein ehemals wohnungsloser Mann von einem „fast diktatorisch[en]“ Umgang eines Professionellen mit „seinen Wohnungslosen“ (T 2, FTb: 6; vgl. I 27, Protokoll: 1). Von einem unabgestimmten Vorgehen eines Professionellen berichtete auch ein Betroffenenvertreter (E-Mail, FTb: 11).
Gleichzeitig wird auch aus Sicht wohnungsloser Menschen deutlich, dass Professionelle in Betroffeneninitiativen gebraucht werden, um angemessene Rahmenbedingungen wie Räume, Finanzierung von Reisekosten etc. zu schaffen. Eine „Steuerung

von oben“ (S 5, FTb: 54) müsse dabei allerdings verhindert und die Autonomie der Betroffenen gewahrt werden. Ein Sozialwissenschaftler bezeichnete sich in diesem Kontext als „Anstifter“, der Handlungsfähigkeit herstellen wolle (I 27, Protokoll: 2): „Ich organisiere Räume und ermögliche Strukturen“ (a. a. O.). Lediglich ein (professioneller) Betroffenenvertreter betonte im Interview, „wir brauchen den ganzen wohlfahrtlichen Kram nicht“ (I 26, Mitschrift: 1). Ein Einrichtungsleiter sagte zur Rolle der Professionellen, es müsse eine permanente Rückbindung an die Betroffenen geben. Man dürfe also keine Ansichten als Betroffenensicht nach außen tragen, die von diesen gar nicht geteilt würden.

Professionell organisiert werden seit 2016 die sogenannten Sommercamps (vgl. Kap. 2, Praxisbeispiel 8). Mit ihnen sei eine „Plattform geliefert worden, um Selbstbestimmung zu ermöglichen“ (I 27, Protokoll: 2). Die Abschlusserklärung sei von etwa einem Drittel der Nutzer_innen aktiv mitformuliert worden (a. a. O.). Teilnehmende der beiden Sommercamps 2016 und 2017 äußerten sich in einem Feldgespräch sehr positiv. Neben den vielen Angeboten wurde von mehreren Bewohnervertretern eines Wohnheims nach §§ 67 ff. SGB XII auf die angenehme Atmosphäre, aber auch die Freiheit bei der Auswahl der Workshops etc. hingewiesen (FG 13, Protokoll: 1).

Im Zusammenhang mit der Rolle von Professionellen in Betroffeneninitiativen tauchte in Interviews und auf Tagungen der Begriff der ‚Berufsbetroffenen‘ auf. Er wird meist verwandt, wenn Professionelle sich als Betroffene gerieren bzw. für diese sprechen (z. B. E-Mail eines Betroffenenvertreters, FTb: 69), aber auch, wenn (ehemals) wohnungslose Menschen sich auf sozial- und wohnungspolitischer Ebene oder im Rahmen von Betroffenenenvertretungen in Einrichtungen profilieren (z. B. I 9, FTb: 49; I 11, Protokoll: 2). Ehemals wohnungslose Menschen hätten eine „starke Position im System“ (I 11, Protokoll: 2), was auch zu Problemen führen könnte, wenn neue Interessierte dadurch kaum eine Chance hätten, wie die Leiterin eines Wohnheims nach §§ 67 ff. SGB XII äußerte (a. a. O.; ähnlich ein anderer Einrichtungsleiter, I 30, Mitschrift: 4 sowie ein Betroffener, TB 1b, Protokoll: 2).

Auch in gemischten regionalen AGs, Foren und Gremien können sich Betroffene einbringen. Der Bereichsleiter eines großen Trägers berichtete von Stadtteilkonferenzen, zu denen einige Nutzer_innen hingingen. Als etwas Besonderes beschreibt er ein fachpolitisches Festival, bei dem wohnungslose Menschen aktiv mitgewirkt hätten. Einige hätten auch später die AG-Ergebnisse im Plenum vorgestellt. (I 24, Protokoll: 2) Ein Referent auf Trägerebene erzählte im Interview von einer halbjährlich stattfindenden überregionalen Veranstaltung, bei der wohnungslose Menschen mit Professionellen diskutieren. Hierbei könne es um Dinge wie Brandschutz in den Einrichtungen gehen, aber auch um sozial- und wohnungspolitische Themen. Die Veranstaltungen würden von einer Vorbereitungsgruppe organisiert, zu der jeweils Betroffene und Professionelle eingeladen werden. Die Veranstaltung selbst würde dann auch gemeinsam moderiert werden. (I 15, Protokoll: 1) Die Leiterin einer Fachstelle beim Sozialamt berichtete von Überlegungen eines fachpolitischen Arbeitskreises, wie man wohnungslose Menschen dort integrieren könnte (I 36, Mitschrift: 1). Ein Sozialarbeiter eines Wohnheims nach §§ 67 ff. SGB XII berichtete von einem Fachtag, der gemeinsam mit Nutzer_innen vorbereitet und gestaltet wurde (I 22, Protokoll: 2).

Auch als passiv Teilnehmende gehen Betroffene auf Tagungen und zu Workshops, wobei die Kosten in der Regel von den Verbänden bzw. Trägern finanziert werden (z. B. I 15, Protokoll: 1). In einem Interview mit Sozialarbeiter_innen eines Sozialamts wurde allerdings zunächst verblüfft auf meine Frage zur möglichen Finanzierung von Kosten für Fachtagungen u. Ä. reagiert. Einen solchen Fall hätten sie noch nie gehabt. Eigentlich müsse dies aber über SGB XII, Leistungen zur Teilhabe, oder sogar ALG II (Aktivierungsmaßnahmen) möglich sein. (I 19, Protokoll: 2) Für eine Sozialarbeiterin einer ambulanten Hilfe nach §§ 67 ff. SGB XII ist ein sozial- und wohnungspolitisches Engagement ihrer Klient_innen kein Thema. Zu Tagungen und Kongressen oder Gremien gingen die Professionellen, ihr würde auch niemand einfallen, der Interesse haben könnte. (I 20, Protokoll: 2) Ein Streetworker berichtete, es gebe in der Kommune keine AG und kein Gremium, in dem sich Betroffene engagieren könnten. Einzelne gingen manchmal bis zum Oberbürgermeister, der dann die ganze „Maschinerie anwerfe“ (I 23, Protokoll: 1), aber da gehe es immer um den eigenen Fall.

Neben der Mitarbeit in institutionalisierten Betroffeneninitiativen oder gemischten Gremien und AGs findet Partizipation auf den Ebenen Kommunale Sozialplanung auch in anderer Form statt. So berichtete die Fachstellenleiterin eines Sozialamts, dass wohnungslose Menschen in die Planung eines neuen kommunalen Obdachs einbezogen wurden, indem sie zu ihren Wünschen befragt wurden. Auch bei einer zum Zeitpunkt des Interviews anstehenden Planung einer Einrichtung nach §§ 67 ff. SGB XII überlege die Kommune, ob akut wohnungslose Menschen einbezogen werden könnten. (I 36, Mitschrift: 1) In beiden Fällen handelt es sich um die Anhörung von Betroffenen (Stufe 4, Vorstufe der Partizipation), da diese nicht mitentscheiden dürfen.

Ein sozial- und wohnungspolitisches Engagement von Betroffenen im Sinne von Entscheidungsteilhabe kann in den geordneten Bahnen legaler Strukturen, aber auch im Sinne zivilen Ungehorsams erfolgen. So entstand die jetzige ‚PlattenGruppe‘ in Berlin aus einer Besetzung (vgl. Kap. 2, Praxisbeispiel 7). Bereits vor der Wende war die Gruppe ‚Dynamische Obdachlose‘ in einem Tagesaufenthalt gegründet worden. Eine Nachfolge-Gruppe mit mehr als zehn Aktiven besetzte dann medienwirksam ein leerstehendes Haus, nach dem Motto „das dauert uns alles zu lange“ (I 16, Protokoll: 1), wie sich ein interviewter Professioneller erinnerte. Ein wichtiges Erfolgskriterium sei damals die Umbruchsituation nach der Wende sowie die Unterstützung durch Bezirks- und Landespolitiker_innen gewesen (a. a. O.). Auch der Verein Unter Druck e. V. (vgl. Kap. 2, Praxisbeispiel 4) konnte Anfang der 1990er Jahre die besondere politische Situation nutzen. Entstanden aus der Theatergruppe ‚Ratten 07‘ wurde von Professionellen und Betroffenen ein Verein gegründet, der nach den Erinnerungen eines Gründungsmitglieds von der Verbundenheit untereinander jenseits der Grenzen Professionelle/Betroffene lebte (I 14, Protokoll: 1). Er als Sozialarbeiter sei beflügelt gewesen von der Idee in diesen Umbruchzeiten: „Da geht was“ (a. a. O).

4.2.5 Hindernisse von Partizipation und ihre Überwindung

Hindernisse, Nutzer_innen der Wohnungslosenhilfe an Entscheidungen partizipieren zu lassen, nahmen häufig einen großen Teil der Interview- und Gesprächszeiten ein, aber auch Möglichkeiten ihrer Überwindung bzw. Voraussetzungen von Partizipation waren für die Befragten ein wichtiges Thema. Sehr viele der interviewten Professionellen betonten, sie könnten die Partizipation ihrer Nutzer_innen aufgrund der Rahmenbedingungen ihrer Arbeit nicht oder nicht ausreichend gewährleisten. Im Vordergrund standen fehlende Ressourcen wie Zeit (z. B. I 17, Protokoll: 1; TB 7, Protokoll: 1), aber auch Räumlichkeiten, Personal und Finanzen (z. B. T 8, FTb: 74; I 28, FTb: 136). Ein Referent auf Trägerebene erklärte in diesem Zusammenhang, die Arbeitsbedingungen in der Wohnungslosenhilfe seien geprägt von verwaltungsdominiertem Handeln (I 15, Protokoll: 2). Die Einbindung von Betroffenen koste Zeit, Partizipation müsse daher als Teil der Aufgabe definiert werden (a. a. O.: 1; ähnlich I 30, Mitschrift: 4).

Ein Sozialarbeiter in einer ordnungsrechtlichen Unterbringung argumentierte, das Setting dieser Hilfe würde Partizipation von vornherein verhindern. So sei schon der Einzug ins Haus ein „Eingriff in Selbst- und Mitbestimmung“ (I 37, FTb: 151), denn das Sozialamt entscheide vorab, wer einziehen dürfe und ob ein Einzel- oder Mehrbettzimmer finanziert werde. Ein anderer Sozialarbeiter argumentierte, in ordnungsrechtlicher Unterbringung könne man offener für Hilfeverläufe sein, da es keinen Erfolgszwang wie in den Hilfen nach §§ 67 ff. SGB XII gebe (I 35, FTb: 148). Allerdings sei die nur auf Zeit angelegte Hilfe ein Argument gegen zu viel Partizipation der Nutzer_innen. So könnte diese zu einer längerfristigen Bindung ans Haus führen, was seitens der Professionellen gar nicht gewollt sei. (A. a. O.: 147; ähnlich für einen Tagesaufenthalt I 21, Protokoll: 1)

Aber auch die Hilfe im Rahmen von §§ 67 ff. SGB XII ist laut einem interviewten Sozialarbeiter nicht partizipativ angelegt. Durch die Umstellung auf Tagessatzfinanzierung gebe es heute eine „klare Individualisierung“ (I 16, Protokoll: 2), dadurch hätte sich der gesamte Ansatz seiner früher selbstverwalteten Einrichtung verändert. Ein solches Angebot passe nicht mehr in die heutigen Schubladen von Leistungstypen. (A. a. O.) Noch schwieriger ist Nutzer_innenpartizipation für EU-Bürger_innen umzusetzen, wie eine Sozialarbeiterin im Interview feststellte. Zwar könnten deren Wünsche durch die Professionellen erhoben werden, eine Umsetzung sei aus rechtlichen Gründen jedoch meist nicht möglich (I 32, FTb: 144). Fast zynisch klingt in diesem Zusammenhang die Sozialarbeiterin eines Sozialamts, die auf die Frage von Partizipationschancen ihrer Klientel erklärte, dass EU-Bürger_innen sich entscheiden könnten, in welchem Land sie wohnungslos sein wollten - z. B. in Deutschland und nicht woanders (I 19, Protokoll: 1).

Ebenfalls mit dem Setting der Hilfe hat das Argument mehrerer Professioneller zu tun, Partizipation könne sich nur in konstant zusammengesetzten Gruppen entwickeln, eine hohe Fluktuation der Nutzer_innen sei dementsprechend ein großes Hindernis (z. B. I 25, Protokoll: 1; FG 6: FTb: 45). Auch der Referent eines Fachverbands sieht die oft nur kurze Aufenthaltsdauer in der Wohnungslosenhilfe als Hindernis an. Dies führe (problematisch) dazu, dass ehemalige Wohnungslose [auf den Ebenen Leistungserbringung sowie Kommunale Sozialplanung und Gesetzgebung, SG] einen Großteil der Aktiven ausmachten. (T 10, Protokoll: 1).
In mehreren Interviews wurde allerdings der Verdacht geäußert, die Rahmenbedingungen und Strukturen der Arbeit würden z. T. nur als Alibi genutzt, um keine Partizipation der Nutzer_innen ermöglichen zu müssen. So würden Leitbild und Praxis oft kollidieren, wie bei einem regionalen Gremium geäußert wurde. Es komme beispielsweise zu „vorauseilendem Gehorsam" (T 11, Protokoll: 1), um etwas im Hilfeplangespräch ohne echten Einbezug der Betroffenen schnell „abhaken zu können" (a. a. O.) Ein interviewter Referent auf Trägerebene berichtete, das Thema Partizipation „hängt nicht so hoch" in seinem Umfeld (I 33, Mitschrift: 1). Versuche, das Thema in Gremien einzubringen, scheiterten bisher, da andere Themen für die Kolleg_innen Priorität hätten (a. a. O.). Ganz offen formulierte der Leiter einer niedrigschwelligen Einrichtung, sein Auftrag sei die „Versorgung Wohnungsloser und Stadtarmer" (I 7: Protokoll: 1). Dieser Auftrag schließt Partizipation seiner Ansicht nach aus. Dagegen wird von einem Teilnehmer eines regionalen Gremiums darauf hingewiesen, Partizipation sei in niedrigschwelligen Einrichtungen einfacher umzusetzen als in Angeboten nach §§ 67 ff. SGB XII, weil sie nicht so reglementiert seien (T 11, Protokoll: 1). In vielen Interviews werden die identifizierten Hindernisse also vor allem der eigenen Einrichtung bzw. der eigenen Angebotsform zugeschrieben, während andere Hilfen sehr wohl Partizipationschancen eröffnen könnten.
Neben den hinderlichen Strukturen und Rahmenbedingungen der Arbeit wurde sehr häufig von den Professionellen auf die Multiproblemlagen der Betroffenen hingewiesen, die ihre Partizipation erschweren würden (z. B. I 28, FTb: 135; I 35, FTb: 148). Die Mitarbeiterin einer niedrigschwelligen Einrichtung stellte fest, dass Partizipation die Menschen auch überfordern könnte, sie seien oft „ganz weit unten" (T 8, FTb: 74; ähnlich I 21, Protokoll: 1). Der Bereichsleiter eines Trägers ist sogar der Ansicht, Anforderungen wie Teilnahme und Teilhabe würden einige Betroffene vertreiben; dies sei ihnen „zu eng" (I 24: Protokoll: 2) und sie verließen deshalb die Einrichtung oder sogar gleich die Stadt. Partizipation gelingt seiner Ansicht vor allem dort, wo ein langfristiger Unterstützungsprozess von den Betroffenen gewollt wird (a. a. O.). Neben dem Argument der Multiproblembelastung vieler Betroffener wurde vor allem auf die Schwierigkeit hingewiesen, Nutzer_innen mit psychischen Erkrankungen zur Partizipation zu motivieren (z. B. I 2, FTb: 27; I 10, FTb: 56).
Es stellt sich allerdings die Frage, ob das fehlende Angebot von Partizipationsmöglichkeiten in den genannten Fällen ein Schutz der Betroffenen ist oder eher vorauseilend deren fehlenden Willen oder Ressourcen voraussetzt. So argumentierte ein

Sozialarbeiter einer ordnungsrechtlichen Unterbringung, er würde die Bewohner_innen nicht zu Aktivitäten auf politischer Ebene motivieren, weil sie kein Interesse daran hätten (I 37, FTb: 151). Auch wurden mir in einer anderen ordnungsrechtlichen Unterkunft zunächst Partizipationschancen präsentiert, die, auf Nachfrage mitgeteilt, aber noch nie konkret angeboten worden waren (I 38, FTb: 156; ähnlich I 17, Protokoll: 1). Es bestehen also z. T. Möglichkeiten, die nicht genutzt werden, weil sie nicht bekannt sind. Auch eine wohnungslose Frau beschwerte sich in einem regionalen Gremium, dass es schwer gewesen sei, überhaupt an Informationen über die AG zu kommen (T 16, FTb: 161; vgl. TB 1b, Protokoll: 2).

Ein Streetworker ist der Ansicht, „die Klienten sind vor allem damit beschäftigt, ihr eigenes Leben in den Griff zu bekommen" (I 23, Protokoll: 1). Allerdings könne man die schwierige Lebenslage vieler wohnungsloser Menschen auch gewinnbringend nutzen. So hätten viele Menschen lange Phasen von Autonomie und Selbstbestimmung erlebt. Wenn sie dann scheitern und wohnungslos werden, könnte bzw. sollte man ihre Erkenntnisse als Ressource nutzen. (A. a. O.: 2) Ein Einrichtungsleiter will die Multiproblemlagen der Betroffenen ebenfalls nicht als Hindernis gelten lassen: „Die Wohnungslosenhilfe hat es mit extremen Lebenssituationen zu tun – wenn nicht dort Partizipation ermöglichen, wo sonst?" (I 30, Mitschrift: 1). Eine Sozialamtsmitarbeiterin stellte in diesem Zusammenhang selbstkritisch im Interview fest, dass die Hilfe von der Antragstellung an sehr defizitorientiert sei. So würde den Klient_innen nicht viel zugetraut, auch nicht der Wunsch nach mehr Partizipation. (I 19, Protokoll: 2) Auch ein Einrichtungsleiter hält diesen Blick auf die eigene Klientel für ein Hindernis von Partizipation. Professionelle würden immer denken: „Ich muss das regeln" (I 30, Mitschrift: 4). Eher paternalistisch mutet die Vorstellung an, Professionelle hätten bessere Entscheidungskriterien als Betroffene. So wurde beispielsweise bei einem Fachtag diskutiert, dass die Mitbestimmung der Nutzer_innen eines Angebots bei der Einstellung von neuen Kolleg_innen aus diesen Gründen nicht möglich wäre (S 2, FTb: 11). Allerdings wählen auch Mitarbeiter_innen und Vorgesetzte bei Bewerbungen nicht nur nach fachlichen Gesichtspunkten aus: Wie viel kostet uns die_der Neue? Wird internen Bewerber_innen vielleicht der Vorzug gegeben? Und warum ist Sympathie für meinen späteren Bezugsbetreuer eigentlich ein schlechteres Kriterium?

Betroffene fassten bei einer Tagung zusammen, die Einrichtungen seien „nicht teilhabebereit" (Tb 1b, Protokoll: 2). Auch zur (beobachteten) Tagung seien trotz des prominenten Themas Partizipation nur wenige Betroffene gekommen. Vermutet wurde, dass die Träger zu wenig auf Betroffene ausgerichtet seien und diese nicht zur Teilnahme motiviert hätten. (Tb 1c, Protokoll: 1) Die Organisation und Kostenübernahme müsse aber bei Interesse gesichert werden. Mehrere Betroffene äußerten darüber hinaus, Partizipation sei Arbeit und müsse bezahlt werden – so wie auch die Professionellen ihre Tagungsteilnahme als Arbeit definierten und den Zeitaufwand dafür bezahlt bekämen (a. a. O.). Allerdings müssten bei solchen gemeinsamen Tagungen oder Treffen beide Seiten interessierende Inhalte gefunden werden. So sei

der akademische Diskurs uninteressant für Betroffene. (A. a. O.) Ähnlich wurde bei einem Workshop über unpassende Strukturen diskutiert. Es würde oft zu abstrakt geredet und es gehe zu selten um die originären und individuellen Bedürfnisse der Betroffenen. Vor Ort konnte ich beobachten, dass die wohnungslosen Teilnehmenden immer dann ‚abschalteten', wenn es um Themen wie ‚Verbandsstrukturen' ging. Sobald es konkreter wurde, reagierten sie nonverbal durch nicken, lächeln o. Ä. oder mit eigenen Beiträgen. (TB 7, Protokoll: 4 f.) Ein Sozialwissenschaftler denkt, es müsse bei gemeinsamen Tagungen oder Treffen ein vollkommen anderes Setting geben, nicht diese „piefigen Hotels" (I 27, Protokoll: 1). Es seien auch andere Angebote nötig, z. B. „kommt ab 11 h, es gibt auch etwas zu essen" (a. a. O.: 2), und eben nicht die klassische Meetingstruktur von Punkt 11-12:30 h.
Eng verwandt mit dem Aspekt der unpassenden Partizipationsstrukturen ist das Thema ‚Sprache'. So wurde immer wieder von Betroffenen geäußert, wie wichtig eine „gemeinsame Sprache" (T 1, FTb: 2) von Professionellen und Betroffenen im Kontext von Partizipation sei. Dabei gehe es um das Benutzen von Fremdwörtern durch die Professionellen (z. B. T 2, FTb: 4), um eine wirtschaftsorientierte Sprache wie beim Begriff des ‚Kunden' (a. a. O.) sowie um Sprachbarrieren, wenn Deutsch nicht die Muttersprache ist (z. B. FG 16, FTb: 104). Häufig gibt es aber auch verschiedene Blickwinkel auf bestimmte Begriffe. So berichtete ein ehemaliges professionelles Mitglied eines damals mit Professionellen und Betroffenen besetzten Vereinsvorstands, dass lange über den Antrag auf Anerkennung der ‚Mildtätigkeit' diskutiert wurde, da der Begriff bei den Betroffenen auf Widerstand traf. Für die Sozialarbeiter_innen war klar, dass im Steuergesetz eben dieser Begriff benutzt wird, um bestimmte Vereine zu privilegieren. Für die Betroffenen klang es dagegen zu sehr nach ‚Almosen'. (I 14, Protokoll: 1)
Aus Betroffenensicht wurde als ein weiteres wichtiges Hindernis auch Scham bzw. Angst sich zu exponieren geäußert. So schilderte sich ein jetzt sozial- und wohnungspolitisch engagierter wohnungsloser Mann als frühere „graue Maus" (T 13, FTb: 142), die sich bewusst unsichtbar gemacht hätte. Auch die Sozialarbeiterin eines Tagesaufenthalts sowie ein Streetworker nannten Scham als ein mögliches Hindernis (I 21, Protokoll: 2; I 23, Protokoll: 1). Angst würde Betroffene aber nicht nur in Bezug auf Professionelle von Partizipation abhalten. So schilderte die Sozialarbeiterin eines Wohnheims nach §§ 67 ff. SGB XII, Neue im Haus hätten z. T. Angst sich zu äußern, weil sie noch nicht so genau wüssten, wer der harte Kern sei und was man sagen dürfe (TB 7, Protokoll: 4). Eine andere Form von Angst wurde auf einer Tagung von Betroffenen geäußert. So wollten sie bei solchen Veranstaltungen nicht auf ihre Bezugspersonen bei Behörden stoßen, da sie dann nicht frei reden könnten. Eine wohnungslose Frau formulierte salopp, sie würde bei einem Treffen in ihrer Heimatstadt auch zunächst gucken, ob „mein Fuzzi von der ARGE da in der Runde sitzt" (TB 1c, Protokoll: 1). Eine Praktikantin, die vorrangig mit südosteuropäischen EU-Bürger_innen arbeitet, vermutete zudem, diese hätten sich vielleicht schon „zufrieden gegeben" (FG 17, FTb: 105). Sie bekämen im Tagesauf-

enthalt „die ausgestreckte Hand“ (a. a. O.) und seien zu dankbar, um dann an anderer Stelle Forderungen aufzustellen oder Wünsche zu äußern (a. a. O.).
Ausgrenzungs- und Diskriminierungserfahrungen in den Einrichtungen der Wohnungslosenhilfe führte die Leiterin eines aufsuchenden Angebots für EU-Bürger_innen als Hindernis an: „Da klingt so etwas wie Partizipation ganz weit weg“ (I 32, FTb: 144). Von klassischen Etikettierungs- und Stigmatisierungsfolgen berichtete auch ein ehrenamtlich tätiger Mann, der häufig Selbstzweifel durch die Ausgrenzungserfahrungen seiner Nutzer_innen bemerkt (I 34, FTb: 146). Auch Abgrenzungstendenzen gegenüber anderen wohnungslosen Menschen nimmt der Leiter eines Wohnheims nach §§ 67 ff. SGB XII wahr (I 3, FTb: 31). Ausgrenzungen und Konkurrenzen werden von einem Aktiven in Betroffeneninitiativen wahrgenommen (S 5, FTb: 54; ähnlich I 33, Mitschrift: 1).
Eventuell führen genau diese Ausgrenzungserfahrungen dazu, dass sich viele wohnungslose Menschen nicht als ‚wohnungslos‘ fühlen und identifizieren. Dies wurde von mehreren Professionellen als Hindernis für Partizipation angesehen (z. B. I 37, FTb: 152; T 11, Protokoll: 1). Junge Wohnungslose würden sich wegen der diskriminierenden Zuschreibungen eher anhand von Musikrichtungen identifizieren als aufgrund ihrer Unterkunftssituation (I 33, Mitschrift: 2). Im Bereich des Betreuten Einzelwohnens würden sich viele Klient_innen nach Einschätzung einer Sozialarbeiterin zudem auch in Trägerwohnungen nicht mehr als wohnungslos betrachten (I 20, Protokoll: 2). Auch viele ehemals wohnungslose Menschen würden sich nicht (mehr) engagieren, da sie die Gruppe der Wohnungslosen nicht mehr repräsentieren wollten, wie in einem Interview mit Vertreter_innen eines Fachverbands formuliert wurde (I 28, FTB: 135). Auch hier kann vermutet werden, dass dies mit der Ausgrenzung und Stigmatisierung wohnungsloser Menschen zu tun hat.
Ein oft gehörtes Statement in meinen Gesprächen mit ‚alten Hasen der Wohnungslosenhilfe‘ war, dass Soziale Arbeit früher politischer gewesen sei (z. B. I 18, Protokoll: 1; I 9, FTb: 50). Niemand hätte mehr Visionen, weder die Professionellen noch die Betroffenen (I 13, Protokoll: 1). Eine Sozialarbeiterin erzählte in einem Teaminterview von ihrer früheren Arbeit in einem Wohnheim für Frauen, als eine gemeinsame Demo wegen der geplanten Schließung stattfand. Die Frauen hätten regelrecht „ihr Revier verteidigt“ (I 25, Protokoll: 1). Ein Sozialarbeiter desselben Teams erklärte, er hätte oft „Ohnmachtsgefühle“ (a. a. O.). Wenn er eine Idee für eine Protestaktion hätte, dann würde er diese schnell verwerfen: „Haben wir die Möglichkeit das durchzuklagen?“ (a. a. O.). Dies passt zur Ansicht eines (professionellen) Betroffenenvertreters, partizipatorische Strukturen würden seit einiger Zeit unter Druck geraten (I 26, Mitschrift: 3). Eine andere Perspektive mit Blick auf die Nutzer_innen selbst brachte ein langjährig wohnungsloser Mann ein, der in den 1990er Jahren mit Unterstützung von Sozialarbeiter_innen auch Proteste und politische Aktionen wohnungsloser Menschen mitgestaltet hatte. Auf meine Frage, ob dies heute noch möglich sei, sagte er: „Nein, die Leute sind zu satt. Die haben doch alles.“ (FG 7, FTb: 46 f.)

In einem Interview mit Mitgliedern eines Fachverbands wurde geäußert, das Thema Partizipation sei „hochgradig ideologisiert“ (I 28, FTB: 135). Auch nach Ansicht eines Referenten auf Trägerebene sei es aktuell zu einer „Verhärtung des Diskurses durch Schwarz-Weiß-Positionen“ gekommen (I 29; Mitschrift: 2). Es gelte daher, den moralischen Überbau abzutragen (a. a. O.). Zudem müsse ein Recht auf Partizipation gesetzlich verankert werden (a. a. O.; ähnlich z. B. T 9, Protokoll: 1). Der Referent eines Fachverbands wies allerdings in einer Gremiensitzung darauf hin, dass eine rechtlich verankerte Mitbestimmung oft eine „Vereinnahmung“ (T 10: Protokoll: 1) sei. Es ginge auch um Rechtsdurchsetzung. Er hält das Ombudsmann-Prinzip daher für sinnvoller und zielführender. (A. a. O.) Ein Einrichtungsleiter sieht die Gefahr, dass Partizipation ins Gegenteil kippt, „wenn die Charismatiker und Dogmatiker weg sind“ (I 30, Mitschrift: 4). Partizipation darf also nicht an bestimmte Personen gebunden sein, sondern muss institutionalisiert werden. Dabei könne laut einem Referenten auf Trägerebene hilfreich sein, wenn auf der Vorstandsebene eine nicht nur betriebswirtschaftlich denkende Führung vorhanden ist (I 29, Mitschrift: 1). Ein (professioneller) Betroffenenvertreter ist der Ansicht, „die Sozialarbeit braucht dringend die Erneuerung des politischen Mandats“ (I 26, Mitschrift: 34). Andererseits setze er eher auf die Zivilgesellschaft als auf die Wohnungslosenhilfe (a. a. O.). Mit Bezug auf die Partizipationsebenen sagte ein_e Teilnehmer_in in einer Sitzung eines regionalen Gremiums, dass die Motivation die Ebenen hinauf abnehmen würde – der eigene Fall liege den Betroffenen näher als abstrakte politische Themen (T 11, Protokoll: 1). Auf der anderen Seite wurde in vielen Interviews von gelungener Partizipation auf allen diesen Ebenen berichtet. Hierfür brauche man aber einen langen Atem (z. B. I 11, Protokoll: 1; ähnlich TB 7, Protokoll: 5). Ein Einrichtungsleiter betonte, es brauche methodisches Rüstzeug sowie Toleranz, Offenheit und das Festhalten an Standards (I 30, Mitschrift: 1 ff.). Auch von der Professionalisierung von Betroffenen wird berichtet: Laut der Sozialarbeiterin eines Tagesaufenthalts hätten viele Betroffene keine Erfahrungen mit Selbstverwaltung und Selbstorganisation. Sie stehe daher jeder_m zur Verfügung, die_der etwas davon lernen möchte, und hätte die Betroffenen im Vorstand beispielsweise in Zuwendungsrecht geschult. (I 18, Protokoll: 2) Bereits sehr professionell klang auch ein Betroffener, der auf einer Tagung formulierte: „Wir versuchen gemeinsam mit unseren Mitarbeitern und Sozialarbeitern Lösungen zu suchen“ (TB 1b, Protokoll: 2).

4.2.6 Nutzen von Partizipation

Wem nutzt Partizipation? Partizipation im Sinne der Entscheidungsteilhabe von Nutzer_innen scheint nach Ansicht der in dieser Studie befragten Professionellen vor allem den Nutzer_innen selbst etwas zu bringen. So gibt es nach einem Referenten auf Trägerebene eine intrinsische Motivation sich zu beteiligen und mitzugestalten (I 15, Protokoll: 2). Da es trotzdem wenig Partizipationsforderungen der Nutzer_innen an die Wohnungslosenhilfe gibt, müssten Professionelle diese einladen, wie ein

anderer Referent findet (I 30, Mitschrift: 2). Eine Sozialarbeiterin eines Tagesaufenthalts sieht das ähnlich, denn „die Leute würden schon gern was tun“ (I 21, Protokoll: 1). Selbstkritisch fragt sie: „Vielleicht könnten wir mehr Impulse geben?“ (a. a. O.; ähnlich für einen anderen Tagesaufenthalt I 18, Protokoll: 1)
Werden Vorschläge zur Mitentscheidung und Mitgestaltung gemacht, würden diese jedoch oft nicht angenommen. So berichtete ein_e Teilnehmer_in einer Sitzung eines regionalen Gremiums vom Versuch, die Nutzer_innen bei Entscheidungen über die Hofgestaltung mit einzubeziehen, „eigentlich doch ganz spannend“ (T 11, Protokoll: 1). Die Frage stellt sich nun, für WEN dies spannend ist. Die fehlende Resonanz auf den Vorschlag deutet jedenfalls darauf hin, dass er bei den Nutzer_innen nicht auf Interesse stieß. Dies führt zur weiteren Frage, ob denn überhaupt alle Nutzer_innen aktiv werden müssten? So kritisierte eine Sozialarbeiterin bei einem Workshop die Zuschreibung ‚gute Betroffene‘, wenn diese sich an Entscheidungen beteiligen würden (TB 7, Protokoll: 2). Partizipation als Recht wird in diesen Fällen also zur Pflicht. Die Kritik der Sozialarbeiterin wurde im Workshop von einem Einrichtungsleiter ergänzt, der formulierte: „Wenn Teilhabe Zwang beinhaltet, ist das Quatsch mit Soße“ (a. a. O.: 3).
Die Aktivierung von Nutzer_innen zu mehr Partizipation kann also nur gelingen, wenn sie selbst einen Nutzen darin sehen. Aus Sicht der Betroffenen kann dieser Nutzen sowohl aus materiellem als auch nicht-materiellem Gewinn bestehen. Ein wohnungsloser Mann engagiert sich auf diverse Art und Weise, was er in einem Interview als „Nachsorgetherapie“ beschreibt (I 31, FTb: 143). So würde er sich immer an sein früheres Leben inklusive seiner damaligen Alkoholabhängigkeit erinnern (a. a. O.). Zudem möchte er „etwas zurückgeben“ (a. a. O.), da er ja auch Hilfe erhalten hätte. Rückblickend formuliert er: „Damit meine Zeit auf der Straße nicht ganz umsonst war“ (a. a. O.). In einer sich später anschließenden Teilnehmenden Beobachtung kann ich dies gut nachvollziehen: Durch sein jetzt sehr souverän wirkendes Auftreten gelingt ihm eine Aufarbeitung und retrospektive Überwindung seiner damaligen Scham (TB 8, Protokoll: 2). Hier scheint sich auch zu zeigen, dass Empowerment als Grundlage oder sogar Voraussetzung von Partizipation wirken kann. Ein weiterer nicht-materieller Nutzen ist Anerkennung. So gab es die Anfrage der Nationalen Armutskonferenz (nak) an eine Gruppe wohnungsloser Menschen, ob sie für ein Jubiläum Kuchen backen würden und sich so an der Öffentlichkeitsarbeit der nak beteiligen wollten. Es kam in der Diskussion sofort die Frage auf, was SIE denn davon hätten? Als deutlich wurde, dass sie lediglich den Kuchen backen sollten, ohne beispielsweise bei der Feier dabei sein zu dürfen, sank das Interesse auf null. Es wurde deutlich, dass es ihnen um die Wahrnehmung als aktive, gut backende wohnungslose Menschen ging. (FG 2, FTb: 18; zum Nutzen Anerkennung vgl. FG 8, FTb: 48). Hierzu passt die Ansicht eines Einrichtungsleiters, Partizipation würde nicht nur die Lebenssituation der Betroffenen verändern, sondern auch zu mehr „Selbstbewusstsein und Sinn-Findung“ führen (I 30, Mitschrift: 3).

Vor allem aber scheint es um einen konkreten Nutzen zu gehen, wie er beispielsweise bei Protestaktionen gegen die Schließung von Hilfeangeboten beobachtet werden kann. So erzählte ein Sozialarbeiter im Interview, wie Jahre zuvor über 100 wohnungslose Menschen vor einem Rathaus protestiert hätten, als einem ambulanten Angebot der Wohnungslosenhilfe die Finanzierung gestrichen werden sollte (I 9, FTb: 50). Es ging also um etwas sehr Konkretes und Individuelles, nämlich „ab morgen keine Stullen mehr“ (a. a. O.) und nicht um abstrakte Forderungen zur Verbesserung eines Angebots, wie sie oft von den Professionellen entworfen werden. Dies konnte ich auch in einer regionalen AG beobachten, die sich an der Initiierung einer Betroffenenvertretung versucht. Mehrfach wurde in den Treffen deutlich, dass zunächst interessierte wohnungslose Menschen wieder absprangen, als sie feststellten, dass weder eine neue Notübernachtung entstehen sollte noch ein konkreter Zugriff auf Wohnungen durch die Betroffenenvertretung erfolgen würde (T 5, FTb: 62 ff.; T 13, FTb: 141). Das Anliegen der Professionellen, nämlich die Implementierung einer Betroffenenvertretung auf kommunaler Ebene, war nicht deren Anliegen. Der Leiter eines Wohnheims nach §§ 67 ff. SGB XII ist der Ansicht, die Nutzer_innen seien an Politik nur wenig interessiert, da sie diese nicht auf ihr eigenes Erleben herunterbrechen könnten (I 3, FTb: 32). Eine nachhaltige Aktivierung und Mobilisierung von Betroffenen gelingt also am besten über Aneignungsprozesse, indem die Nutzer_innen eine Aktivität oder ein Ziel als ihr eigenes ansehen bzw. hierzu umfunktionieren. So beschreibt auch die Sozialarbeiterin eines Tagesaufenthalts die erfolgreiche Einbindung von Nutzer_innen in Proteste gegen eine drohende Schließung des Angebots (T 8, FTb: 73).

Hinsichtlich anderer AGs auf der Ebene Kommunale Sozialplanung werden diese von Betroffenen bei einem Treffen z. T. als „schönes Strohfeuer“ bezeichnet (T 14, FTb: 150; ähnlich ein Sozialarbeiter in I 9, FTb: 50). Auf der Ebene der Leistungserbringung sieht dies oft nicht anders aus: Sobald eine Aktivierung zu mehr Partizipation als Alibihandlung empfunden wird und Mitwirkung damit nutzlos würde, ziehen sich Betroffenen zurück (FG 4, Protokoll: 5).

Dieselbe Mitwirkung an beispielsweise Protestaktionen kann aus ganz unterschiedlicher Motivation heraus erfolgen. So haben sich an einer öffentlichen Aktion im Rahmen der BAG-W-Tagung am 11.11.2015 in Berlin viele wohnungslose Menschen an einem Flashmob vor dem Brandenburger Tor beteiligt und z. T. sogar für ihre Bezugsbetreuer_innen die benötigten Plakate gemalt. Andere haben ihre Beteiligung an der Veranstaltung „eher als Job verstanden“ (I 9, FTb: 49), wie ein Sozialarbeiter im Nachhinein erzählte, indem sie auf eigene Rechnung Würstchen verkauften. In diesem Fall gab es also einen materiellen Nutzen für die Beteiligten. Die Motivation der Betroffenen mag unterschiedlich gewesen sein, aber ohne einen erkennbaren Eigennutzen hätten sie sich vermutlich nicht engagiert. Diese Abwägung von Interessen wurde auch deutlich, als ich in einem Gruppeninterview die Bewohnerinnen eines Wohnheims nach §§ 67 ff. SGB XII fragte, ob sie an den (verpflichtenden) Hausversammlungen auch teilnehmen würden, wenn ihre Anwesenheit freiwillig wäre. Einige würden auch dann teilnehmen („Ich mache alle Aktivitäten im Haus mit"), andere „hätten etwas Besseres vor" und würden wohl nicht dabei sein (I 12, Protokoll: 1). Nicht immer geht es also bei aktiven Betroffenen um Partizipation zwecks Mitbestimmung, manchmal kann ein Angebot auch einfach zur Tagesstrukturierung beitragen. Auch hier wird die Nähe von Partizipation als Entscheidungsteilhabe zum Empowerment sichtbar.

In all meinen Interviews, Feldgesprächen und Teilnehmenden Beobachtungen habe ich ein grundsätzliches Interesse an partizipativen Strukuren wahrgenommen. Ob es darum geht, lediglich interessante Informationen zu erhalten (z. B. TB 7, Protokoll: 2), die Wohnungslosenhilfe aktiv mitbestimmen und mitgestalten zu wollen oder sogar „große mediale Aufmerksamkeit" (T 5, FTb: 64) mit subversiven Aktionen zu erhalten, spielt dabei keine Rolle. So betonte ein Sozialarbeiter, wohnungslose Menschen würden grundsätzlich nach Autonomie streben (FG 14, Protokoll: 2). Einem Referenten auf Trägerebene war in diesem Zusammenhang die Entwicklung einer „unabhängigen Stimme" (I 15, Protokoll: 1) wichtig, d. h. auch unabhängig von materieller Absicherung.

Oft bedarf es individueller Auslöser, um aktiv zu werden. Bei einem Workshop erklärte ein Betroffener, das Thema Hartz IV sei der Grund für sein Engagement: „Ich war sauer!" (TB 7, Protokoll: 2) Professionelle unterschätzen das Interesse jedoch scheinbar, wenn ihre eigenen Ideen und Angebote von den Betroffenen nicht genutzt oder aufgegriffen werden. Aus unpassenden Angeboten und Strukturen (vgl. 4.2.5) wird ein Nichtinteresse wohnungsloser Menschen an Partizipation konstruiert (z. B. I 2, FTb: 26; ähnlich FG 17, FTb: 105). Andere Möglichkeiten werden dagegen aktiv genutzt, ohne dass diese Diskrepanz von den Professionellen immer hinterfragt wird (a. a. O.).

Interessant ist, dass lediglich ein Professioneller im Interview betonte, dass auch die Soziale Arbeit von der Partizipation ihrer Nutzer_innen profitieren würde, so führe mehr Offenheit für den Einbezug der Betroffenen zur Weiterentwicklung der Wohnungslosenhilfe (I 25, Protokoll: 2).

4.2.7 Haltung – zwischen Augenhöhe und Paternalismus

Der Begriff ‚Haltung' wurde in sehr vielen Interviews und Feldgesprächen mit Professionellen benutzt. Die (richtige) Haltung sei eine wesentliche Voraussetzung für die Ermöglichung von Partizipation. Nur wenige Interviewte stellten ihre präsentierte Haltung – zum Thema Partizipation allgemein, aber auch gegenüber ihrer Klientel – auf eine theoretische, z. B. sozialwissenschaftlich fundierte Basis. Der Bereichsleiter eines großen Trägers bezog sich u. a. auf die Lebensweltorientierung nach Hans Thiersch (I 24, Protokoll: 1; ähnlich I 30, Mitschrift: 1). Als relevant für seine Arbeit findet ein (professioneller) Betroffenenvertreter die menschenrechtsbasierte Arbeit nach Silvia Staub-Bernasconi und erklärte: „Die Menschen definieren meinen Auftrag" (I 26, Mitschrift: 2). Auch der o. g. Einrichtungsleiter sieht Parti-

zipation als Teil der Menschenrechtsarbeit an (I 30, Mitschrift: 1). Zudem bezieht er sich an anderer Stelle auf Paolo Freire: „Du brauchst Visionen einer befreienden Praxis" (a. a. O.: 2). Ein Sozialwissenschaftler nutzt bei seinen Aktivitäten im Rahmen von Partizipation Elemente des Community Organizing und benennt hierzu Saul Alinsky als Referenz (I 27, Protokoll: 2). Die Leiterin einer Fachstelle beim Sozialamt bezieht sich im Interview auf Georg Hüther, der über die Potenzialentfaltung von Menschen geforscht hat. Dessen Texte nutze sie häufig als Motivation, denn „unser Denken muss umgestellt werden" (I 36, Mitschrift: 2). Allerdings könne man „Haltung … nicht verordnen", man könne sie nur „vorleben" und als Anspruch formulieren (a. a. O.).
Die Entwicklung einer individuellen Haltung als Sozialarbeiter_in wird z. T. durch die eigene biografische Entwicklung befördert: Die Sozialarbeiterin eines Tagesaufenthalts leitete ihre Grundhaltung ‚pro Partizipation' aus ihrer eigenen Biografie ab, so käme sie aus „Selbstverwaltungsbezügen" (I 18, Protokoll: 2; ähnlich I 26, Mitschrift: 2). Auch ein Bereichsleiter eines Trägers verknüpfte seine Haltung zum Thema mit seinen ganz persönlichen Lebenserfahrungen; er hätte beispielsweise in einem Hausprojekt gelebt (I 13, Protokoll: 2).
Auch ohne theoretische Basis wurde ‚Haltung' vielfach thematisiert. So hat eine von der 68er-Bewegung inspirierte Haltung nach Ansicht eines Sozialwissenschaftlers die „Aufbruchstimmung" (I 27, Protokoll: 1) um die Wiedervereinigung herum beeinflusst. Dort hätte es in einigen Milieus einen „Zeitraum [gegeben], wo ein Fenster aufging" (a. a. O.). Für einen Einrichtungsleiter ist „Partizipation ein wichtiger Lebensgrundsatz" (I 30, Mitschrift: 1). Ein Mitarbeiter eines Tagesaufenthalts hat seine Einstellung aus positiver Erfahrung entwickelt: partizipativ getroffene Entscheidungen seien die besseren gewesen (I 18, Protokoll: 2). Die Leiterin eines Wohnheims nach §§ 67 ff. SGB XII erklärte, für sie sei es „selbstverständlich" (I 11, Protokoll: 1) gewesen, Partizipation zu ermöglichen und entsprechende Instrumente zu implementieren. Es hätte durch den Träger bei ihrem Einstieg in die Arbeit aber auch viele Gestaltungsmöglichkeiten gegeben (a. a. O.). Über die Gewährung von Gestaltungsmöglichkeiten hinaus geht ein Verband, in dem die Haltung der Kolleg_innen schon im Bewerbungsverfahren eine Rolle spiele. Auch bei den bereits angestellten Mitarbeiter_innen thematisiere der interviewte Referent die Haltung zu Partizipation in Mitarbeiter_innen-Vorgesetzten- sowie bei Zielvereinbarungsgesprächen. Partizipation als Grundhaltung müsse für ihn bereits spürbar sein, wenn er eine Einrichtung betritt. (I 15, Protokoll: 1) Ein Bereichsleiter auf Trägerebene berichtete, Anlass für das dort entwickelte Partizipationskonzept sei ein Nachlass gewesen, durch den die Verstorbene eine Förderung von Selbsthilfeaktivitäten wohnungsloser Menschen wünschte. Dabei betonte er auf meine Nachfrage, dass „der Geist" (I 24, Protokoll: 1) in ihren Einrichtungen auch schon vorher vorhanden war und Selbsthilfe und Beteiligung schon immer „positiv bewertet" (a. a. O.) wurden. Das Konzept hätte also nicht zu einem Umdenken geführt, sondern baute auf diesem ‚Geist' auf (a. a. O).

In einigen Gesprächen wurde deutlich, dass z. T. unterschiedliche Haltungen in Teams vorhanden sind, was die Entwicklung partizipativer Strukturen in den Hilfeangeboten laut einiger Interviewte erschweren würde (z. B. I 10, FTb: 55; I 21, Protokoll: 2). Eine Sozialarbeiterin erlebt Abwehr vor allem bei den älteren Kolleg_innen. Für sie als ehemalige Erzieherin sei dies unverständlich, denn im Kinder- und Jugendhilfebereich „läuft nichts ohne Partizipation" (a. a. O.).
Was genau aber meint eine positive Haltung gegenüber Partizipation oder der Klientel generell? Die Leiterin einer Fachstelle beim Sozialamt ist der Ansicht, „jeder hat Potenzial" (I 36, Mitschrift: 2), dieses müssten die Professionellen wahrnehmen und aufdecken. Dabei gehe es jedoch nicht darum, bei den wohnungslosen Nutzer_innen ausschließlich Ressourcen zu identifizieren (a. a. O.). Ein Referent formulierte bei einem Workshop: „Partizipation heißt erst einmal zuhören, neugierig sein" (TB 7, Protokoll: 2), hier muss also zunächst gar keine Ressourcen- oder Defizitzuschreibung erfolgen. Ein Einrichtungsleiter ist der Ansicht: „Du brauchst als Profi die Überzeugung, dass etwas verändert werden kann" (a. a. O.: 2).
Eine EU-Bürger_innen beratende Sozialarbeiterin erklärte, beispielsweise bei Rückkehrforderungen der Behörden eine „parteiliche Arbeit" zu leisten (I 32, FTb: 144). Teilweise seien sie „Sprachrohr" ihrer Klient_innen (a. a. O.). Die Frage nach der ‚Anwaltschaft' bzw. dem politischen Mandat wurde in einem Workshop allerdings kontrovers diskutiert. So fragte ein Referent: „Wir sprechen von Anwaltschaft [einige Wohnungslose lachen], aber wer gibt uns das Mandat?" (TB 7, Protokoll: 1) Diskutiert wurde dann der Unterschied zwischen dem abstrakten politischen Mandat qua Profession und einem möglichen konkreten Mandat durch die Betroffenen für bestimmte Handlungen/Interventionen der Professionellen (a. a O.: 4). Ein Referent auf Trägerebene betonte im Interview in diesem Zusammenhang, Partizipation müsse sowohl auf der Dienstleistungsebene diskutiert als auch als Anwaltschaft begriffen werden, beides sei im Dialog weiterzuentwickeln: „Dienstleistung *oder* Lobby greift zu kurz" (I 29, Mitschrift: 1).
Von mehreren Professionellen wurde darüber hinaus eine akzeptierende Haltung als Voraussetzung für Partizipation genannt. Dabei ging es z. T. konkret um den Konsum von Suchtmitteln (z. B. FG 6, FTb: 45; I 35, FTb: 148). Aber auch unabhängig vom Suchtmittelgebrauch könne eine akzeptanzorientierte Haltung wichtig sein, so formulierte ein Sozialarbeiter einer ordnungsrechtlichen Unterbringung: „Man muss aushalten, wenn Leute sich für oder gegen etwas entscheiden" (I 37, FTb: 153). Auch im Kontext der Hilfen nach §§ 67 ff. SGB XII äußerte ein Sozialarbeiter, dass die Ziele der Nutzer_innen für ihn immer im Vordergrund stünden, auch wenn diese – in seinem Fall am Beispiel von Drogenkonsum erklärt – nicht die seinen oder die von Dritten seien (I 22, Protokoll: 1). Für einen Streetworker ist bereits die Akzeptanz der Ablehnung seines Unterstützungsangebots eine wesentliche Grundhaltung. Dies falle ihm allerdings schwer, wenn es existenziell werde und beispielsweise um eine Suizidgefährdung gehe. Allerdings könnten sich ihm die Menschen auf der Straße leicht entziehen, d. h. eine Zwangsberatung auf der Straße sei fast nicht denkbar. (I 23, Protokoll: 1)

Eine positive Haltung gegenüber den Nutzer_innen der Wohnungslosenhilfe im Sinne von Empathie braucht es laut einer Streetworkerin in einer Diskussion zu Partizipationsgrenzen und –chancen (T 8, FTb: 74). Dieser Ansicht ist auch ein ehrenamtlich tätiger Mann, der die Rolle der Sozialarbeiter_innen in einer regionalen Betroffeneninitiative nach der Wende betonte: „Das Menschliche kam rüber" (I 16, Protokoll: 1). Wichtig sei zudem Vertrauen in die Nutzer_innen, dass Mitbestimmungsmöglichkeiten nicht ausgenutzt werden (a. a. O.). Dieses Vertrauen fehle den Professionellen heute manchmal, wie in einem anderen Interview von einer Sozialarbeiterin eines Tagesaufenthalts angemerkt wurde (I 18, Protokoll: 2).
Am eindrücklichsten wurde das Thema ‚Haltung' in der Kontroverse ‚Augenhöhe versus Paternalismus und Fürsorge'. Sowohl Betroffene als auch Professionelle benutzten dieses Gegensatzpaar, um ihre jeweiligen Forderungen an die Professionellen (Betroffene) bzw. eigene Haltung (Professionelle) zu formulieren. Einen paternalistischen Blick auf wohnungslose Menschen werfen Betroffene einigen Professionellen vor (z. B. T 3, FTb: 8; T 5, FTb: 66). Diese könnten Augenhöhe zeigen, indem sie zu gemischten Treffen mindestens genauso viele Betroffene wie Professionelle einladen würden (T 2, FTb: 5; ähnlich T 7, FTb: 71). Hiermit soll offensichtlich erst einmal *quantitativ* ein Gleichgewicht hergestellt werden. Aber auch ein Bereichsleiter von Hilfen nach §§ 67 ff. SGB XII beklagte die paternalistische Haltung einiger seiner Mitarbeiter_innen, die er anhand von (mir vorgelesenen) Berichten an ein Sozialamt im Interview belegte (I 13, Protokoll: 2).
Meistens benutzten die Interviewten jedoch den Begriff der ‚Fürsorge' als Gegensatz zur angestrebten Augenhöhe. Ein Bereichsleiter eines Trägers hält die Rechtsgrundlagen des §§ 67 ff. SGB XII für modern und innovativ, weil sie auch auf die sozialen Schwierigkeiten und nicht nur auf die Lebenssituation abheben würden. Aber die Klient_innen wie auch die Sozialarbeiter_innen seien „konditioniert" – er nennt es „Mama/Papa-Syndrom" (I 13, Protokoll: 1) – und die Klient_innen würden später in der eigenen Wohnung, dann auf sich selbst gestellt, ggf. scheitern. Ein wohnungsloser Mann konstatierte bei einem Workshop „eine Überversorgung durch die Sozialarbeiter" (TB 7, Protokoll: 4), es würde den Betroffenen zu viel abgenommen. Eine Sozialarbeiterin stimmte ihm zu. Es müsse die Autonomie der Betroffenen gewahrt werden, statt etwas beispielsweise aus Zeitgründen selbst zu machen (a. a. O.). Sozialarbeiter_innen müssen also sehr genau nachfragen, welches Mandat sie im Einzelfall tatsächlich haben – oder eben auch nicht. Diese ‚Fürsorge' kann sogar soweit gehen, dass Betroffene von interessanten Angeboten erst gar nicht erfahren oder ihnen von einer Teilnahme abgeraten wird. So haben laut einem Betroffenen einige Professionelle ihre wohnungslosen Nutzerinnen durch Nicht-Information vor möglichen Belästigungen im ersten Sommercamp 2016 schützen wollen, ohne ihnen damit die Möglichkeit einer eigenen Entscheidung über eine Teilnahme zu geben (Tel. mit einem Betroffenen, FTb: 61). Von ‚Fürsorgeindustrie' hätten Betroffene laut einem Einrichtungsleiter sogar zunächst despektierlich gesprochen, als er mit ihnen über das Positionspapier der BAG W (s. Kap. 2) diskutieren wollte. Bei

der näheren Beschäftigung mit dem Papier sei es dann aber gut angenommen und akzeptiert worden. (I 30, Mitschrift: 3) Er ist grundsätzlich der Ansicht, Professionelle müssten aufgreifen, was Betroffene äußern. Partizipation fände dann auf „Augenhöhe" statt und nicht durch „fürsorgliche Zugänge" (a. a. O.: 1).
Im Zusammenhang mit dem Begriff ‚Augenhöhe' wurde von Einigen auch der Expert_innenstatus von Betroffenen unterstrichen. Zwei verschiedene Arten von Expert_innen würden allerdings aufeinandertreffen: Die Professionellen seien Expert_innen qua professioneller Ausbildung, die Betroffenen durch ihre Erfahrung als wohnungslose Menschen (z. B. S 2, FTb: 11). Kommt es dabei zwangsläufig zu Konkurrenz oder braucht es nicht den Austausch der jeweiligen Expertise, um gemeinsam gute Problemlösungen zu finden? Und wie müsste so ein Austausch auf Augenhöhe genau aussehen? Ein Referent auf Trägerebene fragte sich, wo bzw. bei welchen Themen wohnungslose Menschen geeignet seien mitzubestimmen. Wo seien deren Kompetenzen jenseits eigener Erfahrungen? Aus seiner Sicht würden „Erfahrungen verabsolutiert" (I 33, Mitschrift: 1). Professionelle Kontexte seien häufig „komplexer als der jeweils eigene Weg" (a. a. O.). In diesem Zusammenhang „fehlt ein gescheiter Diskurs und eine gut dokumentierte Praxis" (a. a. O.: 2).
Der Expert_innenstatus der Professionellen wird dagegen nicht bezweifelt. So werden beispielsweise in vielen Hausversammlungen Protokolle durch die Professionellen erstellt, die den Bewohner_innen später nur zur Kenntnis gegeben werden (z. B. I 20, Protokoll: 1). Gemischte Gremien werden zudem in der Regel von Professionellen moderiert. Wird versucht Augenhöhe herzustellen und Betroffene nicht von vornherein als defizitär zu betrachten, so kann dies jedoch durchaus zu Überraschungen führen. So war eine Sozialarbeiterin eines Tagesaufenthalts überrascht, als eine Nutzerin bei einer Ausstellungseröffnung plötzlich „die Bühne geentert" (T 8, FTb: 74) und eine Ansprache gehalten hätte. Aber auch Betroffene wie ein polnischer wohnungsloser Mann waren der Ansicht, Probleme müssten von den Professionellen geregelt werden: „Verwaltung! Mir egal!" (FG 16, FTb: 104). Noch defensiver formulierte er später, dass er keine Wünsche hätte, denn „ich bin Ausländer und habe nichts zu sagen" (a. a. O.). Dabei äußerte er sich durchaus positiv über die Angebote in dem von ihm besuchten Tagesaufenthalt (a. a. O.). Eine Sozialarbeiterin eines Wohnheims nach §§ 67 ff. SGB XII berichtete, dass Nutzer_innen zwar ihr gegenüber oft von Problemen im Haus berichten würden, die Weitergabe und Klärung der Probleme dann aber an sie als Professionelle delegieren würden (I 10, FTb: 56).

4.2.8 Macht

Bereits bei den Teilnehmenden Beobachtungen bei der BAG-W-Tagung 2015 (vgl. 4.1) wurde deutlich, dass Macht ein wesentlicher Aspekt im Partizipationsdiskurs ist, der allerdings ungern offen von den Professionellen kommuniziert wird. Auch in den Interviews und Feldgesprächen wurde das Thema Macht sehr selten explizit zur Sprache gebracht.

Ein Aspekt von Macht ist die Definitionsmacht, d. h. Deutungshoheit. So würden Professionelle, die über Wohnungslose reden, in der Regel Menschen meinen, die ihren Alltag nicht geregelt bekommen, wie in einem Treffen von Betroffenen und Professionellen diskutiert wurde. Hinter den Strukturen, die die Wohnungslosenhilfe prägen, würden also auch Annahmen über die Zielgruppe stecken. (T 2, FTb: 5) Auch die Deutungshoheit über die Qualität der angebotenen Hilfe möchten Professionelle gern behalten, so fragte ein Sozialarbeiter in einem Team-Interview im Kontext von ehrenamtlich geführten Hilfen, ob die Klient_innen überhaupt entscheiden könnten, was eine professionelle (d. h. gute) Hilfe ist und was nicht (I 25, Protokoll: 1). In eine ähnliche Richtung ging die Frage eines Geschäftsführers eines Trägers in einem regionalen Gremium, der wissen wollte: „Ab wann/warum soll ich mir in meine Dienstleistung hereinreden lassen? … Was ist ein [fachliches, SG] No-go?" (T 11, Protokoll: 1) Ein No-go war für eine andere Professionelle die gemeinsame Aushandlung einer Hausordnung in einer ordnungsrechtlichen Unterkunft. Hier sei explizit keine Mitgestaltung gewollt, da Kontrolle eins der klaren Ziele ihrer Arbeit sei (I 38, FTb: 156). Einen anderen Kontext von Definitionsmacht beschrieb ein (professionelles) Gründungsmitglied eines Kulturprojekts, das gemeinsam mit Betroffenen auf den Weg gebracht wurde. Trotz der Verbundenheit hätte es im gemischten Vorstand ein Gefälle durch den Vorsprung der Nichtbetroffenen gegeben, z. B. Strukturkenntnisse zu besitzen und so die Definitionsmacht zu haben (I 14, Protokoll: 1).

Auf die Frage nach einer möglichen Entscheidungsteilhabe ihrer Nutzer_innen sagte ein Sozialarbeiter einer Beratungsstelle, die Sozialarbeiter_innen hätten „Angst vor Kontrollverlust" (I 25, Protokoll: 2), das Thema sei halt auch Macht. Eine Kollegin von ihm widersprach: „Manches ist schlicht eine Zeitfrage" (a. a. O.), noch nicht einmal das gesamte Team werde in alle Problemlösungen einbezogen. Häufig würden stattdessen AGs für die Entscheidungsfindung eingesetzt werden. (A. a. O.). Diese Delegierung und damit auch Legitimierung findet dann aber eben nur unter den Professionellen statt… Ein (professioneller) Betroffenenvertreter ist der Ansicht, Sozialarbeiter_innen seien grundsätzlich höchst verunsichert und hätten oft Identitäts- und Statusprobleme: „Und jetzt muss ich zulassen, dass so ein verelendeter Typ das Gleiche zu sagen hat wie ich" (I 26, Mitschrift: 3).

Macht bedeutet im Kontext von Nutzer_innenpartizipation aber nicht nur die Macht der Sozialarbeiter_innen, sondern auch ein mögliches Machtgefälle sowie Konkurrenz der Nutzer_innen untereinander. So beschrieb ein Sozialarbeiter eines Tagesaufenthalts, dass Partizipation langsam wachsen müsse, weil sonst oftmals diejenigen die Entscheidungen beeinflussen bzw. treffen, „die den Mund am lautesten aufmachen" (I 9, FTb: 49). Auch gebe es immer wieder Nutzer_innen mit bestimmten Privilegien (wie bezahlte oder ehrenamtliche Beschäftigung in der Einrichtung), die aufgrund dieser besonderen Position mehr Einfluss hätten. So hätten es Neue dann schwer, „da reinzukommen" (a. a. O.). Ein Sozialarbeiter einer ordnungsrechtlichen Unterbringung berichtete im Interview, eine Mitarbeit im Haus sei grundsätzlich

nicht möglich, da die Betreffenden andernfalls eine Machtstellung gegenüber den restlichen Bewohner_innen erhalten würden. Es würde eine Hierarchie entstehen, die von den Mitarbeiter_innen nicht gewollt sei. (I 35, FTb: 148)
In einem Teaminterview wurde auch die Macht der Nutzer_innen gegenüber den Professionellen angesprochen. So betonte ein Sozialarbeiter, die Klient_innen würden die Sozialarbeiter_innen z. T. anweisen, was sie tun sollten. Als Beratungsstelle hätten sie keine Macht, da ihr Hauptinstrument die Information sei. (I 25, Protokoll: 1) ‚Keine Macht' bedeutet hier vermutlich, sie hätten kein Druckmittel wie einen Unterkunftsplatz, an den sie die Beratung koppeln könnten.

4.2.9 Genderspezifische Aspekte

Aus den Interviews und Feldgesprächen ergeben sich wenige Hinweise auf genderspezifische Aspekte im Kontext der Entscheidungsteilhabe von Nutzer_innen der Wohnungslosenhilfe. Bis auf eine größere Bewohnerinnengruppe eines Wohnheims nach §§ 67 ff. SGB XII (I 12) waren nur wenige wohnungslose Frauen zu Interviews oder kurzen Gesprächen im Rahmen der vorliegenden Studie bereit. Im längsten Interview mit einer einzelnen Frau stellte sich relativ schnell heraus, dass ihre Angaben zu ihrem sozial- und wohnungspolitischen Engagement nicht stimmen konnten, so erzählte sie u. a., regelmäßig in geheimer UN-Mission mit dem damaligen Außenminister unterwegs gewesen zu sein (FG 24, FTb: 137).
Im Interview mit dem Team einer Beratungsstelle wurde geäußert, es gebe fordernd auftretende Frauen, die klare Vorstellungen davon hätten, was sie wünschen. „Unangenehm fordernd" (I 25, Protokoll: 2) seien allerdings eher Männer. Ein Sozialarbeiter äußerte in einer regionalen AG zum Thema Partizipation, er erlebe Frauen oft als „schweigende Mehrheit" (T 4, FTb: 48). Wie eine Sozialarbeiterin in derselben Sitzung ergänzte, beträfe dies oft Frauen in geschlechtergemischten Einrichtungen, denn „Männer schreien lauter" (a. a. O.). Ein Sozialarbeiter des o. g. Teams einer Beratungsstelle war in diesem Zusammenhang der Ansicht, in frauenspezifischen Einrichtungen hätten wohnungslose Frauen mehr Mitspracherechte, wie ihm Kolleginnen berichten würden (I 25, Protokoll: 2).
Einen anderen genderspezifischen Aspekt brachte ein wohnungsloser Aktivist bei einem Workshop ein, so würde das Gremium, in dem er aktiv ist, sich nicht nur auf Politik konzentrieren, sondern auch auf Freizeitgestaltung, denn „[v]or allem die Damen wollen nicht zwei Stunden über Politik reden" (TB 7, Protokoll: 2). Im selben (ganztägigen) Workshop notierte ich mir, dass sich die beiden anwesenden wohnungslosen Frauen lediglich in der Vorstellungs- sowie Endrunde mit einem Wortbeitrag beteiligt hatten, durchgängig aber sehr interessiert wirkten (TB 7, Protokoll: 5). Ein Anzeichen für das Interesse auch von Frauen an Mitgestaltung und Mitbestimmung zeigte sich mir mehrmals im Kontext von Teilnehmenden Beobachtungen, bei denen ich hinterher gefragt wurde, wie sie denn an die Ergebnisse meiner Studie kommen könnten. Mehrere Frauen aus unterschiedlichen Einrich-

tungen gaben mir hierfür sogar ihre private E-Mail-Adresse (z. B. FG 4, Protokoll: 5; FG 21, Protokoll: 5). Auch das Interesse von Bewohnerinnen eines Wohnheims nach §§ 67 ff. SGB XII, mit mir in großer Runde über Partizipation zu sprechen (I 12), ist hierfür ein weiteres Indiz.[33]

4.3 Im Fokus: Hausversammlungen als partizipatives Instrument

Als mögliches Instrument von Entscheidungsteilhabe wurden im Rahmen der Partizipationsstudie insgesamt zehn Hausversammlungen in sechs verschiedenen Wohnheimen teilnehmend beobachtet (vgl. 3.3.5). Erkenntnisse aus diesen Beobachtungen flossen bereits in einige der vorangegangenen Abschnitte dieses Kapitels ein. Ergänzend zu den Interviews und Feldgesprächen wurde mit den Beobachtungen der „Blick auf das Besondere im Alltäglichen und in den Routinen im Feld ermöglicht" (Flick 2012: 291). Nachfolgend werden das Setting, der Verlauf sowie die Besonderheiten der beobachteten Hausversammlungen einzeln beschrieben und analysiert. Die Erkenntnisse aus den Teilnehmenden Beobachtungen werden z. T. durch Befunde aus Interviews und Feldgesprächen vor und nach Hausversammlungen ergänzt. Durch die unterschiedliche Ausgestaltung des Instruments in den ausgewählten Wohnheimen kann besonders gut herausgearbeitet werden, in welchen Abstufungen und mit welchen Spielräumen Partizipation ermöglicht und angenommen wurde.

4.3.1 Wohnheim Sonne[34]

Im Wohnheim Sonne findet meine erste Teilnehmende Beobachtung einer Hausversammlung statt. Im Vorfeld hatte ich bereits den Heimleiter interviewt (I 2). Direkt vor der Hausversammlung kläre ich mit ihm kurz ab, wie ich mich bei den Bewohner_innen zu Beginn vorstellen kann. Er wirkt etwas aufgeregt und auch ich bin nervös – es ist offenbar für uns beide eine ungewohnte Situation. (TB 2a, Protokoll: 1)[35]

33 Im Vergleich der teilnehmend beobachteten Hausversammlungen (s. 4.3) wird auf weitere mögliche genderspezifische Aspekte eingegangen.

34 Die Namen aller Wohnheime wurden anonymisiert wie auch alle in den Zitaten auftauchenden Eigennamen handelnder Personen.

35 Die Zitate in 4.3 sind den ausformulierten Protokollen der Teilnehmenden Beobachtungen (vgl. 3.3.8) entnommen. In einfache Anführungszeichen gesetzte Passagen innerhalb der Protokollzitate sind mitprotokollierte wörtliche Aussagen von Teilnehmer_innen der jeweiligen Hausversammlung. Wie in den Protokollen sind alle Beobachtungen und Analysen im Präsenz formuliert, um die Situationen unmittelbarer nachvollziehen zu können.

Setting

Der Raum, in dem die Hausversammlung stattfindet, war für diese umgestaltet worden:

> *„Ich bin erstaunt über den Raum, da er zu klein ist für alle Interessierten. Es wurde eine Art Stuhlkreis aufgebaut, der aber durch diverse Möbel, die an die Wände geschoben waren, nicht wirklich ein Kreis ist, sondern einige ‚Ausbuchtungen' nach innen und außen hat. So können auch nicht alle Teilnehmenden alle anderen sehen." (TB 2a, Protokoll: 1)*

Einige der Bewohner_innen müssen während der Hausversammlung stehen, da kein Stuhl für sie frei ist, mehrere Sozialarbeiter_innen sitzen hinter den Stühlen auf Tischen an der Wand. Der Heimleiter steht während der gesamten Zeit am Türrahmen mit einem sitzenden Bewohner im Rücken (TB 2a, Protokoll: 1 f.). Insgesamt sind rund 30 Bewohner_innen anwesend. Durch das Interview mit dem Heimleiter weiß ich bereits, dass die Teilnahme an der Hausversammlung verpflichtend und Teil der Leistungsvereinbarung ist (I 2, FTb: 26). Den Bewohner_innen scheint das auch bewusst zu sein, wie die Reaktion einer jungen Frau auf die Eröffnung der Sitzung durch den Heimleiter zeigt: „Bei der informellen Eröffnung sagt er, er würde sich freuen, dass so viele da seien und Interesse an der Hausversammlung hätten. Eine Bewohnerin … fragt nach: ‚Wieso Interesse?' Viele lachen." (TB 2a, Protokoll: 2)
Ist dem Heimleiter die Diskrepanz zwischen Verpflichtung und festgestelltem ‚Interesse' nicht bewusst oder deutet er die Teilnahme bewusst in Interesse um? Die Bewohnerin hält mit ihrem Zwischenruf dagegen und weist den Heimleiter damit informell auf die Verpflichtung hin. Jede_r im Raum weiß das, das Lachen kann damit als kollektives Einverständnis gedeutet werden. Angesichts des oben beschriebenen räumlichen Settings stellt sich darüber hinaus die Frage, wie wichtig es den Professionellen ist, dass alle sich bei der Hausversammlung wohl- und willkommen fühlen. Die Hausversammlung dauert etwa 30 Minuten.

Verlauf und Besonderheiten der Hausversammlung

Die Hausversammlung ist in vielen Teilen eine reine Informationsveranstaltung, die der Heimleiter dominiert. Die anwesenden Sozialarbeiter_innen melden sich an keiner Stelle zu Wort. Themen sind Sauberkeit und Ordnung im Haus, sonstige Fragen und Anmerkungen der Bewohner_innen zum Haus sowie ein geplantes Hoffest. Die Tagesordnung wird zu keinem Zeitpunkt in der Hausversammlung kommuniziert. (TB 2a, Protokoll: 1 ff.)
Bewegung kommt in die Gruppe der Bewohner_innen erst beim zweiten Tagesordnungspunkt (im Folgenden: Top), als bei den ‚sonstigen Fragen zum Haus' ein Bewohner laufende Bauarbeiten im Haus thematisiert. Plötzlich reden viele Bewohner_innen durcheinander und kommentieren das Geschehen. (TB 2a, Protokoll: 3)
Zumindest für die aktiv Beteiligten an diesem Top scheint das Thema ‚Bauarbeiten'

ein wichtiges zu sein, das sie direkt betrifft. Gleichzeitig sitzt eine ganze Reihe von Bewohner_innen scheinbar unbeteiligt daneben:

> *„In dieser Phase sitzen viele Bewohner_innen mit verschränkten Armen vor dem Bauch auf ihren Stühlen. Einige haben den Kopf etwas gesenkt und schauen von unten hoch bzw. nach vorn." (TB 2a, Protokoll: 3)*

Zu einem späteren Zeitpunkt schläft ein Bewohner ein:

> *„Einer der Bewohner … ist ganz offensichtlich eingeschlafen. Seine Arme sacken immer weiter ohne Körperspannung vom Schoß, bis sie links und rechts neben dem Körper hängen. Er atmet ruhig ein und aus, sein Brustkorb hebt und senkt sich. Der neben ihm sitzende Bewohner guckt ihn einmal an und schüttelt den Kopf. Danach guckt er wieder nach vorn." (TB 2a, Protokoll: 4)*

Niemand sonst kommentiert diese Szene. Das Kopfschütteln des Bewohners könnte als Abgrenzung zum Nicht-Interesse des Schlafenden an der Hausversammlung interpretiert werden. (A. a. O.)

Die längste Zeit der Hausversammlung nimmt der Top ‚Hoffest' ein. Nachdem der Heimleiter erzählt hat, was vonseiten der Professionellen geplant ist, fragt er die Bewohner_innen nach eigenen Ideen:

> *„‘Habt ihr Ideen, was da passieren könnte?' ‚Essen und trinken' antworten einige Bewohner_innen und stellen sofort lachend fest, dass natürlich kein Alkohol ausgeschenkt wird. Einige reden durcheinander, es wird gelacht. Der Heimleiter schlägt Karaoke vor, das bei einem anderen Hoffest schon einmal sehr erfolgreich gewesen sei und erinnert an einen Sozialarbeiter, der ‚Beat it' [von Michael Jackson, SG] dargeboten hätte. Einige der Bewohner_innen sowie der gemeinte Sozialarbeiter lachen bei der Erinnerung, aber verbale Äußerungen auf den Vorschlag erfolgen nicht." (TB 2a, Protokoll: 3)*

Habe ich diesen Top – im Gegensatz zu anderen – während der Hausversammlung selbst noch als partizipativ erlebt, da die Bewohner_innen nach ihren Ideen gefragt wurden, bin ich, wieder zuhause angekommen, irritiert: Per E-Mail (*vor* der Hausversammlung angekommen) habe ich bereits die Einladung zum Hoffest erhalten, zwei Tage später kommt sie zusätzlich per Post. Darauf sind bereits das Karaoke, ein ebenfalls auf der Hausversammlung genannter Live-Act etc. angekündigt. Was wäre passiert, wenn die Bewohner_innen mehrheitlich das Karaoke abgelehnt hätten und/oder andere Ideen vorgeschlagen und mehrheitlich unterstützt hätten? Das Programm stand offenbar schon fest, was so aber nicht kommuniziert wurde. Es handelt sich hier also eher um eine Schein-Partizipation als um eine reale Möglichkeit, das Leben im Wohnheim mitzugestalten. In der Stufenleiter von Partizipation ist dieser Teil der Hausversammlung daher als *Instrumentalisierung* (Stufe 1, Nicht-Partizipation) zu klassifizieren.

Dies wird auch deutlich, als ich nach der Hausversammlung mit mehreren Bewohner_innen ins Gespräch komme (FG 4). Mit mehreren unterschiedlich formulierten Fragen versuche ich herauszufinden, ob und ggf. wie sie die Hausversammlungen

als Partizipationsangebot im Sinne von Entscheidungsteilhabe verstehen. Sie verstehen meine Fragen nicht und es wird im Laufe des Gesprächs deutlich, dass sie keinen Zusammenhang herstellen können, d. h. die Hausversammlungen nicht als partizipatives Instrument verorten. Ein neuer Bewohner, erst seit vier Wochen im Haus, sagt, er hätte nichts von der Hausversammlung erwartet. Es sei aber gut gewesen, mal alle auf einen Schlag gesehen zu haben. Ein junger Mann ist schon seit vier Jahren im Haus und hat nach seiner Erinnerung an vier bis fünf Hausversammlungen teilgenommen. Etwas sagen könne er dazu aber nicht. (A. a. O., Protokoll: 5) Ein anderer Bewohner, der vorher mit mir über die Definition von Partizipation und Teilhabe diskutiert hat, meint, „Wünsche zu äußern würde eh nichts bringen, da alles mit dem Argument des fehlenden Geldes abgelehnt würde. Man könne hier nichts bewegen." (A. a. O.)
Meine zweite Teilnehmende Beobachtung in diesem Wohnheim findet knapp zwei Monate später statt. Ich habe Fahrradteile als Spende für die Fahrradwerkstatt dabei und werde von mehreren Bewohner_innen begrüßt, die mich von der ersten Teilnehmenden Beobachtung und weiteren Veranstaltungen im Haus kennen. (TB 2b, Protokoll: 1)

Setting

Die Hausversammlung findet im selben Raum statt wie die erste, und auch die Anordnung der Stühle und Tische im Raum ist dieselbe. Angekündigt durch Aushang wurde vorab, dass im Anschluss an die Hausversammlung ein gemeinsamer Hausputz stattfindet. Dies wird regelmäßig in größeren Abständen organisiert (vgl. I 2, FTb: 26). Die Hausversammlung dauert 35 Minuten.

Verlauf und Besonderheiten der Hausversammlung

Die Hausversammlung wird wie beim ersten Mal vom Heimleiter moderiert, auch diesmal wird zu Beginn keine Tagesordnung kommuniziert. In der Begrüßung formuliert er bereits die Ausrichtung der Hausversammlung:

> *„Um Punkt 9 h begrüßt der Heimleiter die Anwesenden mit einem ‚Guten Morgen und herzlich willkommen'. Er sagt, dass es einen Hausputz direkt im Anschluss an die Hausversammlung geben würde. Zuerst gebe es aber diese ‚kleine Informationsveranstaltung'." (TB 2b, Protokoll: 1)*

Die Hausversammlung wird damit vom Heimleiter selbst nicht als partizipatives Angebot, sondern als Informationsveranstaltung bezeichnet (*Information*, Stufe 3, Vorstufe der Partizipation). Etwas unstrukturiert geht es nachfolgend um Beschwerden, Informationen zum Beheizen der Öfen in den Wohnungen, die Spendenbüchse für Kaffee und den Wegfall der Wochenenddienste der Sozialarbeiter_innen (TB 2b, Protokoll: 1 f.).

Mehrfach spricht der Heimleiter im Laufe der Hausversammlung den jungen Bewohner Ahmed an, von dem ich aus einem Gespräch (FG 4) weiß, dass er unter Betreuung nach dem Betreuungsgesetz (BtG) steht. Zunächst geht es um die Auszahlung seiner Geldleistungen während der Weihnachtsfeiertage. Ahmed müsse sich keine Sorgen machen, „die Geldauszahlung an ihn werde geregelt" (TB 2b, Protokoll: 2). Ich frage mich an diesem Punkt, ob es Ahmed recht ist, dass alle Bewohner_innen von seiner Betreuung erfahren (a. a. O.).
An anderer Stelle wird Ahmed zur Ordnung gerufen, als er mit seiner Nachbarin tuschelt, während es in der Hausversammlung gerade um die Organisation des sich anschließenden Hausputzes geht:

> *„Der Heimleiter sagt laut: ‚Gut! Weitere Hinweise, Nachfragen?' Er wartet ca. 1-2 Sekunden und erklärt dann ohne offizielle Beendigung der Hausversammlung den nun folgenden Hausputz. U. a. zur Orga – welche_r Sozialarbeiter_in hilft wo beim Putzen mit? Als er bei Sozialarbeiter Mario angekommen ist, ruft er den immer noch/wieder quatschenden Ahmed auf: ‚WO ist Mario?' Ahmed: ‚Wer ist Mario?' Einige lachen." (TB 2b, Protokoll: 3)*

Auch in einer sich fast direkt anschließenden Szene testen Ahmed und seine Nachbarin ihre Grenzen aus:

> *„Der Hausmeister will etwas sagen, aber Ahmed und seine Nachbarin quatschen dazwischen. (…) Der Hausmeister versucht noch einmal zu Wort zu kommen, der Heimleiter ermahnt die Bewohnerin neben Ahmed. Sie redet weiter. Der Hausmeister sagt: ‚Ahmed!' Dieser: ‚Habe gar nichts gesagt.' Er und seine Nachbarin grinsen sich an." (A. a. O.)*

Der Heimleiter schließt anschließend die Hausversammlung und weist auf den Hausputz hin. An diesem beteilige ich mich durch das Putzen eines Bewohner-Badezimmers. (A. a. O.)
Meine letzte Teilnehmende Beobachtung findet etwa sechs Monate nach der zweiten statt.

Setting

Die Anordnung der Stühle im Gruppenraum ist bei dieser dritten Hausversammlung etwas verändert:

> *„Der kleine Raum ist wieder mit einem etwas unrunden Stuhlkreis vollgestellt. Zusätzlich stehen sieben Stühle in der vorderen Hälfte des Mittelbereichs, die mich an ‚Stuhltanz' denken lässt. Gibt es heute ein Spiel?" (TB 2c, Protokoll: 1)*

Noch vor dem offiziellen Beginn der Hausversammlung wird deutlich, dass dies nicht der Fall ist: „Der Heimleiter betritt den Raum und sagt mit Blick auf die o. g. sieben Stühle: ‚Oho, das ist ja wie im russischen Wartesaal hier' und geht wieder hinaus" (a. a. O.). Damit diskreditiert er das Setting, für das er als Heimleiter selbst (mit) verantwortlich ist. Im Laufe der Hausversammlung setzen sich mehrere Bewohner_innen in die Mitte, was jeweils von anderen (für mich unverständlich) kommentiert wird (a. a. O.). Zum offiziellen Beginn sind etwa 30 Menschen im Raum, darunter der Heimleiter, mehrere Sozialarbeiter_innen und der Hausmeister. Die Hausversammlung dauert 50 Minuten.

Verlauf und Besonderheiten der Hausversammlung

Gleich beim ersten Thema startet der wieder moderierende Heimleiter mit Fragen statt Informationen (wie bei den ersten beobachteten Hausversammlungen). Er wartet jeweils ab, ob sich jemand zu Wort meldet, wenn dies nicht sofort der Fall ist. An einigen Stellen bleibt es aber unklar, worauf genau seine Fragen zielen:

> *„Der Heimleiter macht weiter mit ‚Vorfällen im Haus', es geht um Krach in den WGs, und fragt in die Runde: ‚Wie habt ihr das im letzten ½ Jahr erlebt?' Ein Bewohner fragt: ‚Nee, vielleicht was Gutes?' Der Heimleiter nickt: ‚Ja gern.' Der Bewohner erklärt, dass seit der letzten Hausversammlung nichts mehr aus dem Fenster geworfen wurde. Andere Bewohner_innen stimmen ihm zu. Es kommt zu einer längeren Pause. Der Heimleiter sagt: ‚Dann weiter zu den Freizeitaktivitäten.'" (TB 2c, Protokoll: 2)*

Es stellt sich die Frage, warum er hier sofort das Thema wechselt, obwohl er eigentlich Konflikte – und nicht Erfolge – im Haus besprechen wollte. Auch im weiteren Verlauf der Hausversammlung geht mehrfach der rote Faden verloren:

> *„Der Heimleiter sagt: ‚Bei Konflikten im Haus regelt ihr das gut miteinander. Könnt ihr was dazu sagen? (…)*[36] *Ja, wie seht IHR das mit den Problemen?' Ein Bewohner fragt: ‚Probleme mit Konsum?' Der Heimleiter sagt: ‚Wollte ich noch zu kommen'. Sie würden im Haus einen suchtakzeptierenden Ansatz verfolgen, aber es gebe eine ‚knallharte Regel', nur Konsum im eigenen Wohnraum und allein. Ein Bewohner wirft ein, sein Staubsauger sei kaputt. Kurz wird von beiden versucht das Missverständnis zu entwirren: Das Thema sei gerade Sucht. Der Hausmeister schaltet sich ein: ‚Du hast noch keine Einweisung bekommen, dass Staubsauger bei mir abzuholen sind.' Der Heimleiter sagt: ‚Dazu kommen wir gleich noch.'" (TB 2c, Protokoll: 3)*

Eigentlich war das Thema (des Heimleiters) weder der Staubsauger noch Sucht, sondern Konflikte im Haus. Diese werden dann von einem Bewohner im weiteren Verlauf der Hausversammlung mehrfach angesprochen, wobei er einen bestimmten anderen Bewohner, ohne diesen zunächst namentlich zu nennen, als störend beschreibt. Bereits bei seinem ersten Einwurf dazu stöhnt ein Bewohner kurz auf. Mehrere Bewohner_innen reden beim zweiten Versuch des Bewohners, seine Be-

36 Auslassungen in den Protokollzitaten betreffen grundsätzlich nur eigene *analytical notes* (vgl. 3.3.8).

schwerde anzubringen, durcheinander, ich höre z. B. „können die das nicht untereinander regeln?“ (TB 2c, Protokoll: 4) Mittlerweile ist auch klar, wer gemeint ist:

> *„Der Bewohner wirft ihm nun vor, nachts mit Clogs aufs Klo zu gehen, das müsse doch nicht sein. Der Heimleiter sagt: ‚Jürgen, kauf dir ein Eigenheim‘. Es ginge hier um Partylärm und Ähnliches, auch nach 22 h dürfe aber jemand mit Clogs aufs Klo gehen.“ (A. a. O.)*

Der Heimleiter moderiert hier also nicht den Konflikt, der sich zwischen zwei Bewohnern entsponnen hat, sondern maßregelt einseitig den Beschwerdeführer, und zwar mit einem Hinweis, der im Kontext z. T. langjährig wohnungsloser Menschen sehr respektlos wirkt. Gleichzeitig wirken viele Bewohner_innen sehr genervt von der Auseinandersetzung, „sie verdrehen die Augen und stöhnen leise“ (a. a. O.). Kurz danach beendet der Heimleiter etwas abrupt die Hausversammlung und weist auf den Hausputz hin (a. a. O.), an dem ich mich wie schon beim letzten Mal aktiv beteilige. Sowohl mit dem sich beschwerenden Bewohner Jürgen (FG 19) als auch mit zwei weiteren Bewohnern (FG 18) komme ich anschließend noch nacheinander ins Gespräch. Jürgen beschwert sich, dass er auf der Hausversammlung „angemacht“ wurde, „er hätte doch nur von seinem Stress mit dem anderen Bewohner erzählt“ (FG 19, Protokoll: 5). Die anderen beiden Bewohner finden es allerdings

> *„blöd, wenn in der Hausversammlung persönliche Konflikte besprochen würden. Ich hake etwas nach, das Thema sei doch ‚Konflikte‘ gewesen. Beide meinen, das würde stimmen, aber wenn es Konflikte zwischen zwei Bewohner_innen seien, dann sollten sie das bitte zu zweit besprechen, also unter sich ausmachen, und nicht in einer Hausversammlung.“ (FG 18: Protokoll: 5)*

Hier zeigt sich, dass die Bewohner_innen in einer Hausversammlung vor allem DIE Themen interessieren, die sie ganz konkret etwas angehen und ihr Leben direkt betreffen. Umgekehrt machen sie ihrem Unmut Luft, wenn Themen verhandelt werden, die sie nicht interessieren.

In der Gesamtbetrachtung dieser drei Hausversammlungen zeigt sich deren Charakter vor allem als Informationsveranstaltung der Leitung. Die Hausversammlungen verlaufen trotz Vorstrukturierung z. T. etwas chaotisch und ohne roten Faden. Die Bewohner_innen schaffen es immer wieder, den Heimleiter durch Nebengespräche oder Zwischenrufe aus dem Konzept zu bringen. Ob dies im Sinne eines Aneignungsprozesses bewusst passiert oder eine ‚Abstimmung mit den Füßen‘ ist wie das vielfache Ignorieren des Geschehens, kann hier nicht geklärt werden. Die Bewohner_innen stellen die Hausversammlungen nachvollziehbar nicht in den Kontext von Partizipation. Als solche sind sie offensichtlich auch nicht angelegt: Bezogen auf die Stufen von Partizipation (vgl. 2.2.3) wurden die Bewohner_innen in den drei Hausversammlungen vor allem *informiert* und *angehört* (Stufen 3 und 4, Vorstufen von Partizipation), z. T. erhielten sie auch *Anweisungen* (Stufe 2, Nicht-Partizipation), wie sie sich im Haus zu verhalten hätten. Partizipation als Entscheidungsteilhabe dagegen konnte nicht identifiziert werden. Der einzige als

Mitbestimmung ausgelegte Top zum Thema Hoffest konnte nachträglich sogar als *Instrumentalisierung* (Stufe 1, Nicht-Partizipation) identifiziert werden. Gleichzeitig werden die Hausversammlungen aber als partizipativ angelegtes Instrument in der Konzeption des Wohnheims beschrieben: Sie sind dort laut Heimleiter auch als ein Forum für die Bewohner_innen angelegt, in denen sie Kritik äußern und Verantwortung übernehmen können, indem sie an konstruktiven Lösungsvorschlägen beteiligt werden (vgl. I 2, FTb: 26).

4.3.2 Wohnheim Mond

Im Wohnheim Mond findet meine erste Teilnehmende Beobachtung nach einem Interview mit dem Heimleiter ein paar Wochen zuvor statt. Wie er mir dort erklärt hatte, ist die Teilnahme an den Hausversammlungen verpflichtend (I 3, FTb: 30). Im Büro der Sozialarbeiter_innen wird mir vor dem Beginn der Hausversammlung angekündigt, dass im Anschluss ein Kaffeetrinken zu Ehren eines Bewohners stattfände, der an diesem Tag Geburtstag habe. (TB 3a, Protokoll: 1).

Setting

Im Gruppenraum sind drei Stuhlreihen hintereinander aufgebaut. Hinter den Stühlen stehen Tische am Fenster, auf die sich nach und nach mehrere Mitarbeiter_innen des Wohnheims inklusive zwei Praktikant_innen setzen. Vorn steht ein Flipchart, auf dem die Tops notiert sind. Ein Sozialarbeiter moderiert die Veranstaltung. Insgesamt rund 20 Bewohner_innen nehmen an der Hausversammlung teil. (TB 3a, Protokoll: 1) Die Hausversammlung dauert 30 Minuten.

Verlauf und Besonderheiten der Hausversammlung

Die Hausversammlung findet in durchgehend entspannter Atmospäre statt, die Bewohner_innen beteiligen sich mehrheitlich sehr lebhaft an den Diskussionen. Z. T. wird auch durcheinander geredet und die Tagesordnung nicht immer in der vorbereiteten Reihenfolge eingehalten. Tops sind zunächst die Sauberkeit im Haus und die Nachbesprechung einer Dampferfahrt. Haupttop sind geplante Gruppenaktivitäten. Die Bewohner_innen werden vom Sozialarbeiter nach ihren Wünschen und Ideen gefragt, diese machen viele Vorschläge wie ein Besuch der Bluemangroup und die Entwicklung eines gemeinsamen Kunstprojektes (TB 3a, Protokoll: 2). Abgestimmt wird über die Vorschläge jedoch nicht, wie die nachfolgende Sequenz aufzeigt:

> *„Ein älterer Bewohner ‚möchte nochmal auf die Dampferfahrt zurückkommen'. Er hat Kontakte zu Firmen, könnte Ermäßigungen aushandeln. Alle sind weiterhin sehr aufmerksam, die Stimmung fast aufgekratzt. (…) Der Sozialarbeiter wirkt gut gelaunt, ruft ab und zu Bewohner_innen auf, die sich melden statt dazwischenzureden wie andere. Er sagt zu, die ganzen Vorschläge im Team aus-*

zuwerten, evtl. gebe es dann einen Aushang, in den sich die Bewohner_innen mit ihren Interessen eintragen könnten. (…) Der Laienschauspieler betont nochmals seine Kontakte [Kontext: Vorschlag Bluemangroup, SG]. (…) Der Sozialarbeiter wiederholt, dass die Vorschläge von ihnen ausgewertet würden.“ (TB 3a, Protokoll: 3)

An diesem Beispiel (von mehreren in dieser Hausversammlung) wird deutlich, dass die Bewohner_innen zwar nach ihren Ideen gefragt werden, eine Entscheidung aber letztlich von den Professionellen getroffen wird. Auf mehrfache Angebote von Bewohner_innen, sich selbst um die Umsetzung ihrer Ideen zu kümmern, wird vom moderierenden Sozialarbeiter nicht eingegangen. Das Geschehen kann somit als *Anhörung* (Stufe 4, Vorstufe der Partizipation) angesehen werden. Am Ende der Hausversammlung verabschiedet sich ein Praktikant von den Bewohner_innen und bekommt spontan Beifall von diesen. Der Sozialarbeiter schließt die Sitzung mit einem Hinweis auf das Geburtstags-Kaffeetrinken. Einige Bewohner_innen nehmen sich Kaffee und Kuchen beim Verlassen des Raums, nur wenige bleiben dort. Mir fällt auf, dass nicht alle Tops, die auf dem Flipchart aufgelistet waren, auch besprochen wurden. (TB 3a, Protokoll: 3)

Nach Beendigung der Hausversammlung spreche ich noch mit den beiden Praktikant_innen und dem Sozialarbeiter (FG 8). Eine in der Versammlung sehr aktive Bewohnerin*[37] schaltet sich ein, „wendet sich an den Sozialarbeiter und sagt, sie hätte nie gedacht, dass ihre Vorschläge tatsächlich aufgegriffen würden. Darüber würde sie sich sehr freuen.“ (A. a. O., Protokoll: 4) Ich bin zunächst verblüfft über ihre Wahrnehmung, ihre Vorschläge (oder die von anderen) seien tatsächlich ‚aufgegriffen‘ worden. Es stellt sich allerdings die Frage, ob sie mit ihrer Bemerkung dem Sozialarbeiter gegenüber nicht auch Fakten schafft, dies also eine (bewusste oder unbewusste) Strategie von ihr ist, um ihre Ideen später tatsächlich umsetzen zu können.

Die zweite Teilnehmende Beobachtung im Wohnheim Mond findet etwa drei Monate später statt.

Setting

Ein anderer Sozialarbeiter als bei meiner ersten Teilnehmenden Beobachtung moderiert die Hausversammlung, ein weiterer protokolliert sie. Die Anordnung der Stühle im Raum ist dieselbe wie bei der ersten Beobachtung. Auch diesmal sitzen Menschen auf Tischen hinter den Stuhlreihen, da der Platz nicht ausreicht. Wieder steht ein Flipchart mit der Tagesordnung vorn. Bei der Hausversammlung sind etwa 20-25 Bewohner_innen anwesend. Sie dauert 35 Minuten.

37 Das Gendersternchen verweist in diesem Fall auf eine trans*Frau, die sich als solche auch offen präsentiert.

Verlauf und Besonderheiten der Hausversammlung

Die Teilnahme an den Hausversammlungen ist verpflichtend (s. o.). Wie ambivalent die Kommunikation hierzu gegenüber den Bewohner_innen ist, zeigt eine kurze Szene vor dem offiziellen Beginn der Hausversammlung. Ein Sozialarbeiter hatte seinem moderierenden Kollegen vorher kurz mitgeteilt, er würde noch einmal durch die Etagen gehen und die Bewohner_innen an die Hausversammlung erinnern: „Der (später moderierende) Sozialarbeiter sitzt lässig auf einem Tisch. Er spricht einen vor ihm sitzenden Bewohner direkt an: ‚Bist du freiwillig hier oder wurde bei dir geklopft?'“ (TB 3b, Protokoll: 1) Verkennt der Sozialarbeiter hier, dass die Bewohner_innen nicht ‚freiwillig' anwesend sein müssen, nur weil sie nicht per persönlicher Ansprache direkt vor der Hausversammlung aus ihren Zimmern abgeholt werden? Oder wird nach außen Freiwilligkeit kommuniziert und nach innen Zwang ausgeübt?
Wie bereits bei der vorherigen Hausversammlung werden beim Top ‚Gruppenaktivitäten' Wünsche und Ideen abgefragt sowie die Koordination der Aktivitäten durch die Sozialarbeiter_innen angekündigt (TB 3b, Protokoll: 2). Die Atmosphäre ist wieder entspannt bis ausgelassen. Beim Sammeln der Ideen kommt es zu kleinen Scherzen auf Seiten des moderierenden Sozialarbeiters sowie der Bewohner_innen, so werden auch Ideen wie „Russisch Roulette“ (a. a. O.) sowie „Strip Poker“ (a. a. O.: 3) von den Bewohner_innen geäußert. Auffällig ist, dass der Sozialarbeiter quer durch die festgelegte Tagesordnung moderiert und auch chaotischere Situationen mit vielen Zwischenrufen zulässt (a. a. O.: 2). Die Beteiligung der Bewohner_innen ist hoch, selbst bei Tops wie ‚Sauberkeit im Haus' werden auf Nachfragen des Sozialarbeiters Vorschläge und Hinweise ausgetauscht, wie beispielsweise der Herd geputzt werden könnte (a. a. O.: 3).
Etwa in der Mitte der Hausversammlung beim Top ‚Weihnachtsfeier' kommt es zu einem Wutausbrauch eines Bewohners, der jedoch vom Sozialarbeiter, unterstützt von einem Bewohner, gut aufgefangen wird:

> *„Als er [der Sozialarbeiter, SG] ein Spiel erklärt – ‚eine lustige Art von Wichteln' – gibt es eine heftige Reaktion von einem bisher stillen Bewohner in der zweiten Stuhlreihe. Der Sozialarbeiter hatte gerade erklärt, dass das Team Geschenke kaufe, die man erwürfeln könne, dann aber wieder weitertauschen müsse. Da ruft er laut: ‚MUSS getauscht werden? Nix da, was ich gewonnen habe, will ich behalten'. Der Sozialarbeiter besteht auf den Spielregeln, die er noch einmal erklärt. Der Bewohner wird noch lauter, schreit fast: ‚Nix muss ich. Scheißen muss ich, kotzen muss ich!' Der Sozialarbeiter spricht ihn ruhig und direkt an: ‚Sie kriegen eine Sonderregelung. Sie dürfen Ihre Geschenke behalten!' Der Bewohner ruft noch einmal laut: ‚Wo gibt's denn sowas? Scheißen muss ich, kotzen!' Er wird laut und erscheint sehr aufgeregt, die anderen Bewohner_innen sind sichtlich genervt und tuscheln. Der Sozialarbeiter versucht noch einmal ihn zu beruhigen: ‚Für Sie gibt es eine Ausnahme, Sie müssen jetzt nicht mehr für andere sprechen.' Es wird ruhiger, und er ergänzt: ‚Am Ende kriegt noch jeder*

ein persönliches Geschenk.' Ein Bewohner ruft: ,Und dann schwofen!' Der Sozialarbeiter grinst: ,Auf Weihnachtslieder schunkeln habe ich noch nie erlebt.'" (TB 3b, Protokoll: 3)

Insgesamt moderiert der Sozialarbeiter schnell durch alle Tops, weil er in 30 Minuten „durchkommen" will, wie er mir im sich anschließenden Gespräch erklärt (FG 12, Protokoll: 4): „Die Aufmerksamkeitsspanne der Bewohner_innen sei nicht so groß, daher versuche er auch immer, Infopunkte mit spannenderen Themen abzuwechseln" (a. a. O.). Nach dem letzten Top „Weihnachtsfeier" schließt der Sozialarbeiter die Hausversammlung: „Der Sozialarbeiter wünscht allen einen schönen Abend, die Bewohner_innen stehen auf und verlassen zügig den Raum" (TB 3b, Protokoll: 4). Was aus den Ideen zu Gruppenaktivitäten aus der letzten Hausversammlung geworden ist, weiß der Sozialarbeiter nicht (FG 12, Protokoll: 5).
Meine dritte und letzte Teilnehmende Beobachtung im Wohnheim Mond findet nach etwa vier Monaten statt.

Setting

Die räumliche Anordnung von Stühlen, Tischen und Flipchart ist identisch mit den vorher von mir beobachteten Hausversammlungen. Der Heimleiter moderiert diesmal die Sitzung, ein weiterer Sozialarbeiter schreibt das Protokoll. Eine Praktikantin sitzt ebenfalls vorn und übernimmt auch aktive Parts in der Moderation. Etwa 25 Bewohner_innen sind anwesend, die Hausversammlung dauert mit 1 ¼ Stunden wesentlich länger als die ersten beiden.

Verlauf und Besonderheiten der Hausversammlung

Der Heimleiter stellt sich zu Beginn der Hausversammlung vor, da ihn noch nicht alle kennen würden.[38] Er stellt die Tops vor, die wie immer auf dem Flipchart stehen und fragt nach Ergänzungen. „Mehrere Bewohner_innen äußern sehr konkrete Punkte wie ,Müllsäcke' und ,vergorene Milch', die der Heimleiter jeweils erklärend unter Top Sauberkeit sowie Sonstiges notiert" (TB 3c, Protokoll: 1). Dies erscheint mir als ein respektvoller Umgang mit den Anliegen der Bewohner_innen. Beim dritten Top ,Hausordnung' meldet sich ein Bewohner zu Wort:

„Die Küche sei schlimm, er hätte sich geekelt. Er habe einen Vorschlag, ,wenn ich sagen darf'. Und schlägt vor in der Küche eine Liste anzubringen, in die sich jeder einträgt, der in der Küche kocht. Wer sich nicht einträgt, bekommt eine Abmahnung. Mehrere Bewohner_innen kommentieren dies untereinander abwertend. Der Heimleiter fragt in die Runde: ,Wie denken Sie darüber?' Eine Bewoh-

38 Die Bewohner_innen haben im Alltag vor allem mit ihren Bezugsbetreuer_innen zu tun. Die Heimleitung ist ihnen nicht in jedem Fall bekannt.

nerin meldet sich zu Wort und sagt, es sei ‚eine leidige Geschichte, dass Männer nicht saubermachen'. Ihr Vorschlag: Spülmittel und geeigneten Schwamm zur Verfügung stellen. (…) Ein Bewohner macht einen Gegenvorschlag, nämlich einen Zuverdienst für jemanden, der putzt. Es gebe genug Menschen im Haus, die sehr wenig Geld hätten, für die sei das auch gut. (…) Bewohner_innen rufen dazwischen: ‚Wer soll das übernehmen?'" (A. a. O.: 2)*

Im Folgenden kommt es zur lebhaften Diskussion beider Vorschläge. Der Heimleiter teilt seine Skepsis beim Zuverdienst-Vorschlag mit: Es hätte mal einen Putzdienst gegeben, aber dadurch hätten sich immer mehr Bewohner_innen „in die Hängematte gelegt" (a. a. O.) und gar nicht mehr selbst saubergemacht. Anschließend wird weiter diskutiert, und es kristallisiert sich heraus, dass die meisten Bewohner_innen einen Putzdienst favorisieren würden. Der Heimleiter sagt schließlich,

„… ein Putzdienst könnte über die Ehrenamtspauschale vergütet werden. Er fragt: ‘Würde denn jemand Interesse an dem Job haben?' Vier Bewohner_innen melden sich. Der protokollierende Sozialarbeiter fragt die Namen nach. Der Heimleiter wird nun klären, ob sich die Idee umsetzen lässt." (TB 3c, Protokoll: 3)

Obwohl der Heimleiter also Bedenken gegen den Vorschlag eines Putzdienstes über Zuverdienstregelung hat, nimmt er ihn letztendlich auf und sagt eine Prüfung der Umsetzung zu. Die Bewohner_innen haben damit zu einem von ihnen selbst aufgebrachten Problem eine mögliche Lösung gefunden und eine Entscheidung hierzu getroffen. Der Heimleiter hat sich positioniert, aber die Bewohner_innen nicht versucht zu manipulieren. Am Ende hat er deren Wunsch respektiert (*teilweise Entscheidungskompetenz,* Stufe 7, Partizipation). Auch im weiteren Verlauf werden alle Beiträge von Bewohner_innen vom Heimleiter wertschätzend kommentiert, selbst wenn sie thematisch nicht passend erscheinen. So geht es an einer anderen Stelle um die Frage, warum trotz einer Liste mit von den Bewohner_innen vorgeschlagenen Gruppenaktivitäten keine dieser bisher stattgefunden habe:

„Z. B. stünden Leute zum Skat auf der Liste, aber sie fänden nicht zusammen. ‚Es gibt den Raum da (der Heimleiter zeigt nach nebenan) – was fehlt?' Ein Bewohner sagt: ‚Es fehlt ein Kraftraum. Bisschen pumpen.' Der Heimleiter sagt: ‚Das ist ein neuer Vorschlag, den können wir ja aufnehmen' und verweist auf die schon bestehende Liste. Es gehe um die Aktivitäten, die schon geplant waren." (TB 3c, Protokoll: 4)

Der Heimleiter wirkt auf mich durchgängig sehr integrativ und diplomatisch: „Kein Vorschlag wird als unsinnig benannt, alles werde geprüft" (a. a. O.). Auch den Versuch einer Bewohnerin*, einen kleinen Machtkampf mit dem Heimleiter auszufechten bzw. seine Grenzen zu testen, lässt er durch seine sachlichen Antworten ins Leere laufen. So geht es nachfolgend um die Hausordnung:

„Besucher müssten im Büro angemeldet werden und Alkohol dürfe nur allein auf dem Zimmer getrunken werden: ‚Wir wollen hier keine Trinkergemeinschaften.'

Ein Bewohner fragt nochmal nach, dann beschreibt die Bewohnerin ein Szenario mit Besuchern, man trinkt, auch harte Sachen, jemand sieht das, was passiert dann? ‚Welche Strafen drohen mir?' Heimleiter: Der Bezugssozialarbeiter würde dies dann ansprechen und es könnte Abmahnungen geben. Kommentar der Bewohnerin*: ‚Also alles sehr harmlos.' Heimleiter: ‚Kommt drauf an, die Bewertung erfolgt durch den Sozialarbeiter.' Die Bewohnerin* fragt nach: ‚Wie viele Abmahnungen?' Heimleiter: ‚Dritte Abmahnung bedeutet fristlose Kündigung.' Mehrere Nachfragen der Bewohnerin* schließen sich an. Der Heimleiter fragt dann: ‚Gibt es noch Fragen?' Nein." (TB 3c, Protokoll: 3)*

Insgesamt sind die drei beobachteten Hausversammlungen im Wohnheim Mond nach einem offenbar (im Team?) abgesprochenen Format abgelaufen: Die Sozialarbeiter_innen inklusive Heimleitung wechseln sich bei den Moderationen ab. Die Atmosphäre ist entspannt bis heiter, die Aufmerksamkeitsspanne groß. Viele Bewohner_innen beteiligen sich aktiv an den Diskussionen. Lediglich bei der letzten Hausversammlung bleibt die Partizipation jedoch nicht bei den Vorstufen *Information* und *Anhörung* stehen, sondern kommt es sogar zu einer *teilweisen Entscheidungskompetenz* (Stufe 7, Partizipation) der Bewohner_innen beim Thema Küchenputzdienst. Auch zeigt diese Hausversammlung, dass die Bewohner_innen im Gegensatz zur Vermutung eines Sozialarbeiters sehr wohl länger als 30 Minuten in der Lage sind sich zu konzentrieren und dem Geschehen zu folgen, wenn sie aktiv auch in Entscheidungen einbezogen werden.

4.3.3 Wohnheim Stern

Das Wohnheim Stern ist ein Angebot ausschließlich für Frauen. Mein erster Versuch, eine Hausversammlung zu beobachten, scheiterte am Veto von zwei Bewohnerinnen. In einem stattdessen vereinbarten Gespräch mit mehreren Interessierten *nach* der Hausversammlung (I 12) gab es bereits Hinweise, dass in den regelmäßig stattfindenden Hausversammlungen auch Entscheidungen durch die Bewohnerinnen getroffen werden. Im Telefoninterview mit der Leiterin zuvor war dies ebenfalls berichtet worden (I 4, Mitschrift: 2). Insgesamt zwei Hausversammlungen wurden, jeweils nach Zustimmung aller Anwesenden, teilnehmend beobachtet.

Setting

Die erste von mir beobachtete Hausversammlung findet in einem Gruppenraum des Wohnheims statt. Ein Stuhlkreis aus buntbezogenen Küchenstühlen ist um einen Tisch formiert, auf dem Getränke stehen. Eine Anwesenheitsliste, die ebenfalls auf dem Tisch liegt, verweist auf die verpflichtende Teilnahme (vgl. I 4, Mitschrift: 1). An der Hausversammlung nehmen 13 Bewohnerinnen sowie zwei Kleinkinder und ein Hund teil, zudem sind zwei Sozialarbeiterinnen und eine Praktikantin anwesend. (TB 5a, Protokoll: 1) Die Hausversammlung dauert 50 Minuten.

Verlauf und Besonderheiten der Hausversammlung

Zu Beginn der Hausversammlung bittet eine Sozialarbeiterin um eine kurze Vorstellung der Anwesenden (TB 5a, Protokoll: 1). Gleich der erste Top ‚Polizeieinsatz' führt zu „vielen Zwischenrufen und einer emotional aufgeladenen Atmosphäre" (a. a. O.: 2). Die Sozialarbeiterinnen fassen zusammen, was nach einer Diebstahlsanzeige einer Bewohnerin vorgefallen war und werden anschließend von mehreren Bewohnerinnen in ihrem Bericht ergänzt. Am Ende einer längeren Diskussion fragt eine Sozialarbeiterin: „'Was denkt ihr? Was sollen wir noch machen?'" (a. a. O.). Dies führt zu Vorschlägen und Kommentaren einiger Bewohnerinnen (a. a. O.). Da offen bleibt, wie weiter verfahren wird, behalten sich die Sozialarbeiterinnen anscheinend die Entscheidung vor. Es kam somit zu einer *Anhörung* der Bewohnerinnen (Stufe 4, Vorstufe der Partizipation). Der zweite Top heißt ‚Haustür'. Das Anliegen der Sozialarbeiterinnen ist, „dass auch tagsüber nur mit Schlüssel das Haus betreten werden könne" (a. a. O.). Eine Bewohnerin bringt hierzu einen Vorschlag ein:

> *„'Ich wollte eine Resolution schreiben, die dann alle unterschreiben.' Im Laufe des Gesprächs wird klar, dass sie mit dieser Resolution das Anliegen unterstützen möchte. Mehrere Bewohnerinnen erzählen, wann jeweils die Haustür auch nachts offen war. (…) Eine Sozialarbeiterin berichtet, dass ein sogenanntes ‚Panikschloss' geplant sei, man käme also von innen raus, wenn abgeschlossen sei. Mehrere Frauen rufen, dass das schön sei, ‚ab wann?'. Die ‚Co-Hundemutti' [Selbstbeschreibung der Bewohnerin, SG] solle trotzdem die Resolution verfassen." (TB 5a, Protokoll: 1 f.)*

Interessant an dieser Szene ist nicht nur, dass ein Vorschlag der Sozialarbeiterinnen, nämlich das Haus auch tagsüber verschlossen zu halten, vorab bereits von mindestens einer Bewohnerin ebenfalls überlegt wurde. Sowohl ihre Idee, eine ‚Resolution' zu verfassen als auch die Unterstützung durch mehrere Bewohnerinnen zu einem Zeitpunkt, als der Vorschlag bereits durch die Professionellen auf dem Tisch liegt, weisen auf einen Aneignungsprozess durch die Bewohnerinnen hin: Durch die ‚Resolution' wird das Anliegen der Sozialarbeiterinnen auch zu ihrer eigenen Idee. Es kommt zu einer *Einbeziehung* in die Entscheidung (Stufe 5, Vorstufe der Partizipation).

Die weiteren Tops wie Mängel im Haus und das regelmäßige Angebot der Tafel werden abwechselnd durch Informationen der Sozialarbeiterinnen sowie Fragen an die Bewohnerinnen nach deren Anliegen verhandelt (TB 5a, Protokoll: 3 f.). Nachdem auf mehrfaches Nachfragen keine Themenwünsche mehr geäußert werden, wird die Hausversammlung geschlossen (a. a. O.: 4).

Zur zweiten Hausversammlung nach zwei Monaten werde ich sehr kurzfristig eingeladen, es handelt sich diesmal um eine außerordentliche Hausversammlung. Bereits bei meinem Eintreffen im Haus erfahre ich durch eine Sozialarbeiterin, „‘dass richtig was los ist‘ im Haus, viel Stress. Es würde bei der Hausrunde sicherlich gleich zur Sache gehen.“ (TB 5b, Protokoll: 1)

Setting

Wieder ist ein Stuhlkreis aufgebaut:

> *„Der Tisch in der Mitte ist diesmal so lang aufgebaut, dass die Frauen an den beiden Enden fast nicht vorbeikommen. Eine kriecht unten durch, deutet zunächst einen Limbo an. Auf dem Tisch liegt die Anwesenheitsliste, Getränke stehen dieses Mal nicht darauf.“ (TB 5b, Protokoll: 1)*

Es sind 17 Bewohnerinnen, ein Kind und ein Hund sowie drei Sozialarbeiterinnen und eine ehemalige Bewohnerin anwesend. Die Hausversammlung dauert 55 Minuten.

Verlauf und Besonderheiten der Hausversammlung

Eine der Sozialarbeiterinnen eröffnet mit etwas Verspätung die Hausversammlung und teilt mit, dass es sich um eine außerordentliche Hausrunde aus gegebenem Anlass handle. Zunächst bittet sie wie bei der ersten von mir beobachteten Hausversammlung um eine kurze Vorstellungsrunde. Danach wird der Anlass benannt:

> *„Eine Sozialarbeiterin erläutert den heutigen Haupt-Top, nämlich den Zustand der Wohnungen. Zwei Bewohnerinnen direkt mir gegenüber albern herum, lachen. Andrea [Sozialarbeiterin, Name geändert, SG] weist sie zurecht. Die ehemalige Bewohnerin, die jetzt im Haus tätig ist im Rahmen der Wohnungsübergaben, sprich putzt, wird gebeten zu berichten, wie sie viele der Wohnungen vorfindet. Sie erzählt, dass sie oft 1-2 ganze Tage ‚an den Wohnungen herumschrubbt‘, um sie sauber zu bekommen.“ (TB 5b, Protokoll: 1 f.)*

Ohne Rückfragen an die Bewohnerinnen teilt eine Sozialarbeiterin anschließend mit,

> *„dies würde Konsequenzen haben und man würde nun vom Hausrecht Gebrauch machen. Sie kündigt Wohnungsbegehungen noch diese Woche an. Dort solle die Sauberkeit geprüft werden, aber auch, ob das Inventar noch vollständig sei.“ (TB 5b, Protokoll: 2)*

Eine Bewohnerin, die eine Frage stellen möchte, wird von der Sozialarbeiterin zurechtgewiesen (a. a. O.). Während die Sozialarbeiterinnen abwechselnd das Verfahren der Wohnungsbegehungen erläutern, wird es unruhig im Raum, und es entstehen viele Nebengespräche. Dabei spaltet sich die Gruppe der Bewohnerinnen in diejenigen, die eine Wohnungsbegehung ablehnen, und die, die das Verfahren in Ordnung finden:

„Eine Bewohnerin, die zu Beginn herumgealbert hatte und auch zwischendurch öfter Grimassen gezogen hat, fragt: ‚Warum macht ihr das überhaupt?' Eine Sozialarbeiterin: ‚Haben wir doch erklärt.' Bewohnerin: ‚Is so Knastatmosphäre.' Andere Bewohnerinnen reden durcheinander: ‚Ist doch okay, lass die doch einmal gucken.' Diverse Nebengespräche und viel Gemurmel erfüllen den Raum. Die Bewohnerinnen wirken z. T. sehr aufgeregt zu diesem Zeitpunkt. Andrea sagt bestimmt: ‚Das ist kein Hotel hier' und beschreibt das Wohnheim mit ‚von uns geliehenen Sachen'." (TB 5b, Protokoll: 3)

Im weiteren Verlauf wird deutlich, dass sich die Sozialarbeiterinnen vor der Hausversammlung nicht klar über das geplante Verfahren abgesprochen haben, da sie z. T. widersprüchlich agieren bzw. Aussagen abschwächen, die Kolleg_innen vorab gemacht haben. Parallel werden Ängste von Bewohnerinnen geäußert:

„Eine Bewohnerin sagt, sie hätte eine wackelnde Fußleiste. Andrea erklärt, es ginge nur um Sauberkeit. Eine zweite Bewohnerin schüttelt die ganze Zeit den Kopf. Andrea und die beiden anderen Sozialarbeiterinnen sind sich uneinig bezüglich klarer Zeitabsprachen mit den Bewohnerinnen. Andrea sagt: ‚Wir wollen auch mal Feierabend haben.' Die zweite Bewohnerin sagt: ‚Ist doch meine Privatsphäre' und die erste: ‚Find ich krass, dass ihr in unsere Schränke gucken wollt.' Andrea verweist auf die Schrankscharniere, die nur überprüft werden könnten, wenn die Schranktür aufgemacht wird: ‚Es geht nicht um eure Unterwäsche.' Die zweite Bewohnerin sagt: ‚Doch, genau darum geht es, die seht ihr dann.' Alle reden nun wieder durcheinander. Die zweite Bewohnerin insistiert mit verschränkten Armen: ‚Finde ich nicht in Ordnung.' Eine Sozialarbeiterin sagt: ‚Ich stimme dir zu, es ist deine Privatsphäre, aber es sind unsere Schränke.'" (TB 5b, Protokoll: 3)

In dieser wie auch weiteren, ähnlichen Szenen wird deutlich, dass die Sozialarbeiterinnen vollkommen anders agieren als in der ersten beobachteten Hausversammlung. Sie nutzen ihre Machtposition, indem sie die Bewohnerinnen lediglich über eine bereits getroffene Entscheidung informieren. Dabei wäre es auch möglich gewesen, die Bewohnerinnen nach ihren eigenen Ideen für eine Lösung des Problems (schlechter Zustand der Wohnungen) zu fragen. Eventuell wären die Wohnungsbegehungen von der Mehrheit der Bewohnerinnen sogar mitgetragen worden – oder es wäre eine alternative Idee entwickelt worden.

Im weiteren Verlauf der Hausversammlung wird von den Sozialarbeiterinnen mitgeteilt, dass sich das Gesundheitsamt routinemäßig zur Begehung angekündigt hat.

„Eine Bewohnerin sagt: ‚Ist nur komisch, dass kurz, bevor das Gesundheitsamt kommt, das Thema hier so aufkommt.' Eine Sozialarbeiterin sagt: ‚Ist IMMER Thema in der Hausrunde', also nichts Neues." (TB 5b, Protokoll: 4)

Es bleibt bei der Ankündigung der Wohnungsbegehungen. Die Sozialarbeiterinnen fragen abschließend, ob noch andere Themen besprochen werden sollen bzw. es weitere Anliegen gebe:

„Eine Bewohnerin sagt: ‚Ja, ich habe ein Anliegen, können wir das jetzt beenden?‘ Eine Sozialarbeiterin verweist auf die nächste Hausrunde in 1-2 Wochen, da dies nur eine außerordentliche war. Einige Bewohnerinnen zeigen genervte Reaktionen. Andrea sagt: ‚Für uns ist das auch nicht so toll. Unten im Büro warten genug Berichte, die geschrieben werden müssen.‘ Ziemlich abrupt endet die Hausrunde.“ (TB 5b, Protokoll: 4 f.)

Auch im sich direkt anschließenden Nachgespräch mit den drei Sozialarbeiterinnen (FG 15) zeigt sich, wie sehr diese unter Druck stehen:

„Für sie sei gerade ‚das Fass übergelaufen‘. Eine Bewohnerin hätte ihre Wohnung mehr oder weniger zerstört hinterlassen. (…) Sie sei sozusagen der Auslöser gewesen. Es habe daher keine Verhandlungsmöglichkeit für sie [die Sozialarbeiterinnen, SG] gegeben …“ (FG 15, Protokoll: 5)

Im Vergleich der beiden Hausversammlungen zeigt sich, wie fragil ein partizipativer Ansatz sein kann, wie er in der ersten Hausversammlung beobachtet und auch im o. g. Gruppeninterview nach einer Hausversammlung ohne mich durch die Bewohnerinnen bestätigt wurde. So wurden die Bewohnerinnen in der ersten Versammlung mehrfach *angehört* (Stufe 4, Vorstufe der Partizipation) bzw. in Entscheidungen *einbezogen* (Stufe 5, Vorstufe der Partizipation). Im Gruppeninterview (I 12, Protokoll: 1) wurde darüber hinaus von Möglichkeiten der *Mitbestimmung* (Stufe 6, Partizipation) berichtet. Was im normalen Hausalltag gelingt, ist unter Stress offenbar nicht mehr möglich. Wenn es dann noch mangelnde Absprachen zwischen den Professionellen gibt, kann nur noch eine hilflos wirkende Machtdemonstration gezeigt werden, die bei institutionalisierten Regeln und Absprachen zum Ablauf von Hausversammlungen eventuell gar nicht nötig gewesen wäre. Inwieweit auch die bei der ersten Hausversammlung nicht anwesende Sozialarbeiterin Andrea den Charakter der außerordentlichen Hausversammlung verändert hat, kann nur spekuliert werden. Zumindest ist ihre eher „barsche Art“ (TB 5b, Protokoll: 2) ein Hinweis auf einen veränderten Tonfall gegenüber den Bewohnerinnen. Diese zeigen allerdings deutlich ‚Zähne‘, wie die o. g. Ausschnitte aus dem Protokoll sichtbar machen.

4.3.4 Wohnheim Wolke

Das Wohnheim Wolke besuche ich einmalig, um in einer Hausversammlung die Nachwahl einer Betroffenenvertretung zu beobachten (TB 4). Es handelt sich um ein Wohnheim nur für Männer. Bei den vorherigen Tagesordnungspunkten war ich in Absprache mit den Sozialarbeiter_innen nicht anwesend und kann daher über den Verlauf und weitere Besonderheiten nichts berichten. Nach der Hausversammlung spreche ich noch mit zwei Bewohnern (FG 11).

Setting

Als ich zu der Hausversammlung stoße, sitzen etwa 15-20 Bewohner im Gemeinschaftsraum, z. T. an Tischen und auf Sofas und Sesseln, z. T. auf im Kreis angeordneten Stühlen. Zwei Sozialarbeiterinnen und ein Sozialarbeiter sind außerdem anwesend, die ebenfalls – nebeneinander – im Stuhlkreis sitzen. Bei meinem Ankommen moderiert noch der Sozialarbeiter die Hausversammlung, dann übernimmt eine der beiden Sozialarbeiterinnen den Top ‚Nachwahl einer Betroffenenvertretung'.

Ablauf der Nachwahl einer Betroffenenvertretung

Zu Beginn erklärt die Sozialarbeiterin kurz, dass die Betroffenenvertretung das Recht habe, bei Teamsitzungen zu einem spezifischen Top hinzuzukommen, um dann dort die Interessen der Bewohner zu vertreten (TB 4, Protokoll: 1). Vorgesehen seien insgesamt drei Vertreter. Einer sei aktuell schon gewählt, sodass zwei weitere Plätze zur Verfügung stünden. (A. a. O.) Wie ich nach der Hausversammlung erfahre, hängt am Schwarzen Brett des Wohnheims Wolke ein Papier mit Informationen zur Betroffenenvertretung. Auf dieses wird nicht hingewiesen, auch wird nicht gefragt, ob es allen bekannt ist. Nachfolgend scheitert zunächst die Bewerbung eines neuen Bewohners zum Betroffenenvertreter:

> *„Die Sozialarbeiterin fragt, ob jemand Lust hätte sich zur Wahl zu stellen. Ein auf mich vorher eher zurückhaltend wirkender Mann meldet sich und sagt, dass er es machen würde und auch schon Erfahrung mit so etwas hätte. (…) Die Sozialarbeiterin sagt: ‚Super, dann wählen wir Herrn Machnow doch mal, wer ist denn dafür?' Niemand meldet sich. Sie fragt erneut nach, und ein Mann, der mit Herrn Machnow wohl auf derselben Etage wohnt, meldet sich als Einziger. Die Sozialarbeiterin fragt, ob jemand GEGEN Herrn Machnow wäre. Es meldet sich niemand und sie stellt fest, dass Herr Machnow damit gewählt sei." (TB 4, Protokoll: 1)*

Durch Intervention des Sozialarbeiters wird diese Wahl nicht ‚amtlich', denn es sei seiner Ansicht nach ja „etwas komisch …, mit nur einer Stimme gewählt zu werden" (a. a. O.: 2). Es folgt ein zweiter, wieder von der Sozialarbeiterin moderierter Versuch:

> *„Die Sozialarbeiterin sagt: ‚Dann versuchen wir es doch noch mal'. Sie spricht gezielt einzelne Männer an: ‚Sie kennen Herrn Machnow doch, wollen sie ihn nicht wählen?' Auch der nachfolgende Versuch einer Wahl scheitert, Herr Machnow erhält wieder nur eine Stimme. Sie schlägt dann vor, die Wahl in der nächsten Hausversammlung zu wiederholen, bis dahin könne sich Herr Machnow ja im Haus noch etwas bekannt machen. Herr Machnow sagt zu all dem nicht einen Piep." (TB 4, Protokoll: 2)*

Gewählt wird dann aber doch noch ein Betroffenenvertreter:

„Die Sozialarbeiterin fragt dann, ob es noch andere Interessierte gäbe oder jemand vorgeschlagen werde. Mehrere Bewohner rufen gleichzeitig, sie würden Herrn Lange vorschlagen bzw. zeigen auf ihn. Sie fragt, wer für Herrn Lange sei, und es melden sich ca. 8-9 Bewohner. Gegenstimmen gibt es auf Nachfrage keine, Enthaltungen werden nicht erfragt. Die Sozialarbeiterin teilt mit, dass Herr Lange damit gewählt ist und fragt, ob dieser die Wahl annehme. Er sagt ‚ja'. Sie stellt noch einmal fest, dass Herr Machnow in der nächsten BVV nachgewählt werden könne." (TB 4, Protokoll: 2)

Mit der Wahl von Herrn Lange wird deutlich, dass die Bewohner nicht wahlmüde sind, sondern sehr wohl darüber entscheiden wollen, wer ihre Interessen vertritt. Der ungeschickte Versuch der Sozialarbeiterin, einen Bewohner mit nur einer Stimme wählen zu lassen, zeigt dagegen, dass die Betroffenenvertretung von ihr nicht als ernsthaftes Partizipationsinstrument angesehen wird. Ihr manipulatives Vorgehen (‚Sie kennen Herrn Machnow doch, wollen sie ihn nicht wählen?' s. o.) diskreditiert die Betroffenenvertretung als solches. Diese Wahl kann daher als *Instrumentalisierung* (Stufe 1, Nicht-Partizipation) angesehen werden. Auch bleibt unklar, warum zu Beginn der Wahl nicht umfassender auf die Rechte und Pflichten der Betroffenenvertretung sowie das Wahlverfahren eingegangen wurde. Die Sozialarbeiter_innen selbst waren sich zudem offenbar nicht über die Regeln einig, denn ohne die Intervention des Sozialarbeiters wäre die Wahl von Herrn Machnow offiziell geworden.
Nach der Hausversammlung komme ich noch mit Herrn Machnow sowie Herrn Lange ins Gespräch (FG 11). Herr Machnow erzählt im Gespräch, er sei von der Sozialarbeiterin vor der Hausversammlung motiviert worden, sich zur Wahl zu stellen (FG 11, Protokoll: 3). Im Gespräch wird deutlich, dass selbst dem gewählten Herrn Lange nicht ganz klar ist, was seine neuen Aufgaben sind:

„Auf meine Frage sagt er, er wisse noch nicht so genau, was seine Aufgaben als Betroffenenvertreter seien und was ihn erwarte, aber er würde sicherlich vom schon länger gewählten Betroffenenvertreter … ‚eingewiesen' werden. Dieser … nehme seine Rolle aktiv wahr und würde sich beispielsweise bei Hausversammlungen ‚einmischen'." (FG 11, Protokoll: 3)

Seine Rolle schätzt er eher gering ein, so seien sie als Betroffenenvertreter „‚kleine Lichter', die Sozialarbeiter_innen würden weiter alles entscheiden" (a. a. O.). Er habe allerdings ein paar Änderungswünsche, die er den Sozialarbeiter_innen mitteilen möchte (a. a. O.). Herr Machnow stellt sich vor, im Falle seiner Wahl bei der nächsten Hausversammlung „bei seinen regulären Bezugsbetreuungsgesprächen auch die Wünsche für Tops bei den Hausversammlungen anzusprechen" (a. a. O.). Er vermischt damit offensichtlich seine Rolle als Klient/Nutzer der Einrichtung mit der als eventuell zukünftiger Bewohnervertreter. Dies weist darauf hin, dass ihm die Ziele und Aufgaben der Betroffenenvertretung nicht klar sind.
Zum Abschluss zeigt mir Herr Machnow noch den Aushang zur Betroffenenvertretung am Schwarzen Brett. Ich nehme das Papier als sehr bürokratisch, mehr wie ein

Behördenschreiben layoutet, wahr. Auch die Sprache ist eher hochschwellig. Die formulierten Aufgaben der Betroffenenvertreter sind durchaus anspruchsvoll. (TB 4, Protokoll: 2) Umso wichtiger wäre es, diese vor einer Wahl gut zu kommunizieren.

4.3.5 Wohnheim Planet

Im Wohnheim Planet beobachte ich eine Hausversammlung (Tb 6). Dieser ging eine Teamsitzung mit Anwesenheit von Betroffenenvertreter_innen voraus (T 9), und es schlossen sich zwei Feldgespräche (FG 13 und FG 14) an. Ein paar Monate zuvor hatte ich sowohl einen Betroffenenvertreter (I 8) als auch die Heimleiterin (I 11) interviewt. Ein kurzes Feldgespräch fand zudem mehrere Monate nach der Teilnehmenden Beobachtung am Rande einer Fachtagung mit mehreren Bewohnern des Wohnheims statt (FG 25).

Das Wohnheim Planet hat eine Betroffenenvertretung, die in den Hausversammlungen gewählt wird (I 11, Protokoll: 1). Getrennt und auch nach unterschiedlichen Verfahren werden vier Männer und eine Frau als Vertreter_innen ihrer jeweiligen Gruppe gewählt[39] - die Frauenunterkunft ist an einem anderen Ort lokalisiert (I 8; I 11; FG 13). Die Hausversammlungen werden gemeinsam von den Professionellen und der Betroffenenvertretung vorbereitet. An der Teamsitzung vor der Hausversammlung nehmen die Heimleiterin, eine weitere Sozialarbeiterin und vier Betroffenenvertreter_innen teil. Dabei werden die Themen vorbesprochen und Verantwortlichkeiten verteilt, wie die Übernahme der Moderation zu bestimmten Tagesordnungspunkten (T 9, Protokoll: 2; vgl. 4.2.3).

Setting

Die Hausversammlung findet in der Caféteria statt, etwa 30 Bewohner_innen nehmen an ihr teil. Es ist ausreichend Platz für alle Anwesenden vorhanden. Ein Sozialarbeiter übernimmt die Hauptmoderation, eine weitere Sozialarbeiterin schreibt Protokoll. (TB 6, Protokoll: 1). Zur Hausversammlung wurde vorab schriftlich eingeladen (T 9, Protokoll: 1). Wie ich im Vorhinein schon erfahren habe, darf bei den Hausversammlungen geraucht werden: „Dies sei bei einer Hausversammlung abgestimmt worden, und die Professionellen hätten sich dem Votum trotz gesetzlicher Schutzvorschriften gebeugt“ (TB 6, Protokoll: 1). Die Hausversammlung dauert 50 Minuten.

39 Aus diesen Gründen werden nachfolgend unterschiedliche Schreibweisen gewählt: Die einzelnen Personen werden ‚Betroffenenvertreter‘ oder ‚Betroffenenvertreterinnen‘ genannt, das Konstrukt insgesamt ‚Betroffenenvertretung‘.

Verlauf und Besonderheiten der Hausversammlung

In der Hausversammlung werden nach offizieller Eröffnung durch den moderierenden Sozialarbeiter mit Bezug auf das letzte Protokoll zunächst Informationen nachgereicht (TB 6, Protokoll: 1). Anschließend werden u. a. klassische Tagesordnungspunkte wie Baumaßnahmen und Freizeitaktivitäten aufgerufen. Dabei findet ein Mix aus *Informationen* und Nachfragen seitens der Bewohner_innen statt (Stufe 3, Vorstufe der Partizipation). Bei mehreren Tops kommt es, wie vorher besprochen (vgl. T 9), zur aktiven Einbeziehung der Betroffenenvertretung. So wird das Thema ‚Sommercamp' (vgl. Kap. 2, Praxisbeispiel 8) mit der Bitte, über die Vorbereitungen zu berichten, aufgerufen:

> *„Ein Betroffenenvertreter … erzählt, wer mitfährt und worum es gehen soll. (…) Der Sozialarbeiter fragt nach, ob alle wüssten, was sich hinter dem ‚Sommercamp' verberge. Einige sagen ‚Nein' und er fragt einen anderen Betroffenenvertreter, ob dieser kurz etwas dazu sagen könnte. Dieser ‚ziert' sich etwas, murmelt herum, sodass der erste wieder ‚übernimmt'." (TB 6, Protokoll: 2)*

Der Sozialarbeiter behält also seine moderierende Rolle, lässt aber ausschließlich die Betroffenenvertretung berichten. An späterer Stelle ergänzt er deren Erzählungen mit weiteren Informationen (a. a. O.). Er gibt damit die Verantwortung an diejenigen ab, die letztlich ja auch die Zielgruppe und Akteur_innen des Sommercamps sind. Beim Top ‚Bundestagswahlen' berichten der Moderator sowie eine weitere Sozialarbeiterin, welche Aktivitäten geplant sind. Sie werden dabei von einem Betroffenenvertreter ergänzt. U. a. ist geplant, Politiker_innen zum Gespräch einzuladen und eine Beratungsveranstaltung zum Umgang mit der AfD zu besuchen. Es entspinnt sich eine lebhafte Diskussion, in der sich viele Bewohner_innen zu Wort melden und unterschiedliche Positionen vertreten. (A. a. O.: 1 f.)

Der umfangreiche Top ‚Verschiedenes' fängt mit dem Bericht eines Betroffenenvertreters an, der über seine diversen Gremientätigkeiten informiert und zur Mitarbeit in verschiedenen AGs und zu Treffen einlädt. Hierbei kommt es allerdings nur zu einer Nachfrage. (TB 6, Protokoll: 3 f.) Der Betroffenenvertreter ist ein ehemaliger Bewohner des Wohnheims Planet und bundesweit in AGs und Fachausschüssen aktiv (vgl. I 8, FTb: 51 f.). Ein anderes Thema wird anschließend auf Wunsch der Betroffenenvertretung besprochen, hier handelt es sich um einen Vorfall im Speisesaal:

> *„Die Betroffenenvertreterin erzählt, dass ein Küchenhelfer mit einem Brotkorb beworfen worden sei, als Beschwerde. Mehrere Bewohner_innen äußern, dass ‚das gar nicht geht'. Ein Bewohner sagt, die Stühle sollten nach dem Essen wieder an den Tisch gestellt werden, und diverse andere Bewohner weisen auf andere Regeln zum Speisesaal hin. Auch um schmutzige Schuhe geht es kurz, mit denen der Speisesaal nicht betreten werden solle." (TB 6, Protokoll: 4)*

Unklar bleibt für mich an dieser Stelle, wer die Regeln ursprünglich erstellt hat. Wenn dies nicht partizipativ mit den Bewohner_innen erfolgt ist, findet hier zumindest eine Aneignung der Regeln durch diese statt.

Insgesamt wird deutlich, dass ein hohes Maß an Partizipation seitens der Professionellen angestrebt wird und dies auch von den Bewohner_innen angenommen wird. Monate nach der Hausversammlung berichten mir mehrere Bewohner sogar, dass sie ohne die Mitbestimmungsmöglichkeiten dort nicht wohnen bzw. sich „wehren" würden (FG 25, FTb: 161). Die Betroffenenvertretung wird aktiv in Entscheidungen eingebunden und nimmt auch bei den Hausversammlungen eine aktive Rolle ein. Neben den Vorstufen von Partizipation wie *Information*, *Anhörung* und *Einbeziehung* kommt es dort zu tatsächlicher Mitbestimmung (Stufe 6, Partizipation) bis hin zu einer *teilweisen Entscheidungskompetenz* (Stufe 7, Partizipation), wie die Akzeptanz des Votums zum Rauchen bei den Hausversammlungen zeigt. Dabei gibt es durchaus Unterschiede im Auftreten der gewählten Betroffenenvertreter_innen, wie die Teilnehmende Beobachtung deutlich gemacht hat. Die Dominanz des ehemaligen Bewohners auf den Partizipationsebenen Kommunale Sozialplanung sowie Gesetzgebung wurde auch im Nachgespräch deutlich. So äußerte sich ein anderer Betroffenenvertreter, dass Gremienarbeit eher nichts für ihn sei (FG 13, Protokoll: 2). Hier ist offensichtlich nur der ehemalige Bewohner aktiv.

4.3.6 Vergleich der beobachteten Hausversammlungen

Ohne der sich anschließenden Diskussion des Forschungsstands und der empirischen Ergebnisse vorgreifen zu wollen, soll an dieser Stelle ein kurzer Vergleich der beobachteten Hausversammlungen vorgenommen werden. Auf der einen Seite konnten einige Ähnlichkeiten identifiziert werden, so wurden alle (vollständig) beobachteten Hausversammlungen dazu genutzt, Informationen der Professionellen gegenüber den Bewohner_innen zu kommunizieren. Klassische Tops waren Sauberkeit im Haus sowie Gruppenaktivitäten.

Deutliche Unterschiede gab es allerdings beim Setting. So waren in den Wohnheimen Sonne und Mond bei allen beobachteten Hausversammlungen nicht ausreichend Sitzgelegenheiten vorhanden, und auch die Gestaltung der Multifunktionsräume für die Hausversammlungen bewegte sich in den sechs Wohnheimen zwischen rein funktional und einladend. Lediglich im Wohnheim Sonne moderierte bei allen drei beobachteten Hausversammlungen der Heimleiter, der diese damit zur ‚Chefsache' machte. In den anderen Wohnheimen wechselten sich die Sozialarbeiter_innen in der Moderation ab. Einen aktiven Einbezug in die Gestaltung der Tops durch eine Betroffenenvertretung gab es lediglich im Wohnheim Planet.

Die Atmosphäre bei den Hausversammlungen wirkte auf mich ebenfalls sehr unterschiedlich und wurde nach meinen Beobachtungen vor allem durch die moderierenden Professionellen erzeugt. So war bei durchaus sehr ähnlicher Bewohner_innenstruktur (beispielsweise psychisch Beeinträchtigte) eine Spannbreite von teilweisem Desinteresse der Teilnehmenden bis hin zu einer aufgekratzten Stimmung mit aktiver Beteiligung vieler Bewohner_innen zu spüren.

Anhand der identifizierten Stufen von Partizipation wird deutlich, dass in den beobachteten Hausversammlungen vor allem Vorstufen der Partizipation, nämlich *Information*, *Anhörung* und *Einbeziehung*, angeboten werden. *Instrumentalisierung* und *Anweisung* als Nicht-Partizipation wurden nur in Einzelfällen beobachtet. Ebenfalls Einzelfälle blieben *Mitbestimmung* und *teilweise Entscheidungskompetenz* als Partizipation im Sinne einer Entscheidungsteilhabe.
Als mitentscheidend für das Ausmaß an Partizipationschancen und –angeboten kann die Haltung der Professionellen gegenüber ihrer Klientel – immer auch in vorgeschalteten Interviews oder anschließenden Feldgesprächen erfasst – identifiziert werden. Ein positives Beispiel ist das Wohnheim Planet, in dem die Entscheidungsteilhabe konzeptionell geregelt ist und von den Mitarbeiter_innen mitgetragen wird (vgl. I 11; FG 14; FG 25). Entsprechend wird sie in gemeinsamen Teamsitzungen und den Hausversammlungen umgesetzt.
Es wurden zu wenige Hausversammlungen beobachtet, um plausibel genderspezifische Unterschiede in den geforderten und/oder genutzten Partizipationsangeboten zu konstatieren. In der einzigen frauenspezifischen Einrichtung, dem Wohnheim Stern, gab es beim ersten Versuch einer Teilnehmenden Beobachtung das einzige Veto gegen meine Teilnahme. Lediglich die dort später beobachteten Aneignungsprozesse (vgl. TB 5a) sowie die Widerstände gegen Entscheidungen der Sozialarbeiterinnen (vgl. TB 5b) könnten zumindest Indizien für genderspezifische Unterschiede sein. Nur zwei Personen konnten eindeutig als trans*Personen identifiziert werden bzw. präsentierten sich selbst entsprechend, sodass auch hier keine validen Aussagen getroffen werden können.

5. Diskussion der Ergebnisse

In einer kritischen Diskussion werde ich nachfolgend eine Gesamtwürdigung der aus meiner Sicht wesentlichsten Erkenntnisse der vorliegenden Partizipationsstudie vornehmen. Dies beinhaltet die empirischen Ergebnisse (Kap. 4) sowie die theoretische Rahmung und den recherchierten Forschungsstand (1.2 und Kap. 2). Dabei erfolgt ein Rückbezug auf die explorativ angelegte Fragestellung der Untersuchung (vgl. 3.1). In diesem Kapitel diskutiere ich folgende im Laufe der Untersuchung herausgearbeiteten Erkenntnisse:

- Die Uneindeutigkeit des Begriffs, der Handlungsansätze und Instrumente (5.1)
- Die Uneinigkeit im Diskurs (5.2)
- Die unlösbaren und überwindbaren Hindernisse im Feld (5.3)
- Die Unterschiede bezogen auf das Geschlecht (5.4)

5.1 Die Uneindeutigkeit des Begriffs, der Handlungsansätze und Instrumente

Zu Beginn der Forschung verzichtete ich bewusst auf eine vorherige Definition von ‚Partizipation'. Es stellte sich schnell heraus, dass der Begriff (nicht nur im Feld der Wohnungslosenhilfe) vollkommen unterschiedlich und z. T. sogar widersprüchlich benutzt wird. Vermeintliche Synonyme wie Teilhabe, Teilnahme, Mitbestimmung, Mitwirkung und Empowerment wurden in vielen Feldgesprächen und Interviews formuliert (vgl. 4.2.1). Auch die Sichtung der Literatur brachte keine Eindeutigkeit. Im Gegenteil: Auch hier wurde konstatiert, Partizipation sei nicht genau definiert und bedürfe noch einer Klärung (vgl. Bröse/Held 2015: 136). Mit dem Stufenmodell von Arnstein (1969) im Kontext von *citizen participation* sowie den Nachfolgemodellen war es allerdings möglich, sich der ursprünglichen Bedeutung des Begriffs im Kontext der Demokratieforschung zu nähern.
In Interviews mit Professionellen und Betroffenen musste die von mir im Laufe der Forschung entwickelte Definition von Partizipation als ‚Entscheidungsteilhabe' (zunächst innerlich, dann auch immer häufiger im Diskurs mit den Interviewten) von mir regelrecht verteidigt werden: Viele von ihnen verstanden unter Partizipation ausschließlich die Teilnahme an der Gesellschaft wie bei Tagesausflügen der Einrichtung (z. B. ein Professioneller in I 16, Protokoll: 2) oder die ehrenamtliche Mitarbeit in der Einrichtung (z. B. zwei Betroffene in FG 23, FTb: 19 f.). In mehreren Publikationen, die sich explizit auch mit dem Begriff ‚Partizipation' auseinandersetzen, kommt es sogar innerhalb der Aufsätze zu Widersprüchen und Uneindeutigkeiten. So wird beispielsweise von Szynka (2014) Partizipation zunächst

in den Kontext von Entscheidungen gestellt, an späterer Stelle erfolgt jedoch eine Gleichsetzung des Begriffs mit der Teilnahme an der Gesellschaft. Klar im Sinne von Entscheidungsteilhabe positionierten sich dagegen beispielsweise Straßburger/ Rieger (2014) sowie – im Kontext der Wohnungslosenhilfe – die BAG W (2015). Auch mehrere Interviewte (z. B. Professionelle in I 7; I 28) verstehen Partizipation als Entscheidungsteilhabe.

Hedtke (2012: 18) unterscheidet dabei zwischen „Partizipation als Prozess und Produkte[n] von Partizipation". Für Professionelle wie für Betroffene kann daraus abgeleitet werden, dass sie im (gemeinsamen) Bemühen um eine partizipative Handlungspraxis zwischendurch auch scheitern dürfen. Machen (vor allem Professionelle) sich dies bewusst, wird auch ein misslungener Aktivierungsversuch nicht in ein ‚Nicht-Partizipieren-Wollen' ihrer Nutzer_innen umgedeutet.

Das Bemühen um eine Definition von Partizipation ist keine Wortklauberei oder Beschäftigungstherapie für Wissenschaftler_innen, denn aus ihr, auch das wurde in der vorliegenden Studie sehr deutlich, ergeben sich erst mögliche Handlungsansätze und konkrete Partizipationsinstrumente in der Praxis. Auch konnte die im Laufe der Untersuchung vorgenommene Anlehnung an das Stufenmodell von Block u. a. (2008, vgl. Abb. 2.2) sowie die Präzisierung der Ebenen von Partizipation (vgl. 2.2.1, Abb. 2.1) als Analyseinstrument der empirisch erfassten sowie in der Literatur beschriebenen Instrumente und Handlungspraxen im Feld genutzt werden. So wurde beispielsweise deutlich, dass Hausversammlungen ein partizipatives Instrument sein können, wenn dort tatsächlich Entscheidungen von den Bewohner_innen bzw. Nutzer_innen beeinflusst werden können wie in der dritten von mir beobachteten Hausversammlung im Wohnheim Mond (vgl. 4.3.2). Sie können aber auch vorrangig als Informationsveranstaltungen von den Professionellen genutzt werden wie im Wohnheim Sonne (vgl. 4.3.1). Die Hilfegespräche im Rahmen der §§ 67 ff. SGB XII können die Mitgestaltung des eigenen Fallverlaufs ermöglichen (vgl. Frank 2010: 118; mehrere Betroffene in I 12, Protokoll: 2). Abhängig von der Haltung der beteiligten Professionellen kann es sich bei der Einbeziehung der Betroffenen beispielsweise bei Hilfekonferenzen aber auch um eine reine Alibiveranstaltung handeln, bei der die Leistungsberechtigten nur körperlich anwesend sind und keinerlei Mitspracherecht eingeräumt bekommen (zur Spannbreite der Partizipationschancen dieses Instruments vgl. z. B. I 2, FTb: 28). Dies ist insbesondere deshalb interessant, da die Verpflichtung zur Beteiligung der Leistungsberechtigten in der DVO § 69 SGB XII festgeschrieben ist (vgl. 2.4.2) und diese die einzige gesetzliche Grundlage für Partizipation explizit in der Wohnungslosenhilfe darstellt.

Auch für die Ebenen der kommunalen Sozialplanung und Gesetzgebung konnten in Anwendung der o. g. Analyseinstrumente sowohl in der Literatur als auch im empirischen Material gelungene Partizipationsprozesse auf der einen (z. B. PlattenGruppe 2001: 1; I 26, Mitschrift: 2) und Instrumentalisierungen (z. B. Kölz 2010b: 6; TB 1c, Protokoll: 1) auf der anderen Seite erfasst werden.

Es wurde allerdings auch deutlich, dass die Verortung von Handlungspraxen auf den Ebenen und Stufen von Partizipation für eine Einordnung nicht ausreicht. Wie der Titel dieser Publikation aufzeigt, müssen auch die Spielräume und Gegenstände von Entscheidungsteilhabe analysiert werden: Die Entscheidung über „Spaghetti oder Reis?“ (vgl. TB 1a, Protokoll: 1) könnte uneingeschränkt bei den Bewohner_innen einer Einrichtung liegen und damit formal auf der zweithöchsten Stufe von Partizipation angesiedelt sein (vgl. 2.2.3). Die Anhörung von Nutzer_innen in einem Bewerbungsverfahren zur Einstellung neuer Sozialarbeiter_innen (Vorstufe von Partizipation, vgl. a. a. O.) würde allerdings eine sehr viel weitreichendere Form von Entscheidungsteilhabe bedeuten.
Darüber hinaus wurde sowohl in der Literatur zu Partizipation in der Sozialen Arbeit allgemein als auch in einigen Interviews mit ‚alten Hasen‘ der Wohnungslosenhilfe problematisiert, dass es in den letzten Jahren vermehrt zu einer Umdefinition von Partizipation als Recht zu Partizipation als Pflicht kommt. Aus der früheren Mitbestimmung sei nun „die Verpflichtung zum Mit-Tun, zur Koproduktion in der hegemonial definierten Weise“ geworden (Lutz, T. 2012: 43; vgl. Hobi/Pomey 2013: 127). Die Verantwortung für die Bearbeitung ihrer Probleme wird damit den Adressat_innen Sozialer Arbeit zugewiesen (a. a. O: 44 f.; vgl. I 16, Protokoll: 2). Soll Partizipation im Sinne von Entscheidungsteilhabe umgesetzt werden, darf diese also weder auf dem (neueren) Aktivierungsparadigma noch auf dem (veralteten) Konzept der paternalistischen Fürsorge beruhen – ein Spagat, der in der Praxis nicht immer leicht umzusetzen ist, wie in den nachfolgenden Abschnitten aufgezeigt wird.

5.2 Die Uneinigkeit im Diskurs

Die Uneinigkeit im Diskurs zu Partizipation erschöpft sich nicht in der Uneindeutigkeit des Begriffs, wie dies im vorangegangenen Abschnitt beschrieben wurde. Es konnte in dieser Untersuchung vielmehr herausgearbeitet werden, dass in der Sozialen Arbeit allgemein, vor allem aber im Feld der Wohnungslosenhilfe, ein Graben verläuft und beide Seiten um die Deutungshoheit streiten: Was macht Partizipation über ihre reine Definition hinaus aus? Welche Haltungen der Professionellen ihren Adressat_innen gegenüber sind bei einem partizipativen Ansatz erforderlich? Welche sich daraus abgeleiteten Handlungspraxen sind ‚richtig‘ oder ‚falsch‘?
Wie in 2.4.1 beschrieben wurde, ging (und geht) es einerseits um die ‚korrekte‘ theoretische Herleitung des Partizipationsbegriffs zwischen Dienstleistungs- und demokratietheoretischen Aspekten (vgl. Saurer 2010). Auch in Interviews und bei teilnehmend beobachteten Workshops wurde z. T. heftig über die Verortung von Partizipation gerungen (z. B. TB 1a). Lediglich ein einziger Referent auf Trägerebene betonte im Interview, Partizipation müsse sowohl auf der Dienstleistungsebene diskutiert als auch als Anwaltschaft begriffen werden, beides sei im Dialog weiterzuentwickeln: „Dienstleistung *oder* Lobby greift zu kurz“ (I 29; Mitschrift: 1). Die advokatorische Haltung vieler Sozialarbeiter_innen bezeichnet Szynka (2014:

87) allerdings kritisch als „Für-andere-Partizipieren". Eine emanzipatorisch gestaltete Soziale Arbeit, die den Subjektstatus aller Menschen postuliert (vgl. Bohlen 2017: 260), geht somit eher von einem „demokratisch gestalteten Interaktions- und Austauschprozess" (Leideritz 2016: 56) aus als anwaltlich für die Betroffenen zu agieren. Schnurr (2015) ist allerdings der Ansicht, alle Begründungsvarianten von Partizipation ließen sich „im Sinne einer wechselseitigen argumentativen Stützung miteinander verbinden" (a. a. O.: 1175), seien also nicht per se als widersprüchlich zu verstehen.
Andererseits geht es im kontrovers geführten Diskurs um das WIE, d. h. die konkrete Umsetzung von Partizipation als Handlungspraxis im Feld. Wie ‚Ressourcenorientierung' steht ‚Partizipation' in (fast) jeder Konzeption und/oder jedem Leitbild von Angeboten der Wohnungslosenhilfe, wird aber nicht immer (angemessen) in die Praxis umgesetzt (vgl. für die Soziale Arbeit insgesamt Schnurr 2012: 533). Dies haben auch die empirischen Ergebnisse der Partizipationsstudie deutlich gemacht. Hier wie dort hier geht es im Diskurs um die Deutungshoheit, welcher Weg der richtige sei.
Ein Streitpunkt im Diskurs zu Partizipation auf den Ebenen der kommunalen Sozialplanung und Gesetzgebung ist die Mitarbeit von Professionellen in Betroffeneninitiativen. Es bestünde die Gefahr der Instrumentalisierung, vor allem, wenn Professionelle diese Initiativen dominieren und die wohnungslosen Vertreter_innen für ihre eigenen Zwecke ausnutzen würden. Ein Betroffener äußerte in diesem Zusammenhang, ihre Autonomie müsse gewahrt werden (S 5, FTb: 54). Auf der anderen Seite wird auch von Betroffeneninitiativen geäußert, sie würden ohne Unterstützung von Professionellen nicht auskommen (vgl. Tagungsbericht in BAG W 2010b: 120). Ein professioneller Betroffenenvertreter ist im Interview allerdings der Ansicht, es gebe in ihrer Betroffenheit von Exklusion nur „graduelle Unterschiede" zwischen Professionellen und Betroffenen (I 26, Mitschrift: 2). Dies ist ein Beispiel dafür, wie wenig hierarchische Verhältnisse in der Sozialen Arbeit reflektiert werden. So stellen auch Scheu/Autrata (2013) fest, die Machtverhältnisse würden regelrecht „wegretuschiert" (a. a. O.: 123). Einige der Professionellen werden dann zu sogenannten ‚Berufsbetroffenen', die die bestehenden Machtverhältnisse ignorieren (vgl. Szynka 2014: 42). Solange Sozialarbeiter_innen für ihre Arbeit bezahlt werden und in arbeitsvertragliche Regelungen eingebunden sind, können sie jedoch nicht als Gleiche unter Gleichen agieren. Anders ist dies zumindest teilweise, wenn Professionelle sich auf ehrenamtlicher Basis mit wohnungslosen Menschen zusammenschließen. Dies konnte am Beispiel der Theatergruppe aufgezeigt werden, aus der später der Verein Unter Druck e. V. entstand (vgl. Kap. 2, Praxisbeispiel 4). Selbst hier wurde jedoch im Interview mit einem Gründungsmitglied berichtet, dass die Professionellen durch ihre Strukturkenntnisse mehr Definitionsmacht gehabt hätten (I 14, Protokoll: 1). Es gilt also, bestehende Hierarchien nicht zu negieren, sondern selbstreflexiv mit ihnen umzugehen. Dann können sie im Sinne der Betroffenen

genutzt werden, indem Professionelle Räume eröffnen und externe Ressourcen für Betroffenenbelange nutzbar machen.
Einer der Gründe für den z. T. heftig geführten Diskurs um Partizipation könnte das Fehlen einer eigenen Partizipationstheorie sowie eines Partizipationskonzeptes der Sozialen Arbeit im Allgemeinen bzw. der Wohnungslosenhilfe im Speziellen sein. Dabei könnte genau dieser Diskurs zukünftig fruchtbar für eine solche Entwicklung und spätere Implementierung in die Praxis genutzt werden. Voraussetzung wäre der Einbezug aller Akteur_innengruppen, d. h. Professionelle auf allen Entscheidungsebenen, (fach-)politisch Verantwortliche, Wissenschaftler_innen und nicht zuletzt Betroffene. Wie die Partizipationsstudie gezeigt hat, trennt der oben genannte Graben nicht etwa Professionelle und Betroffene voneinander, sondern verläuft quer durch alle Beteiligtengruppen.

5.3 Die unlösbaren und überwindbaren Hindernisse im Feld

Ein Großteil der empirischen Erkenntnisse, aber auch der Ergebnisse der Literaturrecherche, zeigt Hindernisse von Partizipation auf. Nachfolgend werden diese noch einmal aufgegriffen und diskutiert, inwiefern sie unlösbar oder doch überwindbar sind.

5.3.1 Rahmenbedingungen der Hilfe

In der Partizipationsstudie konnten viele gute Ansätze von Nutzer_innenpartizipation identifiziert werden (vgl. z. B. die Praxisbeispiele in 2.4). In vielen Interviews wurde jedoch mit mangelhaften Rahmenbedingungen der Wohnungslosenhilfe argumentiert, die eine (stärkere) Partizipation der Betroffenen verhinderten, obwohl diese durchaus gewünscht sei. Genannt wurden beispielsweise fehlende Zeit, fehlende Gelder und fehlende Mitarbeiter_innen (z. B. T 8, FTb: 74; I 28, FTb: 136). Auch Maar/Malyssek (2015: 164) beschreiben fehlende Ausstattungen und Personal als Hindernis für Partizipation, da dies vorhandene Freiräume gefährden würde. Z. T. klingen die (im Einzelfall durchaus nachvollziehbaren) Ressourcenprobleme jedoch eher nach einem ‚Alibi', nicht partizipativ(er) arbeiten zu müssen. So beeinflussen mangelnde Zeit, mangelnde Räume und mangelndes Geld den gesamten Arbeitsprozess, nicht nur die (mögliche) Einbeziehung der Nutzer_innen in Entscheidungen. Schnurr (2012) hat weitere „Ausreden und Vorurteile" (a. a. O.: 540) zusammengestellt, die allerdings eher fachliche Aspekte in den Vordergrund stellen wie „unkontrollierbar[e] Situationen" (a. a. O.) sowie die Angst vor einer Machtabgabe (a. a. O.).

5.3.2 Multiproblemlagen der Betroffenen

Ebenfalls nach einer ‚Ausrede' klang in einigen Interviews der Verweis auf die Multiproblemlagen der Betroffenen (z. B. I 28, FTb: 135; I 35, FTb: 148). Gintzel (2017) ist dagegen der Ansicht, dass Einschränkungen der Klientel lediglich die Form und den Umfang von Partizipation beeinflussten (a. a. O.: 703). Angesichts der gesetzlich verankerten Partizipationsrechte von Kindern und Jugendlichen sowie Menschen mit Behinderungen stellt sich zudem die Frage, warum gerade wohnungslose Menschen nicht in der Lage sein sollten, über ihr Leben sowie adäquate Unterstützungsangebote zur Überwindung ihrer Schwierigkeiten mitbestimmen zu können. Sind fehlende Partizipationsangebote also eher eine self-fullfilling prophecy? Wenn Angebote erst gar nicht gemacht werden, weil die Nutzer_innen kein Interesse daran hätten (z. B. I 37, FTb: 151) oder nicht zu Partizipation in der Lage seien (z. B. T 8, FTb: 74), dann ist das Ergebnis folgerichtig die Feststellung, Betroffene könnten und wollten nicht partizipieren – was zu beweisen war. So bleibt als ein Ergebnis festzuhalten, dass Partizipation häufig als ‚Kür' verstanden wird und nicht als Pflichtaufgabe der Wohnungslosenhilfe: Wenn die Nutzer_innen Partizipation einfordern, wenn hierfür Zeit und andere Ressourcen zur Verfügung stehen, dann werden auch entsprechende Angebote gemacht. Dabei gehört Partizipation zum Auftrag der Sozialen Arbeit, wie Straßburger/Rieger (2014: 231) feststellen und es in der internationalen Definition Sozialer Arbeit verankert ist (IFSW 2012).

5.3.3 Setting von Partizipation

Scheitern können Partizipationsangebote u. a. daran, dass das Setting nicht passt. So werden den Betroffenen oft nur mittelschicht- und akademisch geprägte Formate zur Partizipation angeboten (z. B. Tb 1c, Protokoll: 1; I 27, Protokoll: 1; vgl. Rausch 2004; 6). Ein fast banal wirkendes Beispiel für unpassende Instrumente sind Beschwerdebriefkästen, wenn sie – als anerkanntes Instrument der Qualitätssicherung – ohne Einbezug der Nutzer_innen eines Angebots aufgehängt werden: Sie werden schlichtweg nicht genutzt (z. B. I 3, FTb 32 f.; I 5: Protokoll: 1). Anders gestaltet sich dieses Instrument, wenn es partizipativ mit der Zielgruppe entwickelt wird, wie Schlembach (2017: 123 f.) am Beispiel einer Wohnungslosenunterkunft beschreibt. Nicht nur die Instrumente selbst, sondern auch der Weg ihrer Implementierung sind also ausschlaggebend für ihren Erfolg. Auch hier gilt: Wohnungslose wollen nicht partizipieren – wenn ihnen ein Angebot übergestülpt wird, dessen Sinn sie nicht erkennen, das unpassend ist, das sie vielleicht sogar als Instrumentalisierung (Nicht-Partzipation, vgl. 2.2.3) entlarven. Wie Steckelberg (2016) im Kontext niedrigschwelliger Hilfen ausführt, sind die Fachkräfte Sozialer Arbeit dagegen von offenen Settings, wie sie von den Adressat_innen geprägt werden, oft überfordert sowie vom Eigen-Sinn ihrer Nutzer_innen irritiert und verunsichert (a. a. O.: 454).

Ein oft unpassendes Setting konnte auch bei anderen in der Studie erfassten Hindernissen für Partizipation identifiziert werden. So wurde eine hohe Fluktuation der Nutzer_innen eines Angebots mehrfach in den Interviews als Problem benannt (z. B. I 25, Protokoll: 1; FG 6: FTb: 45) und auch in Praxisbeispielen aus der Literatur identifiziert (z. B. PlattenGruppe 2001: 4). Regelmäßige Besucher_innenversammlungen scheinen nicht in allen Angebotskonstellationen das richtige Instrument zu sein (vgl. für einen Tagestreff I 21: Protokoll: 1), obwohl sie vielfach als wichtiges Partizipationsinstrument genannt werden. Sehr wohl könnte aber in jedes Beratungs- und Informationsgespräch die Abschlussfrage integriert werden, ob die Nutzer_innen Ideen haben, wie das Angebot aus deren Sicht noch verbessert werden könnte bzw. was sie als schwierig bzw. herausfordernd erlebt haben. Voraussetzung hierfür ist nach Bitzan (2011: 312) allerdings der „subjektive Zugang [der Nutzer_innen, SG] zu den eigenen Interessen".

5.3.4 Ausgrenzungs- und Stigmatisierungserfahrungen

Mit o. g. Voraussetzung wirft Bitzan ein grundsätzliches Problem auf, wie viele Interviews mit vor allem an der Basis arbeitenden Sozialarbeiter_innen zeigten. Als ein wichtiges Hindernis für (mehr) Partizipation wurde mehrfach die mangelnde Selbst-Identifikation der Betroffenen als ‚Wohnungslose' genannt (z. B. I 37, FTb: 152; T 11, Protokoll: 1). Dies ist nicht verwunderlich, machen wohnungslose Menschen doch vielfach Ausgrenzungs- und Stigmatisierungserfahrungen (vgl. Wolf 2016). So erzählte ein ehemals auf der Straße lebender Mann, sich während dieser Zeit vor allem als „graue Maus" (T 13, FTb: 142) getarnt zu haben, weil ihm seine Lebenssituation so peinlich war. In diesem Zusammenhang muss auch die von Professionellen und Betroffenen fast als Vorwurf geäußerte Feststellung betrachtet werden, Wohnungslose hätten sich im Vergleich zu früher entpolitisiert (z. B. I 18, Protokoll: 1; I 9, FTb: 50; FG 7, FTb: 46 f.). Abgesehen davon, dass sich auch die Soziale Arbeit selbst entpolitisiert hat, worauf durchaus selbstkritisch in Interviews mit Professionellen hingewiesen wurde (z. B. I 25, Protokoll: 1; I 13, Protokoll: 2), verhindern die aktuellen gesellschaftlichen Vorurteile gegen arme und wohnungslose Menschen, dass Betroffene sich selbstbewusst für ihre Belange einsetzen (zu den Vorurteilen vgl. Heitmeyer 2002-2011). So wurde von mehreren Professionellen, die um die Wiedervereinigung herum in der Wohnungslosenhilfe tätig waren, die im Gegensatz zu heute gespürte Aufbruchstimmung erwähnt. Diese hätte subversive Aktionen wie Besetzungen, aber auch die Finanzierung kreativer und partizipativer Ansätze erst ermöglicht. (z. B. I 14, Protokoll: 1)

5.3.5 Haltung

Entscheidungsteilhabe zu ermöglichen setzt eine bestimmte Haltung der Professionellen voraus, wie in vielen Interviews betont und auch in Teilnehmenden Beob-

achtungen wahrgenommen wurde. Während viele Professionelle ihre Haltung pro Partizipation mit einer grundsätzlich wertschätzenden und emanzipatorischen Haltung gegenüber ihrer Klientel verbanden und z. T. auch theoretisch basiert vertraten (vgl. 4.2.7), wurde in einigen Teilnehmenden Beobachtungen eine eher fürsorgliche bis paternalistische Haltung identifiziert. Diese kann sogar zur Manipulation von Betroffenen führen, wie die beobachtete Wahl von Betroffenenvertretern im Wohnheim Wolke zeigte (vgl. 4.3.4). Auch Szynka (2014: 84) sieht ein traditionelles Hilfeverständnis als Partizipationshindernis an (vgl. Wright 2012: 99).
Carr (2007) betont den Einfluss der professionellen Haltung auf Partizipationsprozesse. Das in der vorliegenden Studie empirisch erfasste Haltungsspektrum reichte bei den Professionellen vom häufig geäußerten Primat der Augenhöhe (z. B. I 30, Mitschrift: 1) bis zur grundsätzlichen Infragestellung der Expertise der Betroffenen aus Erfahrung (z. B. I 33, Mitschrift: 1). Beushausen (2017) macht allerdings deutlich, warum die Expertise der Nutzer_innen für den Hilfeprozess notwendig ist: „Die gefundenen Lösungen müssen nicht für den Helfer, sondern für die Adressatinnen und Adressaten passen" (a. a. O.: 14). Es geht also nicht um richtig oder falsch, sondern einen Aushandlungsprozess zwischen Professionellen und ihren Adressat_innen, bei dem sich an den Selbstdeutungen letzterer orientiert werden muss (vgl. Thiersch/Grunwald 2002: 129). Dallmann (2014) stellt darüber hinaus fest, dass Machtasymmetrien in der Sozialen Arbeit auch dann wirkten, wenn Professionelle auf Augenhöhe glauben zu kommunizieren (a. a. O.: 175). Gerade eine fürsorgliche Haltung erzeugt Machteffekte, wie beispielsweise Marquardt (2013: 153) in einer Fallstudie feststellt.
Der Machtaspekt im Rahmen von Partizipation wird von den Professionellen jedoch ungern öffentlich kommuniziert, wie auch in den Interviews festgestellt werden konnte. So wurde Macht nur selten von ihnen selbst thematisiert. Hat dieses Ausblenden der Machtkategorie etwas mit der Selbstidentifikation von Sozialarbeiter_innen zu tun, die sich gern auf Augenhöhe mit ihren Klient_innen sehen? So beobachten Kraus/Krieger (2014b: 11) einen „von Harmonie geprägte[n] Umgang mit Macht und Herrschaft".
Ihren Anspruch auf Definitionsmacht und Deutungshoheit haben allerdings eine ganze Reihe von Professionellen in den Interviews der vorliegenden Partizipationsstudie deutlich formuliert, ohne dies explizit mit der Machtkategorie zu verknüpfen. So fragte in einem Gremium ein Professioneller, wann und warum er sich in die Ausgestaltung seiner Dienstleistung hereinreden lassen sollte (T 11, Protokoll: 1). Dies ist eine spannende Frage, weil die Klient_innen in seinem Sinne nach dem Motto ‚Friss oder stirb' betreut würden. Wie würde er handeln, wenn seine Adressat_innen über ein persönliches Budget (vgl. Hough/Rice 2010; Wiese 2009) verfügen würden und seine Dienstleistung nicht adäquat fänden? Würde er Insolvenz anmelden oder seine Leistungen anpassen? Wo sind dann tatsächlich die No-gos im Sinne *fachlich* begründeter Grenzen? Und wo geht es den Sozialarbeiter_innen

um die Angst vor Kontrollverlust aufgrund eigener Identitäts- und Statusprobleme (vgl. I 26: Mitschrift 3)?

Ein Machtgefälle gibt es teilweise auch unter den Nutzer_innen der Wohnungslosenhilfe selbst. Manche von ihnen haben bestimmte Privilegien wie die Möglichkeit der (auch bezahlten) Mitarbeit im Angebot (z. B. I 9, FTb: 49). Aber auch ehemals wohnungslose Menschen können auf den Ebenen der kommunalen Sozialplanung und Gesetzgebung machtvolle Positionen besetzen, die akut Betroffene oder neu im Hilfesystem gelandete Menschen von eigenen Aktivitäten abhalten (vgl. I 11, Protokoll: 2). Darüber hinaus besteht die Gefahr, wie auch bei manchen Professionellen, zu sogenannten ‚Berufsbetroffenen' zu werden (vgl. 4.2.4).

Ein Aspekt beim Thema Macht wurde in den Interviews gar nicht angesprochen, nämlich die Macht der Wohlfahrtsverbände. Im Kontext der Debatte um die in Deutschland nur schleppend vorangehende Testung bzw. Implementierung des Housing-First-Ansatzes stellt sich die Frage, ob die Zögerlichkeit der Verbände mit der Abgabe von Macht an die Betroffenen in diesem Ansatz zu tun hat. Ein wesentliches Merkmal von Housing-First-Konzepten ist der „user choice"; den mit eigenem Wohnraum versorgten Menschen wird Unterstützung angeboten, diese kann aber auch abgelehnt werden (vgl. Pleace 2016). Die unterstützende Hilfe muss für die Mieter_innen also einen Gebrauchswert haben. Dies ändert massiv die Machtverhältnisse zwischen Professionellen und Nutzer_innen und könnte zu einem monetären Verlust der Hilfeanbieter_innen führen, die durch die Betroffenen dann quasi ‚abgewählt' werden könnten. Auch im Kontext der Betroffeneninitiativen ist die Machtabgabe der Verbände ein Thema, wenn in Ausschüssen oder AGs, beispielsweise der nak, der BAG W o. Ä., die Betroffenen ein gleiches Stimmrecht fordern (ablehnend dazu z. B. I 28, FTb: 136; vgl. den Streit zwischen BAG W und BBI in 2.4.1).

Zu Partizipation im Sinne von Entscheidungsteilhabe gehört aber zwingend die (teilweise) Machtabgabe, wie anhand des vorgestellten Stufenmodells von Partizipation deutlich wird (vgl. 2.2.3). Die Stufen von Partizipation, nämlich Mitbestimmung, teilweise Entscheidungskompetenz und Entscheidungsmacht implizieren – in Abstufungen – einen Aushandlungsprozess zwischen Professionellen und Betroffenen. Ein Beispiel für eine weitgehende Machtabgabe der Professionellen ist Unter Druck e. V. (vgl. Kap. 2, Praxisbeispiel 4), in dem Menschen mit Wohnungslosenerfahrung im Vorstand mitarbeiten. Sie üben dort eine Arbeitgeber_innenfunktion aus, was das Verhältnis zwischen angestellter Sozialarbeiterin und (akut oder ehemals) wohnungslosen Vorstandsmitgliedern zumindest formal auf den Kopf stellt (vgl. I 18: Protokoll: 1 f.). Im besten Falle ergänzen sich Betroffenenwissen und Fachwissen (vgl. Rieger 2015: 346). Die Voraussetzung ist allerdings, dass die Nutzer_innen ihr Betroffenenwissen überhaupt artikulieren können. Wie aber kann beispielsweise die Expertise eines auf der Straße lebenden Menschen erhoben werden, der lediglich niedrigschwellige Einrichtungen der Wohnungslosenhilfe zum Überleben nutzt? Wenn deren reiner Versorgungsauftrag Partizipation von vorherein ausschließt

(so I 7: Protokoll: 1), geht das Betroffenenwissen dem Hilfesystem verloren. Ein weiterer Zielkonflikt ist die Bindung Betroffener durch Partizipation an die jeweilige Einrichtung, wenn diese eigentlich nur eine temporär angelegte Unterstützung anbieten sollte, wie ein Mitarbeiter eines Wohnheims formulierte (I 35, FTb: 147). Dieser auch von anderen aufgeworfene Widerspruch ist m. E. sehr spannend: Wie kann ‚Partizipation auf Zeit' gelingen? Warum soll ein wohnungsloser Mensch, der motiviert ist seine Wohnungslosigkeit schnell zu überwinden, sich an Entscheidungen über die genutzte Einrichtung oder womöglich das Hilfesystem als Ganzes beteiligen wollen? Und wie verhindere ich als Professionelle_r, dass wohnungslose Menschen sich durch mehr Beteiligungsmöglichkeiten in der Wohnungslosigkeit ‚einrichten', wie immer wieder auch im Kontext angeblich ‚zu guter Einrichtungsstandards' zu hören ist? Oder ist dieses Argument eher eine Schutzbehauptung, um Partizipation nicht umsetzen zu müssen?
Kurz- und langfristig kann Partizipation nur durch Aneignungsprozesse gelingen – ICH möchte etwas verändern, weil es MIR wichtig ist, was mehrfach beobachtet werden konnte. So müssen die partizipativ zu entscheidenden Gegenstände und Themen konkret und individuell relevant sein statt abstrakt und symbolisch. Dies konnte beispielsweise am Aufmerksamkeitsfokus Betroffener während eines gemeinsamen Workshops mit Professionellen zum Thema Partizipation beobachtet werden (TB 7). Auch die Umdeutung des Anliegens einer Sozialarbeiterin bei einer Hausversammlung in ein eigenes Anliegen der Bewohnerinnen (vgl. 4.3.3) ist hierfür ein Indiz. Die oftmals beschworene Aktivierung von Betroffenen (kritisch dazu z. B. Kessl 2013: 59) hängt eng mit der Frage nach dem Nutzen von Partizipation für die Betroffenen zusammen. Dabei kann eine intrinsische Motivation zur Beteiligung vorausgesetzt werden, die sich nicht nur darauf bezieht, über das eigene Leben mitbestimmen zu wollen (und zu können). Wie ein heute vielfach engagierter wohnungsloser Mann im Interview betonte, kann die Motivation zur Beteiligung auch eine Bewältigungsstrategie sein: „Damit meine Zeit auf der Straße nicht ganz umsonst war" (I 31, FTb: 143). Spannend ist zudem, dass aktive Wohnungslose häufig Strategien wie Köder und das Setzen von Anreizen zur Werbung von Mitstreiter_innen nutzen, die sonst von Sozialarbeiter_innen angewandt werden (TB 7, Protokoll: 2). Wenig thematisiert, jedoch wichtig, ist der Nutzen, den die Soziale Arbeit (und damit auch die Wohnungslosenhilfe) von Nutzer_innenpartizipation im Sinne einer Entscheidungsteilhabe hat. So geht Kardorff (2014: 8 f.) davon aus, dass die Soziale Arbeit durch Nutzer_innenpartizipation aufgewertet würde. Darüber hinaus ist sie nach Rieger (2015: 344) „ein handlungspraktisches Korrektiv".

5.4 Die Unterschiede bezogen auf das Geschlecht

Eine der Forschungsfragen in der vorliegenden Studie war die nach möglichen geschlechtsspezifischen Unterschieden im Kontext von Partizipation (vgl. 3.1). Hierzu findet sich in der recherchierten Literatur nur wenig. In ihrem Positionspapier

zu Partizipation fordert beispielsweise die BAG W (2015) „eine besondere Sensibilität gegenüber Geschlechterunterschieden im Zugang zu Beteiligungsformen" (a. a. O.: 62) sowie geeignete Verfahren, um diesen Zugang sicherzustellen. Bis auf die Idee einer Quotierung, die nicht näher ausgeführt wird, werden jedoch keine Strategien vorgeschlagen. Auch in den empirischen Daten finden sich hierzu keine Vorschläge. Konstatiert wird allerdings mehrfach, dass Frauen zumindest in geschlechtergemischten Einrichtungen weniger gehört würden, denn „Männer schreien lauter" (T 4, FTb: 48). Wie in einer Teamdiskussion geäußert wurde, hätten sie in frauenspezifischen Einrichtungen möglicherweise mehr Mitspracherechte (I 25, Protokoll: 2). Zu dieser Einschätzung passen meine Beobachtungen eines ganztägigen Workshops, bei dem sich von den anwesenden Betroffenen ausschließlich die Männer zu Wort meldeten (TB 7).
Dabei steht außer Frage, dass wohnungslosen Frauen Autonomie und Selbstbestimmung wichtig ist. Laut einer empirischen Studie in Kanada ist ihnen dies sogar wichtiger als ihre materielle Grundversorgung (Paradis 2016: 100). In den zwei Teilnehmenden Beobachtungen einer frauenspezifischen Einrichtung konnte ich Widerstände gegen unliebsame Entscheidungen der Professionellen sowie Aneignungsprozesse erfassen, hier gab es vor der ersten Beobachtung auch das einzige Veto gegen meine Teilnahme an einer Hausversammlung (vgl. 4.3.3). Auch in einem Teaminterview in einer Beratungsstelle wurde von den Sozialarbeiter_innen erklärt, Frauen würden ihre Wünsche sehr klar formulieren können (I 25, Protokoll: 2) und könnten grundsätzlich auch auf der Partizipationsebene Kommunale Sozialplanung für Aktionen gewonnen werden (a. a. O.: 1). Ein Indiz für Letzteres ist die regelmäßige Mitarbeit von Frauen in Betroffeneninitiativen wie der BBI sowie der ‚Selbstvertretung Vereinter Wohnungsloser' (vgl. Kap. 2, Praxisbeispiele 5 und 8). Auch sprachen mich mehrfach (ausschließlich!) Frauen an, die an den Ergebnissen meiner Studie Interesse äußerten und mir hierfür ihre E-Mail-Adressen überließen. Insgesamt liegen aber in der Partizipationsstudie zu wenige Daten vor, um geschlechtsspezifische Unterschiede valide zu erfassen. So waren bis auf Ausnahmen inklusive einer größeren Bewohnerinnengruppe in einem Wohnheim nach §§ 67 ff. SGB XII auch nur wenige Frauen bereit, sich im Rahmen der Untersuchung zu äußern. Wohnungslose trans*Personen tauchen in der Literatur zu Partizipation erst gar nicht auf. In meiner Studie konnte ich lediglich zwei Personen, die sich entsprechend präsentierten, als trans*Frauen identifizieren, die jeweils sehr selbstbewusst auftraten (vgl. 4.3.6).
So bleibt festzustellen, dass dieser Teil der untersuchungsleitenden Fragen nicht zufriedenstellend beantwortet werden kann. Zwar gibt es im empirischen Material Indizien für geschlechtsspezifische Unterschiede, jedoch sind weitere Studien notwendig, um zu plausiblen und validen Antworten zu kommen.

6. Fazit und Schlussfolgerungen

Im abschließenden Fazit werden anhand einer Matrix noch einmal die Ebenen, Stufen und Spielräume von Partizipation zusammengefasst (6.1). Vier Beispiele zeigen exemplarisch auf, wie diese Matrix als Analyseinstrument in der Praxis genutzt werden kann. Anschließend wird anhand der Ergebnisse der Partizipationsstudie erläutert, wie Erfolge durch partizipative Ansätze in der Wohnungslosenhilfe erzielt werden können (6.2), worauf ein komprimiertes Fazit der Untersuchung folgt (6.3). Schlussfolgerungen für die Praxis (6.4.) sowie ein Ausblick (6.5) schließen die Publikation ab.[40]

6.1. Zusammenfassung: Ebenen, Stufen und Spielräume von Partizipation in der Wohnungslosenhilfe

Im zweiten Kapitel wurden die Ebenen und Stufen von Partizipation im Sinne einer Entscheidungsteilhabe von Nutzer_innen Sozialer Arbeit vorgestellt. Abb. 6.1 verdeutlicht, dass sich aus der Kombination der Ebenen und Stufen insgesamt 36 Varianten ergeben. Darüber hinaus sind bei den Partizipationsstufen natürlich auch Zwischenstufen denkbar. Die drei ‚echten' Partizipationsstufen sind in der Abbildung zur besseren Abgrenzung fett gerahmt. Anhand von vier fiktiven Beispielen aus dem Feld der Wohnungslosenhilfe wird nachfolgend exemplarisch dargestellt, wie dieses theoretische Modell mit ‚Leben' aus der Praxis gefüllt werden kann.
Als Analyseinstrument kann es beispielsweise zur Beantwortung folgender Fragen genutzt werden:

- Wie können unsere Maßnahmen und Interventionen im Kontext von Partizipation eingeordnet werden?
- Welche Spielräume werden damit jeweils eröffnet?
- Wie partizipativ arbeiten wir aktuell und wie partizipativ wollen wir zukünftig arbeiten?

Aus dem Blickwinkel der Betroffenen können aus der Matrix folgende Forderungen an die Praxis abgeleitet werden:

- Wie viel Partizipation auf welcher Ebene fordern wir ein?
- An welchen konkreten Entscheidungen wollen wir teilhaben?

40 An dieser Stelle wird auf den Anhang der Studie verwiesen, in der sich ein Statement meines von Wohnungslosigkeit betroffenen Kooperationspartners Jürgen Schneider zu den Ergebnissen der Partizipationsstudie befindet. Sie stehen bewusst unkommentiert für sich allein, um seine autonom getroffenen Einschätzungen als gleichwertig zu würdigen.

Abb. 6.1 Ebenen und Stufen von Partizipation

Stufen / Ebenen	Individuelle Fallgestaltung	Leistungs-erbringung	Kommunale Sozialplanung	Gesetz-gebung
Selbstorganisation				
Entscheidungsmacht	1.			
Teilweise Entscheidungskompetenz				
Mitbestimmung		2.		
Einbeziehung				
Anhörung				4.
Information				
Anweisung				
Instrumentalisierung			3.	

Beispiel 1: Entscheidungsmacht auf der Ebene der individuellen Fallgestaltung
Im Hilfegespräch nach §§ 67 ff. SGB XII werden einem alkoholabhängigen Mann mehrere Optionen bezüglich seines zukünftigen Trinkverhaltens angeboten. Seine Bezugsbetreuerin rät ihm dringend zu einem Alkoholentzug, da er nach ihrer Einschätzung seit Jahren seinen Alkoholkonsum nicht in den Griff bekommt. Er entscheidet sich für die Teilnahme an einem Programm zum sogenannten kontrollierten Trinken und damit sowohl gegen einen Alkoholentzug im Krankenhaus als auch gegen die Möglichkeit des „weiter so" als dritter Option. Die Sozialarbeiterin respektiert seine Entscheidung und vermittelt ihn an eine passende Beratungsstelle.

Beispiel 2: Mitbestimmung auf der Ebene der Leistungserbringung
In einem Wohnheim ist eine Stelle für die allgemeine Sozialberatung ausgeschrieben. Zwei von den aktuell dort lebenden Nutzer_innen (von allen Bewohner_innen selbst ausgewählt) nehmen an den Bewerbungsgesprächen teil und erhalten Stimmrecht. Eine Überstimmung der vier professionellen Mitarbeiter_innen ist durch deren Überzahl jedoch nicht möglich.

Beispiel 3: Instrumentalisierung auf der Ebene der Kommunalen Sozialplanung
Durch die zuständige Sozialbehörde erfolgt eine Einladung von wohnungslosen Menschen aus der Region im Rahmen der Planung einer neuen Notübernachtung für Alleinstehende. In einem mehrstündigen Workshop entwickeln die Betroffenen ihre Ideen. Später stellt sich heraus, dass das Konzept zu diesem Zeitpunkt bereits feststand und ein Träger auch schon mit der konkreten Umsetzung beauftragt war.

Beispiel 4: Anhörung auf der Ebene der Gesetzgebung
Die §§ 67 ff. SGB XII sollen reformiert werden. Das Bundesministerium für Arbeit und Soziales (BMAS) lädt Vertreter_innen aus mehreren Betroffeneninitiativen zu einem Fachgespräch ein, um ihre Einschätzungen zum ersten Gesetzesentwurf einzuholen. Diese werden protokolliert und den fachlich und politisch Verantwortlichen neben weiteren Statements beispielsweise der Wohlfahrtsverbände zur Kenntnis gegeben.

Diese Beispiele machen deutlich, wie Partizipationsinstrumente und Handlungspraxen anhand der Matrix in Abbildung 6.1 eingeordnet und analysiert werden können. Auch die Spielräume sollen damit noch einmal aufgezeigt werden, da eine höhere Partizipationsstufe nicht unbedingt mehr Macht bedeutet. So ist die Anhörung im Gesetzesverfahren (Beispiel 4) zwar nur auf einer der Vorstufen von Partizipation angesiedelt, hat aber Auswirkungen auf die Wohnungslosenhilfe insgesamt. Der alkoholkranke Mann aus Beispiel 1 dagegen kann in seinem Programm zum kontrollierten Trinken scheitern und zu einem späteren Zeitpunkt eine andere Entscheidung treffen. Selbst in diesem Fall hat er allerdings erlebt, dass seine erste Entscheidung akzeptiert und er als autonom handelndes Subjekt behandelt wurde. Auch das kann ein Erfolg durch Partizipation sein.

6.2. Erfolge durch Partizipation

In der vorliegenden Studie konnte eine ganze Reihe von *best practice* im Kontext der Entscheidungsteilhabe von Nutzer_innen der Wohnungslosenhilfe ermittelt werden. Aber auch aus den Berichten und Beobachtungen von Fehlschlägen, den geäußerten Wünschen sowie Verbesserungsvorschlägen von Professionellen und Betroffenen konnte herausgearbeitet werden, was den Erfolg durch Partizipation ausmacht bzw. ausmachen könnte. Nachfolgend wird entlang der Partizipationsebenen komprimiert aufgezeigt, welche wesentlichen Aspekte aus den Perspektiven der Nutzer_innen sowie der Professionellen hierzu identifiziert werden konnten.
Auf der *Ebene der individuellen Fallgestaltung* wurde deutlich, dass jeder Mensch autonom über sein Leben entscheiden möchte. Dabei sind Nutzer_innen der Wohnungslosenhilfe oft eigen-sinnig und äußern Wünsche, die Professionelle aus ihrer fachlichen Perspektive heraus nicht immer für unterstützenswert halten. Das Aufzwingen ‚professioneller' Entscheidungen führt jedoch nur zu einer vorübergehenden (und vermeintlichen) Anpassung der Nutzer_innen. Schlimmstenfalls kommt es

dadurch zum Hilfeabbruch. Es muss also ein Aushandlungsprozess geführt werden, der beide Perspektiven als gleichwertig einbezieht. Dabei ist es durchaus denkbar (und vollkommen in Ordnung), wenn im Ergebnis festgestellt wird, dass das aktuelle Hilfeangebot nicht das aktuell passgenaueste ist.
Auf der *Ebene der Leistungserbringung* konnte herausgearbeitet werden, dass eine Entscheidungsteilhabe, z. B. im Rahmen einer Betroffenenvertretung, zu Anerkennungs- und Selbstwirksamkeitserfahrungen der Nutzer_innen führt. ‚Alibiveranstaltungen' dagegen werden schnell von ihnen durchschaut und ignoriert oder – bei entsprechender Teilnahmeverpflichtung – im Zweifelsfall nur ‚abgesessen'. Ohne ein wirkliches Interesse an einer Entscheidungsteilhabe der Nutzer_innen können dementsprechend auch gut gemeinte Instrumente der Professionellen manipulativ werden und damit lediglich zu einer Scheinpartizipation führen.
Auf den *Ebenen Kommunale Sozialplanung und Gesetzgebung* stellte sich heraus, dass Nutzer_innen dann an einer aktiven Mitarbeit beispielsweise in Gremien oder bei Tagungen interessiert sind, wenn die dort verhandelten Themen und Entscheidungen konkret und für sie individuell relevant sind. Das Verfassen abstrakter Papiere und die Durchführung nur symbolischer Aktionen allein sind für sie dagegen weniger attraktiv. Ihr Interesse läuft dabei vor allem über Aneignungsprozesse: ICH möchte etwas verändern, weil es MIR wichtig ist! Aus der Perspektive der Professionellen ist bedeutsam, dass Partizipation, sogar deren Vorstufen wie Anhörung und Einbeziehung, zu einer Optimierung des Hilfesystems führen. Partizipation hat somit nicht nur einen Nutzen für die Betroffenen selbst. Voraussetzung ist allerdings die Anerkennung der Expertise durch Lebenserfahrung der Betroffenen durch die Professionellen.

6.3. Fazit

Aus dem vorhergehenden Abschnitt kann ein erstes Fazit abgeleitet werden. So muss der Eigen-Sinn der Nutzer_innen anerkannt werden, statt sie mithilfe einer „fürsorgerische[n] Belagerung" (BBI 2004: 13) oder einer paternalistischen Haltung auf den ‚richtigen Weg' bringen zu wollen. Dazu gehört ein ressourcenorientierter Blick, der Defizite und Einschränkungen der Klientel nicht negiert, sondern als zweite Seite *einer* Medaille ansieht. Eine ausschließliche Defizitlogik dagegen verhindert eine Entscheidungsteilhabe der Nutzer_innen schon im Vorfeld im Sinne einer self-fulfilling prophecy. Gelingende Partizipationsprozesse benötigen zudem ein passendes Setting, das sich oft von den üblichen und gewohnten Rahmenbedingungen der Professionellen unterscheidet. Das Verlangen der Anpassung an unpassende Strukturen, womöglich im Sinne einer sanktionsbewehrten Mitwirkungsverpflichtung, führt lediglich zur (irrigen) Feststellung, wohnungslose Menschen könnten und wollten nicht partizipieren. Zudem muss der neoliberalen Umdeutung von Partizipation in Mitwirkungsverpflichtung entgegengetreten werden.
Strukturen passen vor allem, wenn sie gemeinsam passend gemacht werden. Nutzer_innen müssen somit gefragt werden, welche Strukturen sie brau-

chen, um (häufiger) mitgestalten und mitbestimmen zu können bzw. zu wollen. Bei der Veränderung von gewohnten Settings muss dabei auch das vermeintlich ‚Unmögliche' gedacht und ausprobiert werden. Dies setzt ein grundsätzliches Vertrauen in die Nutzer_innen der Wohnungslosenhilfe voraus. Als wesentliche Erkenntnisse der vorliegenden Studie kann somit festgestellt werden:

1. Partizipation ist ein *Recht* der Nutzer_innen, keine Pflicht
2. Partizipation ist eine *Pflicht* der Wohnungslosenhilfe, keine Kür

Aus der ersten Erkenntnis kann abgeleitet werden, dass eine Verpflichtung zur beispielsweisen Teilnahme an einer Hausversammlung in (teil-)stationären Einrichtungen bedeutet, dass dieses Instrument der Hausversammlung entweder nicht partizipativ ist oder zumindest nicht von den Bewohner_innen als solches wahrgenommen werden kann. Sowohl die erste als auch zweite Erkenntnis setzt zwangsläufig die Abgabe eines Teils der Macht an die Nutzer_innen der Hilfe voraus. Um diesen eine Entscheidungsteilhabe zu ermöglichen, müssen individuelle und strukturelle Ressourcen der Nutzer_innen durch die Professionellen erschlossen werden. Empowermentprozesse sind Voraussetzung für und Folge von gelingende(r) Partizipation. Aus der Perpektive der Sozialarbeiter_innen heißt dies auch, das politische Mandat Sozialer Arbeit anzuerkennen und anzunehmen. Letztendlich bedeutet die Entscheidung für die Ermöglichung und Unterstützung von mehr Partizipation der Nutzer_innen, dass sich Sozialarbeiter_innen grundsätzlich für die *Autonomie* ihrer Klientel und gegen deren *Abhängigkeit* von professioneller Hilfe entscheiden müssen.

6.4. Schlussfolgerungen für die Praxis

Was kann nun aus den Ergebnissen der Partizipationsstudie konkret für die Praxis geschlussfolgert werden? Wenn Nutzer_innenpartizipation im Sinne von Entscheidungsteilhabe eine Pflichtaufgabe der Wohnungslosenhilfe ist, dann muss diese Verpflichtung auch auf eine gesetzliche Grundlage gestellt werden. Es stellt sich dabei die Frage, ob die §§ 67 ff. SGB XII die richtige Gesetzesnorm sind, zumal sie nicht alle Angebote der Wohnungslosenhilfe regeln. In einem bundesweiten Gremium wurde daher vorgeschlagen, Partizipation entweder prominenter im SGB X zu verankern oder ein Ombudssystem einzuführen (T 10: Protokoll: 1). Diese Diskussion sollte verstärkt – und zwar unter Einbezug der Betroffenen – in der Wohnungslosenhilfe geführt werden und in eine entsprechende Forderung gegenüber der Legislative münden.

Eng verknüpft mit der Frage nach einer gesetzlichen Verankerung der Nutzer_innenpartizipation ist die Notwendigkeit, ein Partizipationskonzept für die Wohnungsnotfallhilfe[41] zu entwickeln. Dies bedeutet nicht die *Standardisierung* von Partizi-

41 Siehe hierzu im Ausblick die Forderung, Partizipation nicht nur im Rahmen der Wohnungslosenhilfe, d. h. für akut wohnungslose Menschen, zu diskutieren und zu beforschen, sondern diese Diskussion auf die anderen Zielgruppen der Wohnungsnotfallhilfe wie die von Wohnungslosigkeit bedrohten Menschen auszuweiten.

pationsinstrumenten, sondern eine Art Rahmenkonzeption, mit der sich über die Definition von Partizipation sowie *Standards*, Kriterien und Voraussetzungen für allseits anerkannte und angestrebte Vorgehensweisen verständigt wird. Auch die Beschreibung und Analyse von *good* und *best practice* könnte Teil eines solchen Partizipationskonzepts sein.

Am (immer vorläufigen!) Ende einer solchen Entwicklung sollte eine eigenständige Partizipationstheorie stehen. Voraussetzung hierfür ist ein selbstreflexiver und selbstkritischer Diskurs, wie er auf den bundesweiten Tagungen der Wohnungsnotfallhilfe bereits vor längerer Zeit begonnen wurde. Auch hier ist selbstverständlich die Partizipation im Sinne von Entscheidungsteilhabe der Betroffenen erforderlich. Im Rahmen der vorliegenden Studie konnte dies aus Kapazitätsgründen nicht weiter vorangetrieben werden.

Natürlich kann und sollte die Entscheidungsteilhabe von Nutzer_innen der Wohnungslosenhilfe auch vor der Entwicklung einer Rahmenkonzeption weiter forciert werden. Wie auch bei der Beschreibung und Analyse von *best practice* festgestellt werden musste, ist dies nicht ‚nebenbei' zu schaffen: Partizipation braucht Zeit (und Geduld)! Am Beispiel von Besucher_innenversammlungen in niedrigschwelligen Einrichtungen (vgl. I 21) wurde deutlich, dass ein Angebot zur Entscheidungsteilhabe nicht unmittelbar zu einem Ansturm von Nutzer_innen führt. Nicht ganz zu Unrecht sind diese vielleicht zunächst misstrauisch, ob es den Professionellen tatsächlich um die Mitwirkung an Entscheidungen geht. Viele sind es nicht gewohnt, dass ihre eigenen Einschätzungen und Wünsche ernst genommen werden. So ist es sinnvoll und notwendig, neue Partizipationsinstrumente oder die Umstrukturierung bereits bestehender mit Betroffenen gemeinsam zu entwickeln. Wenn ein oder zwei Nutzer_innen hierzu erfolgreich eingeladen werden, könnte dies überzeugender wirken als bei einem Top-down-Prozess der Professionellen. Werden so getroffene Entscheidungen transparent kommuniziert, können andere Nutzer_innen entscheiden, ob sie das nächste Mal teilnehmen wollen. Wollen sie es nicht (aus welchen Gründen auch immer), ist dies ihr Recht. Der hier skizzierte Prozess kann auf alle Partizipationsebenen und für alle Angebotsformen übertragen werden. Ausschlaggebend ist, wie attraktiv eine Mitwirkung an Entscheidungsprozessen letztendlich für die Nutzer_innen ist.

In den meisten Fällen braucht es einen Anstoß von oder zumindest die Unterstützung durch Professionelle(n), die Wege der Mitbestimmung und Mitgestaltung im Rahmen der Hilfeangebote aufzuzeigen und zu ermöglichen. Nicht die Anpassung ‚geeigneter' Klient_innen an die Strukturen der Professionellen, sondern eine Perspektivenübernahme ist dabei erforderlich. So muss auch die Planung, Durchführung und Evaluation von Unterstützungsangeboten neu gedacht werden, d. h. die Professionellen müssen sich auf die Kommunikationsformen der Nutzer_innen bzw. Adressat_innen einlassen. Die vielfach von Professionellen in der Partizipationsstudie angemahnte ‚Augenhöhe' mit den Nutzer_innen der Hilfe bedeutet eine Entscheidungsteilhabe bei allen Entscheidungen, die diese betreffen. Ob grundsätzlich immer die höchstmögliche Stufe der Partizipation, also die Entscheidungsmacht, oder teilweise nur Vorstufen von Partizipation wie die Anhörung angestrebt werden, muss im Einzelfall zwischen Professionellen und Nutzer_innen ausgehandelt werden. Dabei kann es sicherlich auch zu organisatorisch oder fachlich begründeten Vetos der Professionellen kommen, wenn beispielsweise die entsprechenden finanziellen Mittel für die Umsetzung einer Entscheidung nicht zur Verfügung stehen oder Menschen aus gesundheitlichen Gründen in ihrer Entscheidungsfähigkeit stark eingeschränkt sind.

6.5 Ausblick

Mit der vorliegenden Studie konnten die meisten ihrer forschungsleitenden Fragen wie zur Definition von Partizipation, zum aktuellen Diskurs im Feld der Wohnungslosenhilfe sowie zu bereits vorhandenen partizipativen Ansätzen und Instrumenten beantwortet werden. Auch Wünsche und Anregungen wurden in diesem Kontext von allen relevanten Akteur_innengruppen erfasst. Interessierte Einrichtungen und Projekte der Wohnungslosenhilfe sowie von Wohnungslosigkeit Betroffene können somit die Ergebnisse der Untersuchung als Anregung für die (Weiter-)Entwicklung partizipativer Handlungsansätze nutzen.[42]

Mit der Differenzierung in Ebenen, Stufen und Spielräume von Partizipation in der Wohnungslosenhilfe (vgl. 5.1.) wurde darüber hinaus ein Analyseinstrument entwickelt, das die Evaluation von partizipativen Konzepten und Programmen erlaubt. Unterstützungsangebote im Feld der Wohnungslosenhilfe können damit bereits existierende partizipative Handlungspraxen auf ihre Wirksamkeit hin überprüfen bzw. die Entwicklung neuer Partizipationsinstrumente begleitend evaluieren (lassen): Auf welchen Ebenen und Stufen findet Partizipation statt? Welche Gegenstände und Spielräume umfasst sie? Welche Erweiterungen der Partizipationsmöglichkeiten sind gewünscht und umsetzbar?

Nichtsdestotrotz sind im Rahmen der Partizipationsstudie Fragen unbeantwortet geblieben bzw. neue enstanden. So konnten geschlechtsspezifische Unterschiede nur teilweise erhoben und analysiert werden, hier besteht somit noch Forschungsbedarf. Andere Aspekte wie die Rolle von Ehrenamtlichen im Kontext von Nutzer_innenpartizipation wurden in der Studie aus Kapazitätsgründen nicht untersucht. Spannend wäre darüber hinaus, Nicht-Nutzer_innen zum Thema Partizipation zu befragen. Zudem war mit dem Feld der Wohnungslosenhilfe nur ein Teilgebiet der Wohnungsnotfallhilfe Gegenstand der Forschung. Auch hier besteht somit noch Handlungsbedarf. Die vorliegende Studie kann hierfür bereits erste Anregungen geben.

42 Im Anhang dieser Publikation findet sich auch hierfür eine kurze Zusammenfassung der Ergebnisse in Leichter Sprache.

QUELLENVERZEICHNIS

Alemann, Ulrich von (1978): Einleitung: Partizipation, Demokratisierung, Mitbestimmung – Zur Problematik eines Gegenstandes. In: Alemann, Ulrich von (Hg.): Partizipation – Demokratisierung – Mitbestimmung. Problemstellung und Literatur in Politik, Wirtschaft, Bildung und Wissenschaft. Eine Einführung. 2., ergänzte Aufl. Opladen: Westdeutscher Verlag, S. 13-40

Ansen, Harald (2009): Wohnungslosigkeit. Theoretisch-systematische Erwägungen. In: standpunkt: sozial, Nr. 3/2009, S. 90-99

Arnstein, Sherry R. (1969): A ladder of citizen participation. In: Journal of the American Institute of Planners Nr. 4/1969, S. 216-224. Online als eingescannter Artikel zur Verfügung gestellt durch das „history of social work project": http://www.historyofsocialwork.org/1969_ENG_Ladderofparticipation/1969,%20Arnstein,%20ladder%20of%20participation,%20original%20text%20OCR%20C.pdf (11.03.2016)

Atteslander, Peter (1971): Methoden der Empirischen Sozialforschung. Zweite Auflage. Berlin: Walter de Gruyter

Autrata, Otger (2013): Was ist eigentlich Partizipation? Bestandsaufnahme und neue Theorie. In: Sozial Extra, Nr. 3/4 2013, S. 16-19

Bär, Gesine (2012): Partizipation im Quartier – Gesundheitsförderung mit vielen Adressaten und Dynamiken. In: Rosenbrock/Hartung (Hg.), S. 172-182

BAG Wohnungslosenhilfe e. V. (2010a): Wohnungsnotfalldefinition der BAG Wohnungslosenhilfe e. V., verabschiedet vom Vorstand der BAG W am 23.04.2010. www.bagw.de/media/doc/POS_10_BAGW_Wohnungsnotfalldefintion.pdf (05.09.2017)

BAG W: Bundesarbeitsgemeinschaft Wohnungslosenhilfe e. V. (2010b): BAG W-Fachtag Partizipation, Selbsthilfe und Selbstorganisation. Neue Wege zur Teilhabe von Betroffenen. In: wohnungslos, Nr. 3-4/2010, S. 118-121

BAG W: Bundesarbeitsgemeinschaft Wohnungslosenhilfe e. V. (2011): Verbesserung der sozialen Integration wohnungsloser Menschen. Eckpunkte für eine bürger- und gemeindenahe Wohnungsnotfallhilfeplanung. In: wohnungslos, Nr. 2/2011, S. 62-66

BAG W: Bundesarbeitsgemeinschaft Wohnungslosenhilfe e. V. (2015): Mehr Partizipation wagen. Förderung und Unterstützung von Partizipation in der Wohnungslosigkeit. Empfehlung der BAG Wohnungslosenhilfe e.V. In: wohnungslos, Nr. 2/2015, S. 58-64

BBI: Bundesbetroffeneninitiative wohnungsloser Menschen e. V. (2004): Berliner Erklärung: Soziale und politische Partizipation angesichts der Demontage des Sozialstaates. Berlin-Karlshorst: BBI. In: Herbstwind, Sonderausgabe zum 11. Berbertreffen Offenburg, S. 12-13

Beer, Bettina (Hg.) (2003a): Methoden und Techniken der Feldforschung. Berlin: Dietrich Reimer Verlag

Beer, Bettina (2003b): 6. Systematische Beobachtung. In: Beer, Bettina (Hg.), S. 119-141

Bergold, Jarg B. (2015): Participation in Hierarchical Structures. Opportunities and Possibilities for Participation in Psychosocial Institutions. An Essay. DOI: 10.13140/RG.2.1.1371.2085

Bergold, Jarg/Thomas, Stefan (2010): Gemeinsam forschen – Partizipative Forschung im St. Ursulaheim in Offenburg. In: wohnungslos, Nr. 2/2010, S. 52-57

Beushausen, Jürgen (2017): Partizipation in der Beratung und der Sozialtherapie wagen. In: Soziale Arbeit, Nr. 1/2017, S. 12-19

Bitzan, Maria (2011): Partizipation. In: Ehlert, Gudrun/Funk, Heide/Stecklina, Gerd (Hg.): Wörterbuch Soziale Arbeit und Geschlecht. Weinheim und München: Beltz Juventa, S. 311-313

Blank, Beate/Huber, Helga (2017): Langzeitwirkung eines Empowerment-Ansatzes. Eine empirische Studie mit ehemals obdach- und wohnungslosen Frauen. In: wohnungslos, Nr. 2+3/2017, S. 87-99

Block, Martina/v. Unger, Hella/Wright, Michael T. (2008): Stufen der Partizipation. www.partizipative-qualitaetsentwicklung.de/partizipation/stufen-der-partizipation.html (11.07.2017)

Böllert, Karin (2012): Von der sozialdisziplinierenden Intervention zur partizipativen Dienstleistung. In: Thole, Werner (Hg.): Grundriss Soziale Arbeit. Ein einführendes Handbuch (E-Book). Wiesbaden: VS Verlag für Sozialwissenschaften, S. 625-633

Bohlen, Stephanie (2017): Soziale Arbeit als Menschenrechtsprofession. Zum professionellen Umgang mit Macht und Ohnmacht. In: Soziale Arbeit, Nr. 7/2017, S. 256-262

Borysik, Burcu/Baxter, Sue (2014): Commissioning for choice and control in housing related support services. London: Sitra. http://www.sitra.org/documents/commissioning-for-choice-and-control/sitra-dclg-commissioning-personalisation-in-hrs-report-final.pdf (18.08.2017)

Bortz, Jürgen/Döring, Nicola (2003): Forschungsmethoden und Evaluation: für Human- und Sozialwissenschaftler. 3., überarb. Aufl. Berlin: Springer

Brady, Carole/Maunula, Raija/Petrovskaja, Vlada (2015): Nothing About Us Without Us! The Own Keys Project – People Who Have Experienced Homelessness Develop Services. In: FEANTSA (Hg.) 2015, S. 14-15

Breidenstein, Georg/Hirschauer, Stefan/Kalthoff, Herbert/Nieswand, Boris (2013): Ethnografie. Die Praxis der Feldforschung. Konstanz; München: UVK Verlagsgesellschaft

Bröse, Johanna/Held, Josef (2015): Partizipation. In: Allespach, Martin/Held, Josef (Hg.): „Handbuch Subjektwissenschaft. Ein emanzipatorischer Ansatz in Forschung und Praxis. Frankfurt am Main: Bund-Verlag, S. 136-149

Bünger, Rolf/Saurer, Roland (2004): Die Bundesbetroffeneninitiative BBI zwischen Basisinteressen und professionellem Mandat. In: wohnungslos, Nr. 3/2004, S. 118-119

Bünger, Rolf/Kölz, Doris/Jeckel, Wolfgang (2008): „Was erwartet [sic!] die BBI und die Wohnungslosen von den Wohlfahrtsverbänden?“ Erklärung der BBI in Augsburg, 2008. Fachwoche Deutscher Caritasverband. In: herbst.wind, Sonderausgabe zum 12. Offenburger Berbertreffen 04. – 06.07.2008, S. 47-50

Busch-Geertsema, Volker (2017a): Housing First - innovativer Ansatz, gängige Praxis oder schöne Illusion? - Teil 1: Was ist Housing First, was ist es nicht, und Belege für die Wirksamkeit des Ansatzes. In: wohnungslos, Nr. 1/2017, S. 17-23

Busch-Geertsema, Volker (2017b): Housing First - innovativer Ansatz, gängige Praxis oder schöne Illusion? - Teil 2: Was ist innovativ am Housing-First-Ansatz, ist er bereits Mainstream in Deutschland, und wenn es aber doch keine Wohnungen gibt? In: wohnungslos, Nr. 2+3/2017, S. 75-80

Buse, Michael J./Nelles, Wilfried (1978): Überblick über die Formen der politischen Beteiligung. In: Alemann, Ulrich von (Hg.): Partizipation – Demokratisierung – Mitbestimmung. Problemstellung und Literatur in Politik, Wirtschaft, Bildung und Wissenschaft. Eine Einführung. 2., ergänzte Aufl., Opladen: Westdeutscher Verlag, S. 79-111

Carey, Malcom (2010): Should I Stay or Should I Go? Practical, Ethical and Political Challenges to ‘Service User’ Participation within Social Work Research. In: Qualitative Social Work, Nr. 2/2010, S. 224-243. Download von sage.pub.com, DOI: 10.1177/1473325010362000

Carr, Sarah (2007): Participation, power, conflict and change: Theorizing dynamics of service user participation in the social care system of England and Wales. In: Critical Social Policy Ltd, Nr. 2/2007, S. 266-276. Download von sage.pub.com, DOI: 10.1177/0261018306075717

Castel, Robert (2008): Die Fallstricke des Exklusionsbegriffs. In: Bude, Heinz/Willisch, Andreas (Hg.): Exklusion. Die Debatte über die „Überflüssigen“. Frankfurt am Main: Suhrkamp, S. 69-86

Christian, Julie/Abrams, Dominic/Clapham, David/Nayyar, Daniella/Cotler, Joseph (2016): Intentions to Move from Homelessness to Social Inclusion: The Role of Participation Beliefs, Attitudes and Prior Behaviour. In: Social Inclusion, Nr. 4/2016, S. 16-27, DOI: 10.17645/si.v4i4.643

Dallmann, Hans-Ulrich (2014): Macht und Soziale Arbeit – eine systemtheoretische Perspektive. In: Kraus, Björn/Krieger, Wolfgang (Hg.), S. 161-182

Debiel, Stefanie/Wagner, Leonie (2017): Partizipation in der Sozialen Arbeit. Geschichtliche Entwicklung und professionstheoretische Verortungen. In: Schäuble/Wagner (Hg.), S. 14-27

DV: Deutscher Verein für öffentliche und private Fürsorge e.V. (2015): Leistungsberechtigte in besonderen sozialen Schwierigkeiten bedarfsdeckend unterstützen. Empfehlungen des DeutschenVereins zur Anwendung der Hilfe nach §§ 67 ff. SGB XII. Berlin: DV

Eckstein, Nina/Gharwal, Dunja (2016): Soziale Arbeit als Menschenrechtsprofession in der Praxis. In: soziales_kapital. wissenschaftliches journal österreichischer fachhochschul-studiengänge soziale arbeit, Nr. 16/2016, S. 15-30

Eimertenbrink, Maik (2012): Straßenzeitung, Stadtführungen, Obdachlosenuni & Co. Wohnungslose Gemeinsam Aktiv! Berlin: Gangway e. V.

Engelke, Ernst/Borrmann, Stefan/Spatscheck, Christian (2008): Theorien der Sozialen Arbeit. Eine Einführung. 4. Aufl. Freiburg: Lambertus

Engels, Dietrich (2007): Gestaltung von Politik und Gesellschaft. Armut und Reichtum an Teilhabechancen. Gutachten zur Vorbereitung des 3. Armuts- und Reichtumsberichtes. Köln: Otto-Blume-Institut für Sozialforschung und Gesellschaftspolitik e. V.

ENIL: European Network on Independent Living (2013): FACT SHEET: Co-Production. Brüssel: ENIL. http://www.enil.eu/wp-content/uploads/2014/05/FAQ_Co-production.pdf (21.08.2017)

ECCoH: European Consensus Conference on Homelessness (2010): Policy Recommendations of the Jury. http://www.feantsa.org/download/2011_02_16_final_consensus_conference_jury_recommendations_en-2219124672783517721l.pdf (29.08.2017)

Fabian, Birgit (2014): „Ich lebe seit vielen Jahren ohne Wohnung". Die Menschen hinter der Wohnungslosigkeit. In: Ostrakon, Bundeszeitung der Christlichen Pfadfinderschaft Deutschlands (cpd), Nr. 1/2014, S. 27-29

FEANTSA: European Federation of National Organisations Working With the Homeless (2006): ETHOS – TAKING STOCK. http://www.feantsa.org/download/ethospaper20063618592914136463249.pdf (06.09.2017)

FEANTSA: European Federation of National Organisations Working With the Homeless (2013a): Partizipations-Toolkit.http://www.feantsa.org/download/participation_toolkit_german_final_20139207500867944766234.pdf (15.03.2018)

FEANTSA: European Federation of National Organisations Working With the Homeless (2013b): People with Experience of Homelessness Have the Right to Have Their Opinions and Perspectives Heard. Pressemitteilung vom 03.10.2013. http://www.feantsa.org/download/press_release_participation5263662959353723631.pdf (25.08.2017)

FEANTSA: European Federation of National Organisations Working With the Homeless (Hg.) (2015): Homeless in Europe. The Magazine of FEANTSA, Ausgabe Spring 2015. Brüssel: FEANTSA

Fischer, Hans (2003): 13. Dokumentation. In: Beer, Bettina (Hg.), S. 265-294

Flick, Uwe (2007): Qualitative Sozialforschung. Eine Einführung. Reinbek bei Hamburg: Rowohlt Taschenbuch Verlag

Flick, Uwe (2012): Qualitative Sozialforschung. Eine Einführung, 5. Auflage. Reinbek bei Hamburg: Rowohlt Taschenbuch Verlag

Frank, Marco (2010): Zum Fall werden. Untersuchung zu Subjektivierungsprozessen in der Wohnungslosenhilfe. Masterarbeit an der Alice Salomon Hochschule Berlin, eingereicht im Wintersemester 2010/11

Friebertshäuser, Barbara/Kelle, Helga/Boller, Heike/Bollig, Sabine/Huf, Christina/Langer, Antje/Ott, Marion/Richter, Sophia (Hg.) (2012): Feld und Theorie. Herausforderungen erziehungswissenschaftlicher Ethnographie. Opladen; Berlin; Toronto: Verlag Barbara Budrich

Friedrichs, Jürgen (1990): Methoden empirischer Sozialforschung. 14. Aufl. Opladen: Westdeutscher Verlag

Gahleitner, Silke Birgitta/Miethe, Ingrid (2014): Ethik in der sozialwissenschaftlichen Forschung. In: Gahleitner, Silke Birgitta/Schmitt, Rudolf/Gerlich, Katharina (Hg.): Qualitative und quantitative Forschungsmethoden für EinsteigerInnen aus den Arbeitsfeldern Beratung, Psychotherapie und Supervision. Coburg: ZKS Verlag, S. 107-113

Gangway e. V. (2015): Interventionsstrategien im öffentlichen Raum. Ein Erfahrungsbericht der Straßensozialarbeit mit Erwachsenen in belasteten Wohngebieten. Berlin: Gangway e. V.

Gerull, Susanne (2009): Forschen im Grenzbereich. Hard-to-reach-Klienten als Zielgruppe in der Sozialarbeitsforschung – Beispiel wohnungslose Menschen. In: Blätter der Wohlfahrtspflege, Nr. 2/2009, S. 58-60

Gerull, Susanne (2011): Armut und Ausgrenzung im Kontext Sozialer Arbeit. Weinheim; Basel: Beltz Juventa

Gerull, Susanne (2016): Wege aus der Wohnungslosigkeit. Eine qualitative Studie aus Berlin. Berlin. https://opus4.kobv.de/opus4-ash/files/158/Wege_aus_der_Wohnungslosigkeit_Gerull.pdf

Gerull, Susanne (2017): Partizipation in der Wohnungslosenhilfe. In: wohnungslos, Nr. 4/2017, S. 113-117

Gerull, Susanne/Merckens, Manfred (2012): Erfolgskriterien in der Hilfe für Menschen mit besonderen sozialen Schwierigkeiten. Folgestudie: Aktenanalyse und Diskussion der Gesamtergebnisse. Uckerland: Schibri-Verlag

Gillich, Stefan (2004): Ein Arbeitsprinzip schlägt Wurzeln: Gemeinwesenarbeit in der Wohnungslosenhilfe. In: Odierna, Simone/Berendt, Ulrike (Hg.): Gemeinwesenarbeit. Entwicklungslinien und Handlungsfelder. Neu-Ulm: AG SPAK Bücher, S. 267-278

Gillich, Stefan (2010): Selbsthilfe wohnungsloser Menschen. Ein strapazierter Begriff macht Karriere. In: Soziale Arbeit, Nr. 10/2010, S. 374-380

Gintzel, Ullrich (2017): Partizipation. In: Kreft, Dieter/Mielenz, Ingrid (Hg.): Wörterbuch Soziale Arbeit. Aufgaben, Praxisfelder, Begriffe und Methoden der Sozialarbeit und Sozialpädagogik. Weinheim und Basel: Beltz Juventa Verlag, S. 700-704

Girtler, Roland (2010): Feldforschung als Ethnographie. In: Bock, Karin/Miethe, Ingrid (Hg.): Handbuch Qualitative Methoden in der Sozialen Arbeit. Teil V: Qualitative Methoden in den Handlungsfeldern der Sozialen Arbeit. Opladen und Farmington Hills: Verlag Barbara Budrich, S. 289-294

Glaser, Barney G. (2002): Constructivist Grounded Theory? In: Forum Qualitative Sozialforschung /Forum: Qualitative Social Research, [47 Absätze]., 3(3), Art. 12, http://nbn-resolving.de/urn:nbn:de:0114-fqs0203125 (20.06.2018)

Grube, Christian/Wahrendorf, Volker (Hg.) (2014): SGB XII. Sozialhilfe mit Asylbewerberleistungsgesetz. Kommentar. München: C. H. Beck

Grummt, René (2001): Zwischenergebnisse der Untersuchung zur Entwicklung bedarfsgerechter Hilfen für Wohnungslose in Magdeburg. In: Simon, Titus (Hg.): Zu Problemen der Wohnungslosenhilfe in den neuen Bundesländern. Bielefeld, S. 17-24

Hafen, Martin (2012): Partizipation. In : Wirth, Jan V./Kleve, Heiko (Hg.): Lexikon des systemischen Arbeitens. Grundbegriffe der systemischen Praxis, Methodik und Theorie. Heidelberg: Carl-Auer-Systeme Verlag, S. 303- 306

Hartung, Susanne/Wright, Michael T. (2016): Gesundheitsförderung in den Kommunen: Wie können Menschen in belastenden Lebenslagen Handlungskonzepte und Angebote mitgestalten? http://www.gesundheitliche-chancengleichheit.de/service/meldungen/partkommplus/(21.07.2016)

Hauser-Schäublin, Brigitta (2003): 2. Teilnehmende Beobachtung. In: Beer, Bettina (Hg.), S. 33-54

Hedtke, Reinhold (2012): Partizipation ist das Problem, nicht die Lösung. In: Polis, Nr. 3/2012, S. 16-18. http://www.uni-bielefeld.de/soz/ag/hedtke/pdf/Hedtke_Partizipation-als-Problem_2012.pdf (11.01.2017)

Heitmeyer, Wilhelm (Hg.) (2002 – 2011): Deutsche Zustände. Folgen 1-10. Frankfurt/Main: Suhrkamp

Hitzler, Sarah (2017): Partizipation als reflexive Praxis im Hilfeplangespräch. Vom Beteiligtwerden zur Beteiligung? In: Schäuble/Wagner (Hg.), S. 41-61

Hobi, Barbara/Pomey, Marion (2013): Die Frage nach Partizipation als demokratisches Moment in der Sozialen Arbeit. In: Geisen, Thomas/Kessl, Fabian/Olk, Thomas/Schnurr, Stefan (Hg.): Soziale Arbeit und Demokratie. Wiesbaden: Springer Fachmedien, S. 121- 143

Hoch, Carolin (2017): Straßenjugendliche in Deutschland – eine Erhebung zum Ausmaß des Phänomens. Endbericht – zentrale Ergebnisse der 2. Projektphase. Halle/Saale: DJI

HOPE (o. J.): Willkommen bei HOmeless PEople – HOPE (Wohnungslose Menschen). https://www.homelesspeople.eu/deutsch/(25.08.2017)

Hough, Juliette/Rice, Becky (2010): Providing personalised support to rough sleepers. An evaluation of the City of London pilot. https://www.jrf.org.uk/file/40687/download?token=qgtkw5Ah&filetype=-full-report (27.10.2016)

Hünersdorf, Bettina (2012): Erziehungswirklichkeit im Spannungsfeld von Systemtheorie und Ethnographie. In: Friebertshäuser u. a. (Hg.), S. 41-56

Huf, Christina/Friebertshäuser, Barbara (2012): Über Felder, Theorien und Horizonte ethnographischer Forschung in der Erziehungswissenschaft – eine Einleitung. In: Friebertshäuser u. a. (Hg.), S. 9-24

Hummrich, Merle (2007): Partizipation. In: Feuerhelm, Wolfgang (Hg.): Taschenlexikon der Sozialarbeit und Sozialpädagogik. Wiebelsheim: Quelle & Meyer, S. 455

IFSW: International Federation of Social Workers (2012): Statement of Ethical Principles. http://ifsw.org/policies/statement-of-ethical-principles/(14.03.2018)

ISG/BMAS: Institut für Sozialforschung und Gesellschaftspolitik/Bundesministerium für Arbeit und Soziales (2015): Dokumentation des Workshops mit von Armut Betroffenen im Rahmen des Fünften Armuts- und Reichtumsberichts der Bundesregierung (5. ARB). Berlin: ISG, BMAS

Jordan, Rolf (2017): Partizipation. In: Bundesarbeitsgemeinschaft Wohnungslosenhilfe e. V. (Hg.): Handbuch der Hilfen in Wohnungsnotfällen. Entwicklung lokaler Hilfesysteme und lebenslagenbezogener Hilfeansätze. Berlin: BAG W-Verlag, S. 99-111

KAG W: Katholische Bundesarbeitsgemeinschaft Wohnungslosenhilfe (2015): Solidarität wagen, Teilhabe leben, Chancen eröffnen. Grundlagenpapier der Katholischen Bundesarbeitsgemeinschaft Wohnungslosenhilfe. In: neue caritas, spezial 1, S. 1-18

Karawane Komitee 2010: Übersicht der Karawane-Stationen 13. – 22.05.2010. In: herbst.wind, Sonderausgabe zur Karawane 2010, S. 37-39

Kardorff, Ernst von (2014): Partizipation im aktuellen gesellschaftlichen Diskurs - Anmerkungen zur Vielfalt eines Konzepts und seiner Rolle in der Sozialen Arbeit. In: ARCHIV für Wissenschaft und Praxis der sozialen Arbeit, Nr. 2/2014, S. 4- 15

Karuna e. V. (2014): Nehmt uns wahr! Helft sinnvoll! Ideen- und Forderungskatalog des 1. Bundeskongresses der Straßenkinder an die Ministerin für Familie, Senioren, Frauen und Jugend. Berlin: Karuna e. V.

Karuna e. V. (Hg.) (2017): MOMO – The Voice of disconnected Youth. Dokumentation. Berlin: Karuna e. V.

Kessl, Fabian (2013): Soziale Arbeit in der Transformation des Sozialen. Eine Ortsbestimmung. Wiesbaden: Springer VS [E-Book]

Kessl, Fabian (2014): Macht – (k)ein Thema Sozialer Arbeit. In: Kraus, Björn/Krieger, Wolfgang (Hg.), S. 29-41

Kölz, Doris (2008): „Wir wissen, wir sind nicht allein". Redebeitrag von Doris Kölz, Offenburg für die BI-LAG-BBI auf der Dreiländer-Demonstration am 7. Juni 2008 in Freiburg. In: herbst.wind, Sonderausgabe zum 12. Offenburger Berbertreffen 04. – 06.07.2008, S. 62-63

Kölz, Doris (2010a): „Berbertreffen, Offenburg". In: herbst.wind, Sonderausgabe zur Karawane 2010, S. 29

Kölz, Doris (2010b): Die Bundesbetroffeneninitiative (BBI) e. V. von 1990 – 2010. Vorgelegtes Papier in der AG 4 beim Fachtag „Partizipation, Selbsthilfe und Selbstorganisation. Neue Wege zur Teilhabe von Betroffenen" der Bundesarbeitsgemeinschaft Wohnungslosenhilfe e.V. in Kassel am 04.08.2010. Unveröffentlichtes Manuskript

Kölz, Doris (2011): Wohnungslose Menschen im Spannungsfeld von Exklusion und Teilhabe. Eine Antwort und Strategie der BBI. In: Rosenke, Werena (Hg.): Ein weites Feld: Wohnungslosenhilfe – mehr als ein Dach über dem Kopf. Bewährtes verbessern, Neues annehmen, Kooperation gestalten, für Gerechtigkeit streiten. Reihe Materialien zur Wohnungslosenhilfe, Heft 61. Bielefeld: BAG W-Verlag, S. 437-441

Kooperationsverbund Gesundheitliche Chancengleichheit (2015): Kriterien für gute Praxis der soziallagenbezogenen Gesundheitsförderung. Köln; Berlin: Kooperationsverbund Gesundheitliche Chancengleichheit

Kraus, Björn (2006): Lebenswelt und Lebensweltorientierung – eine begriffliche Revision als Angebot an eine systemisch-konstruktivistische Sozialarbeitswissenschaft. In: Kontext. Zeitschrift für Systemische Therapie und Familientherapie, Nr. 37/02, S. 116–129. http://www.ssoar.info/ssoar/handle/document/47820 (21.02.2018)

Kraus, Björn (2014): Soziale Arbeit – Macht – Hilfe und Kontrolle. Die Entwicklung und Anwendung eines systemisch-konstruktivistischen Machtmodells. In: Kraus, Björn/Krieger, Wolfgang (Hg.), S. 95-119

Kraus, Björn/Krieger, Wolfgang (Hg.) (2014a): Macht in der Sozialen Arbeit: Interaktionsverhältnisse zwischen Kontrolle, Partizipation und Freisetzung. 3. überarb. u. erw. Aufl. Düsseldorf: Jacobs

Kraus, Björn/Krieger, Wolfgang (2014b): Zur Einführung – Die Reflexion Sozialer Arbeit im Lichte von Theorien zur Macht. In: Kraus, Björn/Krieger, Wolfgang (Hg.), S. 9-27

Kreimeyer, Kathrin (2017): Soziale Teilhabe in Deutschland. Verständnis und Praxis einer sozialpolitischen Leitidee anhand ausgewählter Arbeitsbereiche der Sozialen Arbeit. In: Soziale Arbeit, Nr. 2/2017, S. 42-48

Kronauer, Martin (2002): Exklusion. Die Gefährdung des Sozialen im hoch entwickelten Kapitalismus. Frankfurt; New York: Campus Verlag

LAG Wohnungsloser Menschen in Baden-Württemberg (2009): Aus dem Nichts .... zum politischen Etwas: 10 Jahre Entwicklung einer Lobby wohnungsloser Menschen. In: 10 Jahre Landesarbeitsgemeinschaft wohnungsloser Menschen in Baden-Württemberg 1999-2009. Sonderblatt 10 Jahre lag 2009, S. 2-3

Lange, Jens (2003): Partizipation: Überlegungen zum Verhältnis der politischen und der (sozial)pädagogischen Dimension eines Begriffs in einer (rhetorisch) modernisierten Sozialen Arbeit. https://eldorado.tu-dortmund.de/bitstream/2003/5515/1/lange.pdf (23.03.2017)

Lang-Lendorff, Antje (2017): Inklusion wird Chefsache. In: taz, Ausgabe vom 05.05.2017, S. 21 (taz. berlin)

Leideritz, Manuela (2016): 1.1 Menschenrechte als Begründungsbasis für die Profession Soziale Arbeit. In: Leideritz, Manuela/Vlecken, Silke (Hg.): Professionelles Handeln in der Sozialen Arbeit – Schwerpunkt Menschenrechte. Ein Lese- und Lehrbuch. Opladen; Berlin; Toronto: Verlag Barbara Budrich, S. 32-64

L.I.S.T. Stadtentwicklungsgesellschaft mbH (2012): Handbuch zur Partizipation. Im Auftrag der Senatsverwaltung für Stadtentwicklung und Umwelt Berlin. 2. Aufl. Berlin: Senatsverwaltung für Stadtentwicklung und Umwelt Berlin

Lutz, Ronald (2017): Politik des Lebens. Partizipation als Praxis. In: Schäuble/Wagner (Hg.), S. 200-217

Lutz, Ronald /Simon, Titus (2012): Lehrbuch der Wohnungslosenhilfe. Eine Einführung in Praxis, Positionen und Perspektiven. 2., überarb. Aufl. Weinheim; München: Juventa

Lutz, Tilman (2012): Verordnete Beteiligung im aktivierenden Staat – Bearbeitungsweisen und Deutungen von Professionellen. In: Widersprüche, Nr. 1/2012, S. 41-54

Maar, Katja/Malyssek, Jürgen (2015): Konfliktfelder und Konfliktpotenziale in der Wohnungslosenhilfe. Herausforderungen für die Soziale Arbeit. In: Stövesand, Sabine/Röh, Dieter (Hg.): Konflikte – theoretische und praktische Herausforderungen für die Soziale Arbeit. Opladen; Berlin; Toronto: Verlag Barbara Budrich, S. 163-168

Malyssek, Jürgen/Störch, Klaus (2009): Wohnungslose Menschen: Ausgrenzung und Stigmatisierung. Freiburg: Lambertus

Marquardt, Nadine (2013): Räume der Fürsorge. Regieren der Wohnungslosigkeit im betreuten Wohnen. In: Geographische Zeitschrift, Heft 3+4/2013, S. 148-165

Marquardt, Nadine (2015): Das Regieren von Emotionen in Räumen des betreuten Wohnens. In: Geographica Helvetica, Nr. 70, S. 175–184. DOI:10.5194/gh-70-175-2015

Mayring, Philipp (2010): Qualitative Inhaltsanalyse. Grundlagen und Techniken. 11., akt. und überarb. Aufl. Weinheim und Basel: Beltz Verlag

Meier-Rust, Kathrin (1994): Machen Sie sich den Hosenboden dreckig! Chicago – die von A bis Z erforschte Stadt. In: NZZ Folio, Nr. 2/1994. http://folio.nzz.ch/1994/februar/machen-sie-sich-den-hosenboden-dreckig (08.05.2017)

Miethe, Ingrid (2010): Traditionen der „Chicagoer Schule". In: Bock, Karin/Miethe, Ingrid (Hg.): Handbuch Qualitative Methoden in der Sozialen Arbeit. Opladen und Farmington Hills: Verlag Barbara Budrich, S. 65-74

Moser, Sebastian J. (2014): Pfandsammler: Erkundungen einer urbanen Sozialfigur. Hamburg: Hamburger Edition

Mosolf, Melanie/Gerull, Susanne (2017): Bestandsaufnahme: Partizipation in der Berliner Wohnungslosenhilfe. http://www.ak-wohnungsnot.de/files/attachements/40/partizipationberlinerwohnungslosenhilfe.pdf (03.05.2018)

Mruck, Katja unter Mitarbeit von Günter Mey (2000): Qualitative Sozialforschung in Deutschland [49 Absätze]. Forum Qualitative Sozialforschung /Forum: Qualitative Social Research, 1(1), Art. 4, http://nbn-resolving.de/urn:nbn:de:0114-fqs000148 (30.06.2018)

Nagel, Stephan (2016): Die Rolle von Mietervereinen in der Interessenvertretung von Wohnungslosen – Überlegungen und Ideen für eine Diskussion mit Mieter helfen Mietern. Unveröffentlichtes Manuskript

Niehoff, Ulrich (2013): Partizipation. In: Theunissen, Georg/Kulig, Wolfram/Schirbort, Kerstin (Hg.): Handlexikon Geistige Behinderung. Schlüsselbegriffe aus der Heil- und Sonderpädagogik, Sozialen Arbeit, Medizin, Psychologie, Soziologie und Sozialpolitik. Stuttgart: Kohlhammer Verlag, S. 262-263

Oechler, Melanie/Rosenbauer, Nicole (2014): Partizipation, Beteiligung. In Thole, Werner/Höblich, Davina/Ahmed, Sarina (Hg.): Taschenwörterbuch Soziale Arbeit. Bad Heilbrunn: UTB, S. 233-234

Oitner, Silvia/Thiele, Heiner (2017): Die Un-/Möglichkeit von Partizipation Geflüchteter in Deutschland. In: Schäuble/Wagner (Hg.) 2017, S. 85-97

Olaria, Marta (2015): Participation: From Unawareness to Practice. In: FEANTSA (Hg.), S. 24-25

O. V. (2010): Unterwegs mit der Karawane 2010 gegen Armut und Ausgrenzung. In: Karawane gegen Armut und Ausgrenzung. Offenburg: Ursulaheim, BI Offenburg/LAG Baden Württemberg [sic!], S. 3

O. V. (2011): Was tun? In: herbst.wind, Strassenmagazin für Offenburg-Ortenau, zum 14. Berbertreffen Offenburg (ohne Ausgabenummer), S. 2-4

Paradis, Emily (2016): Outsiders Within: Claiming Discursive Space at National Homelessness Conferences in Canada. In: Social Inclusion, Nr. 4/2016, S. 97–107, DOI: 10.17645/si.v4i4.670

PlattenGruppe (2001): Chronologie PlattenGruppe Köpenick. Unveröffentlichtes Dokument. Berlin: Plattengruppe

Pleace, Nicholas (2016): Core principles of Housing First. http://www.housingfirstguide.eu/website/wp-content/uploads/2016/HFG/Chapter2.pdf (30.06.2018)

Przyborski, Aglaja/Wohlrab-Sahr, Monika (2014): Qualitative Sozialforschung. Ein Arbeitsbuch, 4. erw. Aufl. München: Oldenbourg Verlag

Rausch, Günter (2004): Soziale Benachteiligung und Partizipation – Beteiligung von sozial Benachteiligten: Ein Prüfstein, Stolperstein oder Meilenstein von Gemeinwesenarbeit? http://guenter-rausch.de/cms/wp-content/uploads/2014/01/2004_Rausch_Beteiligung-von-sozial-Benachteiligten.pdf / Manuskriptfassung S. 1-11 (07.09.2016)

Richert, Jörg/Menges, Jennifer (2016): Straßenkinder in Deutschland – Opfer der Systemkrise der Jugendhilfe. In: wohnungslos, Nr. 3/2016, S. 79-81

Richter, Sophia/Friebertshäuser, Barbara (2012): Der schulische Trainingsraum – Ethnographische Collage als empirische, theoretische und methodologische Herausforderung. In: Friebertshäuser u. a. (Hg.), S. 71-87

Rieger, Judith (2015): Partizipation als Korrektiv der Sozialen Arbeit. In: Soziale Arbeit, Nr. 9.2015, S. 341-347

Riemann, Gerhard (2004): Die Befremdung der eigenen Praxis. In: Hanses, Andreas (Hg.): Biographie und soziale Arbeit. Baltmannsweiler: Schneider Verlag Hohengehren, S. 190-208

Rosenbrock, Rolf/Hartung, Susanne (Hg.) (2012): Handbuch Partizipation und Gesundheit. Bern: Hans-Huber

Saurer, Roland (2008): Partizipation als methodisches bzw. inhaltliches Ziel der Wohnungslosenhilfe. In: herbst.wind, Sonderausgabe zum 12. Offenburger Berbertreffen 04. – 06.07.2008, S. 54-58 [Gekürzte und leicht modifizierte Fassung erschienen in wohnungslos, Nr. 2/2008, S. 63-66]

Saurer, Roland (2010): Debatte um die Partizipation in der Wohnungslosenhilfe. Eine Geschichte von Missdeutungen und Missverständnissen. In: wohnungslos, Nr. 3-4/2010, S. 123-125

Schäuble, Barbara/Wagner, Leonie (Hg.) (2017): Partizipative Hilfeplanung. Weinheim und Basel: Beltz Juventa

Schellhorn, Walter/Schellhorn, Helmut/Hohm, Karl-Heinz/Scheider, Peter (Hg.) (2015): Kommentar zum Sozialgesetzbuch XII. Köln: Luchterhand Verlag

Scheu, Bringfriede (2013): Partizipation und Soziale Arbeit. Gestaltung des Sozialen als Denkprinzip. In: Sozial Extra, Nr. 3/4 2013, S. 20-23

Scheu, Bringfriede/Autrata, Otger (2013): Partizipation und Soziale Arbeit. Einflussnahme auf das subjektiv Ganze. Wiesbaden: Springer Verlag

Schlehe, Judith (2003): 4. Formen qualitativer ethnographischer Interviews. In: Beer, Bettina (Hg.), S. 71-93

Schlembach, Julia (2012): Partizipation wohnungsloser Menschen. Eine Analyse der Betroffenenperspektive. Masterarbeit an der Hochschule Esslingen, Fakultät Soziale Arbeit, Gesundheit und Pflege. Eingereicht im Sommersemester 2012

Schlembach, Julia (2013): Partizipation wohnungsloser Menschen. Eine Analyse der Betroffenenperspektive. Hamburg: Diplomica Verlag

Schlembach, Julia (2017): Ergebnisse einer qualitativen Untersuchung zu Partizipation in der Wohnungsnotfallhilfe aus Betroffenensicht. In: wohnunglos, Nr. 4/2017, S. 121-129

Schmidt, Bettina (2012): Partizipation aus verantwortungsorientierter Sicht. In: Rosenbrock/Hartung (Hg.), S. 260-271

Schneider, Jürgen (2012/2013): Das Armutsnetzwerk. Jürgen Schneider im E-Mail-Interview mit Susanne Gerull. http://www.armutszeugnisse.de/themen/themen_19.htm (08.05.2017)

Schneider, Jürgen (2013): Die große Teilhabe der „Betroffenen" ist vorerst gescheitert. Vorerst bedeutet das, dass es noch Hoffnung gibt. Vortrag bei der Bundestagung der BAG W am 26.09.2013 in Dortmund. http://www.bagw.de/media/doc/TGD_13_Bundestagung_AG7_Schneider.pdf (11.04.2017)

Schneider, Jürgen (2014): Teilhabe von Wohnungslosen. Vortrag im Rahmen der Ausstellung „Kunst im Kontext von Wohnungslosigkeit" am 08.10.2014 in Stuttgart. Unveröffentlichtes Redemanuskript

Schneider, Stefan (2010): Partizipation, Selbsthilfe und Selbstorganisation Wohnungsloser. Neue Wege zur Teilhabe von Betroffenen. In: wohnungslos, Nr. 3-4/2010, S. 122-123

Schneider, Stefan (2016): Sommercamps wohnungsloser Menschen. Zwischenbericht & Ausblick. Vortrag beim Kongress „Bewegte Zeiten“ des Evangelischen Bundesfachverbands Existenzsicherung und Teilhabe e. V. (EBET) am 27.09.2016. Power-Point-Folien

Schneider, Stefan (2017): Wohnungslosenhilfe - Chance zur Beteiligung der Auftraggeber vertan. Stellungnahme zur Empfehlung der BAG Wohnungslosenhilfe e.V. „Mehr Partizipation wagen – Förderung und Unterstützung von Partizipation in der Wohnungslosigkeit“ vom Mai 2015. http://www.drstefanschneider.de/publikationen/1474-partizipation-wohnungslosenhilfe.html?tmpl=component&print=1&layout=default&page= (30.08.2017)

Schroll-Decker, Irmgard/Kraus, Nicole (2000): Lebensmittelpunkt Straße. Selbst- und Fremdwahrnehmung junger erwachsener Obdachloser. In: wohnungslos, 42(3), S. 105-111

Schnurr, Stefan (2012): Partizipation in der Sozialen Arbeit – zur Einführung. In: Specht, Thomas (Hg.): Armut, Wohnungsnot und Wohnungslosigkeit in Deutschland. Ein Reader zur Überwindung von Wohnungslosigkeit und Armut. Reihe Materialien zur Wohnungslosenhilfe, Heft 62. Bielefeld: BAG W-Verlag, S. 533-544

Schnurr, Stefan (2015): Partizipation. In: Otto, Hans-Uwe/Thiersch, Hans (Hg.): Handbuch Soziale Arbeit. München: Ernst Reinhardt, S. 1171-1180

Sommercamp (2016): Die Erklärung der Teilnehmenden. In: Motz, Nr. 12/2016, S. 14

Sommercamp (2017): Gemeinsames Ergebnisprotokoll vom Wohnungslosentreffen 2017. http://www.wohnungslosentreffen.de/12-sommercamp-2017/66-2017-ergebnisprotokoll.html (17.08.2017)

Sowa, Frank/Staples, Ronald/Theuer, Stefan/Althaus, Rajiv (2013): Beratungsgespräche in der Arbeitsverwaltung teilnehmend beobachten. Reflexion über eine Methode der qualitativen Sozialforschung [78 Absätze]. Forum Qualitative Sozialforschung /Forum: Qualitative Social Research, 14(2), Art. 21, http://nbn-resolving.de/urn:nbn:de:0114-fqs1302213 (14.06.2018)

Specht, Thomas (2008): Zukünftige Herausforderungen für eine gemeinde- und bürgernahe Wohnungslosenhilfe. In: *Nachrichtendienst des Deutschen Vereins* (*NDV*), 10/2008, S. 401-408

Specht, Thomas (2010): Thesen zu Partizipation, Selbstorganisation und Selbsthilfe wohnungsloser und von Wohnungslosigkeit bedrohter Menschen. In: wohnungslos, Nr. 2/2010, S. 58-59

Staub-Bernasconi, Silvia (2008): Menschenrechte in ihrer Relevanz für die Soziale Arbeit als Theorie und Praxis. Oder: Was haben Menschenrechte überhaupt in der Sozialen Arbeit zu suchen? In: Widersprüche, Nr. 1/2008, S. 9-32

Staub-Bernasconi, Silvia (2014): Macht und (kritische) Soziale Arbeit. In: Kraus, Björn/Krieger, Wolfgang (Hg.), S. 363-392

Steckelberg, Claudia (2016): Niederschwelligkeit als Handlungskonzept Sozialer Arbeit. Theoretisch-konzeptionelle Grundlagen und aktuelle Herausforderungen. In: Soziale Arbeit, Nr. 12/2016, S. 449-455

Steinbinder, Andrea/Hahmann, Susanne (2016): Entwicklung und Aufbau eines Integrierten Gesamthilfesystems (GHS) der Wohnungsnotfallhilfen in einer ländlichen Region – am Beispiel des Oberbergischen Kreises. In: wohnungslos, Nr. 4/2016, S. 122-126

Straßburger, Gaby/Rieger, Judith (Hg.) (2014): Partizipation kompakt. Für Studium, Praxis und Lehre sozialer Berufe. Weinheim und Basel: Beltz Juventa [E-Book]

Streblow, Claudia (2005): Teilnehmende Beobachtung. In: Gahleitner, Silke /Gerull, Susanne/Petuya Ituarte, Begoña/Schambach-Hardtke, Lydia/Streblow, Claudia (Hg.): Einführung in das Methodenspektrum sozialwissenschaftlicher Forschung. Uckerland: Schibri–Verlag, S. 76-86

Streck, Rebekka (2016): Nutzung als situatives Ereignis. Eine ethnografische Studie zu Nutzungsstrategien und Aneignung offener Drogenarbeit. Weinheim und Basel: Beltz Juventa

Streck, Rebekka/Unterkofler, Ursula/Reinecke-Terner, Anja (2013): Das „Fremdwerden“ eigener Beobachtungsprotokolle – Rekonstruktionen von Schreibpraxen als methodische Reflexion [65 Absätze]. Forum Qualitative Sozialforschung /Forum: Qualitative Social Research, 14(1), Art. 16, http://nbn-resolving.de/urn:nbn:de:0114-fqs1301160

Striano, Mauro (2015): Participation: Inclusion, Empowerment and Routes Out of Homelessness [Editorial]. In: FEANTSA (Hg.), S. 2

Szynka, Peter (2010): Partizipation und (Selbst-)Organisation in der Wohnungslosenhilfe. In: wohnungslos, Nr. 2/2010, S. 41-44

Szynka, Peter (2014): Partizipation in der Wohnungslosenhilfe. In: ARCHIV für Wissenschaft und Praxis der sozialen Arbeit, Nr. 2/2014, S. 84-91

Thiersch, Hans (2003): Lebensweltorientierte Soziale Arbeit. Aufgaben der Praxis im sozialen Wandel. 5. Aufl. Weinheim, München: Juventa

Thiersch, Hans/Grunwald, Klaus (2002): Lebenswelt und Dienstleistung. In: Thiersch, Hans (Hg.): Positionsbestimmungen der Sozialen Arbeit. Gesellschaftspolitik, Theorie und Ausbildung. Weinheim; München: Juventa, S. 127-153

Thomas, Martin/Pierson, John (1995): Dictionary Of Social Work. London: Collins Educational

Thomas, Stefan (2010): Professionalisierung im Verhältnis zu Partizipation, Empowerment und Selbstorganisation. In: wohnunglos, Nr. 2/2010, S. 49-52

Unter Druck (2016): Am Anfang war ein Theaterprojekt mit Obdachlosen. 25 Jahre „Unter Druck – Kultur von der Straße e. V.". Nachdruck. In: Unter Druck (2017): Unter Druck. Zeit- und Streitschrift. Nullnummer. Berlin: Unter Druck, S. 22

Wagner, Thomas (2012): Bürger oder „Bettler"? – Soziale Arbeit zwischen Bürgerrechten und Entbürgerlichung. In: Gillich, Stefan/Keicher, Rolf (Hg.): Bürger oder Bettler. Soziale Rechte von Menschen in Wohnungsnot im Europäischen Jahr gegen Armut und soziale Ausgrenzung. Wiesbaden: VS Verlag, S. 171-185

Wagner, Thomas (2017): Dabei sein ist nicht Alles! Gründe der Nicht-Nutzung von Beteiligungsverfahren in der Sozialen Arbeit aus demokratie- und ungleichheitstheoretischer Perspektive. In: Schäuble/Wagner (Hg.), S. 230-244

Wiese, Birgit (2009): Konsumentensouveränität im Bereich sozialer Dienstleistungen: Ein Mittel zur sozialen Integration? Eine qualitative Studie am Beispiel der Obdach- und Wohnungslosenhilfe. Europäische Hochschulschriften, Reihe V, Volks- und Betriebswirtschaft, Band 3327. Frankfurt/M.: Peter Lang

Witzel, Andreas (1982): Verfahren der qualitativen Sozialforschung. Überblick und Alternativen. Frankfurt am Main: Campus

Wolf, Sandra (2016): „Über die Wahrnehmung von und den Umgang mit obdachlosen Personen im öffentlichen Raum". Freiburg: Katholische Bundesarbeitsgemeinschaft Wohnungslosenhilfe (KAGW). http://www.kagw.de/fileadmin/user_upload/pdf/17-01-16-Vorstudiefinal_ge%C3%A4ndert_Druck_Gro%C3%9F_Final.pdf (06.09.2017)

Wright, Michael T. (2012): Partizipation in der Praxis: die Herausforderung einer kritisch reflektierten Professionalität. In: Rosenbrock, Rolf/Hartung, Susanne (Hg.): Handbuch Partizipation und Gesundheit. Bern: Hans-Huber, S. 91-101

Wurtzbacher, Jens (2011): Partizipation. In: Deutscher Verein für öffentliche und private Fürsorge e. V. (Hg.): Fachlexikon der sozialen Arbeit. Baden-Baden: Nomos Verlag, S. 634

Anhang 1

Jürgen Schneider

Kommentierung der Ergebnisse der Partizipationsstudie

Die Begriffsbestimmung in der Studie ist okay, auch der Fokus auf die Partizipation der Nutzer/innen ist sinnvoll. Die verschiedenen Ebenen von Partizipation müssen gleichzeitig bearbeitet werden. Bei den Partizipationsstufen ist wichtig, wer entscheidet, wann eine Stufe erreicht ist. In der Studie wird auch die kontroverse Diskussion um Partizipation in der Wohnungslosenhilfe beschrieben. Das ist ein zuverlässiges Zeichen dafür, dass nur eine Seite bei der Diskussion um Partizipation Recht haben möchte. Insgesamt frage ich mich, warum es bisher keine Partizipationstheorie gibt. Zu den oft unpassenden Strukturen von Partizipationsangeboten ist zu sagen, dass die Strukturen angepasst werden müssen, wenn die Hürden zu groß sind. Das betrifft z. B. die Sprache in den Gremien. Partizipation kann also nur gelingen, wenn die Professionellen sich anpassen. Eine weitere wichtige Voraussetzung ist, dass die Anliegen der Betroffenen auch ernst genommen werden. Ein Beschwerdebriefkasten z. B. nützt den Betroffenen nur etwas, wenn die Beschwerden auch gelesen werden und daraus Taten folgen.

Ob Professionelle und wohnungslose Menschen sich wirklich entpolitisiert haben? Darüber müsste man noch einmal sprechen und ausarbeiten, ob dem wirklich so ist. Den Punkt mit der intrinsischen Motivation für Partizipation finde ich zu wissenschaftlich, das müsste besser erklärt werden. Das größte Problem beim Thema Partizipation ist meiner Meinung nach, dass beide Seiten, Nutzer/innen wie Professionelle, manchmal nicht mit Macht umgehen können. Zu schnell wird es persönlich, und dadurch wird der Prozess der Partizipation blockiert. Dabei ist die Rolle der Professionellen doch genau definiert und klar: Sie sollen den Rahmen für Partizipation schaffen und Hilfestellungen geben. Was sie nicht sollen? Sich in partizipative Prozesse einmischen und sie steuern! Voraussetzung dafür ist, dass die Professionellen eine Haltung zur Partizipation hingewendet haben. Sonst kann Partizipation nicht gelingen. Das hat man auch am Beispiel der beobachteten Hausversammlungen gesehen. Diese werden von der Haltung der Einrichtungsleitung geprägt.

Ein Partizipationskonzept für die Wohnungslosenhilfe muss gemeinsam mit den Nutzer/innen erstellt werden. Diese müssen dabei ernst genommen werden.

Einzelne Partizipationsinstrumente müssen in der Wohnungslosenhilfe genau untersucht werden:

- Für mich wäre die Mitbestimmung bei einer Einstellung von neuen Mitarbeiter/innen die höchste Stufe der Partizipation.
- In Hilfegesprächen dürfen die Professionellen nicht ihre Macht ausspielen, weil es sonst keine Hilfe bedeutet.
- Hilfekonferenzen müssen in einfacher Sprache geführt werden. Alle notwendigen Erklärungen für die Betroffenen müssen gegeben werden, auch wenn der Termin dadurch länger dauert.
- In Gremien müssen beide Seiten, Professionelle wie Nutzer/innen, gleiche Rechte haben. Das Leben, das Betroffene führen und geführt haben, ist ihr Mandat.
- Eine Manipulation von Betroffenen oder die Ausübung von Druck, z. B. bei der Besetzung eines Beirats in Wohnheimen, ist falsch und darf nicht passieren.

Abschließend würde ich aber sagen: Es ist menschlich, wenn es mit der Partizipation manchmal nicht klappt.

Anhang 2

Susanne Gerull

Ergebnisse der Partizipations-Studie in Leichter Sprache

Worum geht es?

Ich heiße Susanne Gerull und arbeite an der Alice Salomon Hochschule Berlin.
Ich habe 2 Jahre lang zum Thema Partizipation geforscht.
Das spricht man so: Parti-zipa-zion.
Mit Partizipation meine ich Mitbestimmung.
Ich wollte wissen: Können wohnungslose Menschen in der Wohnungslosen-Hilfe mitbestimmen.
Zum Beispiel: Welches Problem hat der Mensch?
Was kann eine mögliche Lösung des Problems sein?
Oder entscheiden Sozial-Arbeiter und Sozial-Arbeiterinnen alles alleine.
Z. B.: Wohin soll unser nächster Ausflug hingehen?
Außerdem gibt es Arbeits-Gruppen.
In den Arbeits-Gruppen entscheiden Menschen über wichtige Dinge von wohnungslosen Menschen.
Welche neuen Hilfen wohnungslose Menschen brauchen.
Oder welche neuen Gesetze es gibt.

Mitbestimmung kann vieles bedeuten

Sozial-Arbeiter und Sozial-Arbeiterinnen können wohnungslosen Menschen zuhören. Sie entscheiden dann allein über wohnungslose Menschen.
Wohnungslose Menschen können aber auch ein Stimm-Recht bekommen.
Sie können dann mit entscheiden.
Ihre Stimme zählt dann genauso viel wie die Stimme von den Sozial-Arbeitern und Sozial-Arbeiterinnen.
Wohnungslose Menschen können noch mehr mit entscheiden.
Es gibt viele andere Möglichkeiten.

Wie habe ich geforscht?

Ich habe mit Sozial-Arbeitern und Sozial-Arbeiterinnen gesprochen.
Aber auch mit anderen Menschen, die in ihrem Beruf mit wohnungslosen Menschen zu tun haben.
Außerdem habe ich mit wohnungslosen Menschen gesprochen.
Manche von ihnen waren früher einmal wohnungslos.
Jetzt haben sie eine eigene Wohnung.
Manchmal habe ich auch wohnungslose Menschen besucht.
Zum Beispiel bei Haus-Versammlungen in Wohnheimen.
Da wird manchmal auch über wichtige Dinge gesprochen.
Andere Menschen haben auch schon etwas über Mitbestimmung von wohnungslosen Menschen geschrieben.
Also habe ich auch Bücher und Aufsätze dazu gelesen.

Die Ergebnisse meiner Untersuchung

Wohnungslose Menschen mitbestimmen lassen ist gar nicht so leicht.
Manche Sozial-Arbeiter und Sozial-Arbeiterinnen der Wohnungslosen-Hilfe finden das schwer.
Viele haben auch Angst davor.
Wenn wohnungslose Menschen mehr mit entscheiden können,
dann haben Sozial-Arbeiter und Sozial-Arbeiterinnen weniger Macht.
Aber auch für wohnungslose Menschen gibt es viele Hindernisse.
Zum Beispiel ist die Sprache in Arbeits-Gruppen oft zu schwer.
Dabei wissen wohnungslose Menschen oft ganz gut, wie die Hilfe noch besser werden kann.
Alle müssen also mit einander reden.
Und gemeinsam nach Lösungen suchen.
Sonst kommt der wohnungslose Mensch einfach nicht mehr zu den Sozial-Arbeitern und Sozial-Arbeiterinnen.
Meistens merken wohnungslose Menschen schnell, wenn man sie nur ausnutzt.
Und ihre Meinung gar nicht wichtig findet.
Wohnungslose Menschen wollen mit entscheiden.
Sie wollen bei Themen mit entscheiden, die für sie wichtig sind.
Manchmal reicht es, wenn man sie nach ihrer Meinung fragt.
Zum Beispiel, wenn neue Hilfe-Angebote geplant werden.
Oder wenn ein Gesetz geändert wird.
Wohnungslose Menschen haben nicht nur Probleme.
Sie können auch ganz viel.
Das sollen die Sozial-Arbeiter und Sozial-Arbeiterinnen herausfinden.
Sie sollen die Stärken nutzen.

Jeder hat ein Recht mitzubestimmen.
Aber: Niemand darf zu Mitbestimmung gezwungen werden.
Mitbestimmung ist freiwillig.
Ein wohnungsloser Mensch darf also entscheiden:
Ob und worüber er mitbestimmen will.

Meine Ideen

Mitbestimmung für wohnungslose Menschen muss geregelt werden.
Zum Beispiel in einem Gesetz.
Dann können wohnungslose Menschen ihr Recht einfordern.
Wie Mitbestimmung gut gelingt, muss zusammen besprochen werden.
Sozial-Arbeiter und Sozial-Arbeiterinnen und wohnungslose Menschen müssen also über Mitbestimmung reden.
Man kann auch gucken, wo Mitbestimmung schon gut funktioniert.
Daran kann man sich ein Beispiel nehmen. Die Sozial-Arbeiter und Sozial-Arbeiterinnen müssen wohnungslose Menschen ernstnehmen.
Wohnungslose Menschen müssen Sozial-Arbeitern und Sozial-Arbeiterinnen vertrauen können.
Dann funktioniert Mitbestimmung viel besser

Prüfung: AWO Büro Leichte Sprache (Berlin)

Die Zusammenfassung in Leichter Sprache finden Sie in größerer Schrift und mit Bildern auf meiner Webseite: https://www.susannegerull.de/forschung/partizipation-wohnungslosenhilfe/